經典哲學名著導讀
008

墨翟與《墨子》

孫中原、吳進安、李賢中　著

序　言

一次非常難得的機緣，讓我們三人秉燭夜談，而有了撰寫本書的構想。二〇〇九年十二月，吳進安教授與李賢中教授應邀到大陸講學，在好友孫中原教授的安排下，於北京清華大學、中國人民大學、中國政法大學和首都師範大學演講，下榻孫教授寓所。在旬日長談中，即自然說起兩岸學人墨學研究的心得，共議墨學研究未來的發展。設想墨學研究不僅要整理國故，也應前瞻未來，讓墨學研究有一個新的視野和前景。

在數番切磋議論中，我們不由產生合著本書的意念，共商孫教授撰第一篇「墨學精華」，吳教授撰第二篇「墨學的普世價値」，李教授撰第三篇「墨家哲學的現代意義」，委託吳教授擔任全書統稿，與臺灣出版界洽談付梓事宜。

經過近兩年的研討撰述，洽談簽約，在本書即將付梓之際，我們眞誠地感謝：臺灣五南圖書出版公司楊榮川董事長鼎力支持，龐總編輯君豪大力協助，負責編輯事務與外審流程的陳姿穎小姐勉力襄助，尤其是審查及編校方面的辛勞付出。特爲之序，以饗讀者。

孫中原、吳進安、李賢中

謹識二〇一一年十月十五日

目次

第一篇　墨學精華：含英咀華讀《墨子》，鉤玄提要爲今用

一、取其精華

本「篇」標題「含英咀華讀《墨子》，鉤玄提要爲今用」，表達了本書的寫作目的和宗旨。本書選擇《墨子》最重要、最好的成分，即最有科學意義和現代價値，符合今日讀者需要的內容。

一部在歷史上發揮過巨大作用的偉大名著，由於其所處的時代，學派和認識方面的局限，必然會存在精華和糟粕兩部分內容。聰明的讀書方法是採取科學態度，對古籍內容一分爲二。就像吃飯，必須經過咀嚼消化，把食物分解爲精華和糟粕兩部分，棄其糟粕，取其精華，才能對身體有益。吸收對今日有用的古代文化，必須採取批判態度，避免出現生呑活剝的弊端。秉持科學態度，向讀者負責，弘揚墨學精華，是我們力圖做好的頭等大事。

二、現代觀點

研究《墨子》要以現代觀點爲指導。現代觀點相對於《墨子》而言，具有在後、在外和在上的性質。現代觀點，從時代說，位於《墨子》後面；從範圍說，位於《墨子》外面；從層次說，位於《墨子》上面。現代人用現代觀點看《墨子》，所選視角是在《墨子》後面、外面和上面。這種在後、在外和在上的研究，用專門方法論術語概括叫元研究。

「元」英文meta-，意爲在後、在外、在上、超越、總體。港臺學者譯爲「後設」，即在之後、之外、之上的設定。「元」指高一層次，包含本原、根本、支配、主導、統率、靈魂的意思。從這個意義上，理解元理論（metatheory）、元語言（metalanguage）、元科學（metascience）和元邏輯（metalogic）等概念。相對於現代研究，《墨子》的墨學是古墨學、舊墨學、對象墨學。現代研究的目的是推陳出新、新陳代謝，推出現代墨學、新墨學、元墨學。後者超越前者，層次高於前者，是前者的現代轉型。

美籍波蘭裔學者塔爾斯基（Tarski，一九〇二～一九八三）於一九三三年《形式語言中的眞值概念》一文，把語言區分爲對象和元。把所討論的語言叫對象語言。把討論對象理論時，所用的工具性語言叫元語言。語言被分爲一系列範圍愈來愈大的語言，其中每一個語言與下一個語言的關係，如同形式語言與它的元語言之間的關係。

西元前三三五年，亞里斯多德在雅典東北郊小樹林裡租房，創立了呂克昂學園，即逍遙學派。西元前六〇年，呂克昂學園第十一代末任園長安德羅尼柯，編輯亞氏學園的遺稿四十七種。其中論可感有形物的著作爲《物理學》，希臘文physica。論超感抽象物的著作稱爲《物理學之後》，希臘文metaphysica。這是英文構詞首碼meta-的來源。

在希臘哲學的多種多樣的形式中，差不多可以找到以後各種觀點的胚胎、萌芽。在《墨子》中，可以找到現代哲學、邏輯學、科學和人文學的胚胎、萌芽。本書揭示由《墨子》的胚胎、萌芽，到現代觀點的聯繫，展現科學由古到今聯繫的脈絡。

《詩經．小雅．鶴鳴》說：「他山之石，可以爲錯」；「他山之石，可以攻玉。」「攻」，是治理。「錯」，是磨刀石。清鄭世元《感懷雜詩》說：「他山有礪石，良璧愈晶瑩。」礪石，是磨刀石。《論語．衛靈公》載孔子說：「工欲善其事，必先利其器。」現代方法是研究《墨子》的利器。

杜甫《望嶽》詩說：「會當淩絕頂，一覽衆山小。」王之渙《登鸛雀樓》詩說：「欲窮千里目，更上一層樓。」蘇軾《題西林壁》詩說：「橫看成嶺側成峰，遠近高低各不同。不識廬山眞面目，只緣身在此山中。」這都可拿來比喻用現代方法研究《墨子》的境界。

德國哲學家卡爾．雅斯培（Karl Jaspers，一八八三～一九六九）說，以西元前五〇〇年爲中心的文化軸心時代，是奠定人類精神基礎，影響今日的時代。「這個時代產生了所有我們今天依然在思考的基本範疇。」[1]他說的這個時代正值墨家興盛的戰國時期。

《墨經》有數百個各門科學的範疇命題，是影響到今日的重要元典。「元典」即始典、首典、原典、美典和寶典，是歷久彌新，經久不衰之典。元典之樹常青，《墨經》之樹常綠。「經」即經典、典範、規範、常道和路徑。《釋名．釋書契》說：「經，徑也，如徑路無所不通，可常用也。」

《墨經》包含常用的普遍眞理，有「施諸四海而皆準，行諸百世而不悖」的觀念。元典是軸心時代的原創，蘊藏後代創造性詮釋與轉型的全息性基元。這是《墨子》精華可多次詮釋和轉型的奧祕所在。

西方的文藝復興時代，是一次人類從來沒有經歷過的、最偉大的、進步的變革，是一個需要而且產生了巨人的時代。戰國時期的輝煌不遜於西方的文藝復興時代，是需要而且產生巨人的時代，包含墨家在內。巨人的智慧之光輝耀當世，影響現代和未來。墨學有恆久不衰的價值，蘊藏適用過去、現代與未來的世界合理思想的基元，稟賦永續研發的潛質。

二、創造性詮釋

旅美華裔學者傅偉勳（一九三三～一九九六）的創造性詮釋學方法，可資借鑑。傅偉勳提出創造性詮釋學（Creative Hermeneutics）的五種境界說：第一，實謂。原典實際上怎麼說，原典校勘考證。第二，意謂。原思想家想要表達什麼，是「意謂」的意義，是原典訓詁和語義分析。第三，蘊謂。原典蘊藏的深層義理，有高低不同的多層蘊涵。第四，當謂。原思想家應當說出的，創造的詮釋學者應當如何重新表達，發掘原思想體系表層結構下的深層結構，爲原思想家說出應當說出的話。第五，創謂。爲解決原思想家未完成的課題，現在必須創新地說什麼，從批判繼承者轉化爲創造發展者，救活原有思想，消解其難題和矛盾，爲原思想家完成創新思維課題，促進世界思想傳統交流，培養創新力量。[2]

借鑑傅偉勳的創造性詮釋學方法，分析學術界對《墨子》的研究進程，可知學術界對《墨子》的校勘訓詁和義理研究，還遠未走出傅氏所說的前兩種詮釋境界「實謂」和「意謂」。即使在「實謂」和「意謂」的詮釋境界，學術界的成果還遠未達到理想，臻於完滿，形成共識，更遑論傅氏所說的後三種詮釋境界「蘊謂」、「當謂」和「創謂」。而這後三種詮釋境界，才眞正是墨學創新轉型的理想化、完善化研究。墨學研究的大勢，用屈原《離騷》的話形容，正是「路漫漫其修遠兮，吾將上下而求索！」

墨子是活動於前五世紀戰國初期的思想家、墨家學派創始人。墨家學派極盛於前五至前三世紀的整個戰國時期，自稱「墨者」，漢代學者稱他們爲「墨家」。流傳到今天的《墨子》五十三篇，是墨家學派貢獻的寶貴知識遺產，著作年代在戰國時期。

從《墨子．尚賢》到《非命》二十三篇，論述墨子著名的十個論題，創作於前五世紀的戰國初期。[3]《耕柱》到《公輸》五篇，是墨子言行錄，體裁類似《論語》。《經上》到《小取》六篇，是廣義的《墨經》，寫作年代在前三世紀的戰國末期。《親士》到《三辯》、《非儒》，以及《備城門》以下十一篇軍事論文，是墨家在不同時期對墨學的發揮。

西漢史學家劉向（約前七七—前六）、劉歆（?～二三）父子，東漢史學家班固（三二～九二）遵照皇帝的命令，整理國家圖書館的藏書，編輯先秦諸子，包括《墨子》在內。班固《漢書．藝文志》著錄「《墨子》七十一篇」，明正統十年（西元一四四五）刊行《道藏》，收錄《墨子》五十三篇。這是現存《墨子》最好的版本。筆者把《墨子》五十三篇原文錄入電腦，加上標點符號，有九萬多字元。在先秦流傳下來的古籍中，這是字數較多的一本，相當於《老子》五千言二十倍、《論語》萬餘字十倍、《孟子》三萬多字三倍。

墨家學說簡稱爲墨學，是有深遠持久影響的重要學說。《韓非子．顯學》說：「世之顯學，儒墨也。」戰國時期，儒墨同稱顯學。到漢代，學界還經常「儒墨」並提，「孔墨」對舉。漢以後，封建統治者重視儒家，漢武帝採納學者董仲舒「罷黜百家，獨尊儒術」建議，儒學逐漸成長壯大爲中國文化的正統、主流、巨流、明流和顯流，而墨學則被封建國家機構與知識精英擠壓爲異端，支流、細流、暗流和潛流。

《孟子．滕文公下》攻擊「墨氏兼愛，是無父」，「是禽獸」；「墨之道」是「邪說誣民」、「率獸食人」。孟子後來成爲孔孟之道的第二位代表人物。孟子對墨子的攻擊，被漢以後官方和主流知識分子發揮，視爲對墨學的政治結論，墨學被主流社會極力排拒、敵視和仇恨。官方儒學對墨學的打擊迫害，是漢至清兩千多年墨學中絕的社會原因。

近現代西學東漸。全球化、世界一體化趨勢，銳不可擋。許多有識之士，發現墨學中有符合新時代需要的科學內容，是建設新文化的寶貴資源和啓示借鑑。但墨學，特別是《墨經》中的哲學、邏輯學、科學和人文學知識，原來所用先秦古漢語和《經》與《經說》的奇特表述方式，佶屈聱牙，艱澀難懂，不經專門解釋，今人難以接受。今日研究者，在現代學術素養和專門知識的基礎上，對《墨子》精華，創造性詮釋，把古墨學的樸素原始狀態，改造轉型爲現代人易懂能用的學術新品，是時不我待的神聖使命。

本篇的寫作，是以《墨子》精華爲經，以現代方法爲緯，經緯交織，論述墨家對人類科學的貢獻，闡發墨學的現代價值，爲在全球化和世界一體化的新時代，建設新文化，提供寶貴資源和啓發借鑑。

第一章緒論：勞動聖人勞動派，勞動聲音賴提升。概括論述墨子其人、墨家學派和《墨子》其書。論述要點有三：1.墨子：勞動聖人垂千古，高明之處勝於孔。墨子是勞動人民的聖人，有些方面比孔子還要高明。2.墨家：勞動學派戰國稀，弟子徒屬天下盛。墨家作爲勞動人民的學派，這種情況在戰國並不多見。墨家弟子徒屬充滿天下，極盛於整個戰國時期。3.《墨子》：豪言壯語墨家言，衆篇連第有《墨經》。墨家對自己的理論很自信，頻發豪言壯語。《墨子》中最具科學意義和現代價值的，是與其書「衆篇連第」的《墨經》（晉魯勝語）。《墨子》反映勞動人民的心聲，把勞動技巧提升爲科學。

第二章哲學：墨家哲人稱睿智，當時哲學攀高峰。論述要點有三：1.世界觀：《墨經》哲學樹典型，古代樸素科學性。《墨經》哲學，是優秀傳統文化的正面典型，堅持古代樸素科學的世界觀。2.認識論：認識階段人類同，感性之上有理性。《墨經》明確定義、畫分感性和理性兩個認識階段，克服墨子狹隘經驗論的弊端，提倡感性和理性並重的能動反映論的認識論。3.方法論：同異交得探眞義，兩而勿偏費權衡。《墨經》明確總結「同異交得」和「權者（權衡思考）兩而勿偏」的世界觀和方法論原理。經過創造性詮釋和改造轉型，展現《墨經》哲學的科學意義和現代價值。

第三章邏輯學：墨家辯學稱範式，世界邏輯有共性。《小取》是墨家辯學高度濃縮的系統論述，提綱挈領，涵蓋廣義《墨經》的邏輯成就。墨家辯學特殊術語的意涵，可進一步證明邏輯學的人類性、基礎性和工具性。論述要點有四：1.概念論：古代焉能無概念，《墨經》範疇網路成。《墨經》是由數百個科學概念、範疇構成的系統網路，存在一個範疇的「王國」。2.命題論：以辭抒意是命題，模態邏輯成系統。《小取》說：「以辭抒意」，是用語句表達思維意識。《墨經》模態命題構成邏輯系統。3.推理論：推論譬侔援推止，論證方式綜合性。墨家總結「譬侔援推止」的推論形式，有定義和規則，是以類比推論爲主，兼有歸納和演繹因素的原始樸素的綜合論證。4.規律論：術語特殊有意涵，思維規律人類同。墨家沒有給出「同一律、矛盾律、排中律、充足理由律」的名詞，我們沒有理由這樣苛求他們。《墨經》有一套獨特的術語系統，其意涵表明，「同一律、矛盾律、排中律、充足理由律」的思維規律，對全人類都是共同的。

第四章爲科學精神：求故明法重理性，求眞務實重實證，是《墨經》科學精神的要點，把這個要點展開爲兩個方面：1.求故明法重理性，因果規律探分明。即探求原因，明確法則，重視理性和理論認識。2.求眞務實重實證，實事求是科學性。即堅持求眞務實，重視實際證明。這是古代科學家實事求是的科學精神。這種科學精神是墨家科學知識形成的肌理、建構標準和靈魂，是墨家科學知識客觀性、科學方法有效性和科學思想合理性的支柱，是古代科學家樸素的科學世界觀。

第五章人文精神：脫胎神文入人文，勞動人民墨所重。墨家的人文精神，有一個發展過程：由墨子的神文精神，脫胎出來，進入純人文的境界。墨子本來就以是否符合人民之利，作爲衡量言論是非的標準之一，即使墨子的神文思想，也是用來爲人民服務的工具，就像木工師傅手中的圓規和矩尺。狹義《墨經》完全拋棄墨子思想殘存的殷周鬼神迷信雜質，規定「功效」的概念的定義和本質特徵，是「利民」，用人民利益作爲唯一的衡量標準。

第五章把墨家的人文精神，歸結爲七大要點，分別論述：

1.勞動生產觀：不賴其力不得生，進步史觀初發萌。墨子說，人獸之別，是「賴其力者生，不賴其力者不生」，意近「勞動者得食，不勞動者不得食」，是勞動生產觀這一進步史觀的初次發萌。

2.勞動人權觀：生爲甚欲民有權，爲賢之道安生生。百姓把生存看作最大欲望。百姓來到世間，具有生存的基本人權。賢人的治國之道，要滿足人民世代繁衍，生生不息，生活安定的基本需求。

3.勞動本位觀：民富國家好治理，勞動本位國之重。人民富足，國家才好治理。人民，包括農民，手工業者和商人，有能力就推舉，讓他們管理國家。墨家把人民，勞動者，看作是國家管理服務的對象、方向和目的，是國家的本位與基礎，發揚夏禹「民惟邦本」的古訓。

4.群衆智慧觀：使人之心助已慮，謀度速得舉事成。用衆人的心智，幫助自己考慮，謀畫就能迅速周到，辦事也能迅速成功。這是集中群衆智慧，群衆路線的思想萌芽。

5.人力能動觀：不信天命信人力，民衆改俗上變政。國家的安危治亂，不是期盼天命的賜予，而是依靠充分發揮人民的力量。只要上級當政者把政策改變調整好，人民就會迅速改變矯正不良的風俗。提倡充分發揮人力的積極能動作用，批判儒家消極的命定論。

6.人民價值觀：三表之一是民利，功效全由民利定。墨子在中國哲學史上，首次提出檢驗言論眞理性標準的「三表法」之一，是要求「下原察百姓耳目之實」，「觀其中百姓人民之利」，即眼睛向下，到社會基層，考察百姓聽到、看到什麼，參考人民的經驗，觀察言論是否符合百姓人民的利益。墨家認爲「功效」概念的定義和本質特徵，是考察對人民有利與否，把符合人民利益的程度，作爲判定言論正確性的價值標準。

7.兼愛平等觀：墨者理想是兼愛，兼愛交利倡平等。墨家的兼愛平等觀，強調愛的整體性、普遍性、交互性和平等性，是墨家的理想與奮鬥目標。

第一章　緒論：勞動聖人勞動派，勞動聲音賴提升

第一節　墨子：勞動聖人垂千古，高明之處勝於孔

一、勞動聖人

墨子活著時，就被稱爲聖人。《墨子．公孟》記載，墨子有一次生病了。他有一位門徒，名字很怪，叫「跌鼻」，推門進來問墨子：「今先生聖人也，何故有疾？」即「老師，您是聖人，怎麼會生病呢？」這位學生跌鼻，似乎認爲聖人就不應該會生病。墨子回答說：「人之所得於病者多方，有得之寒暑，有得之勞苦。」即得病有多種原因，可能因天氣冷熱，或過度勞累。

公元前四三九年，楚惠王在位五十年，墨子到楚國遊說，順便把自己的著作獻給楚惠王。惠王藉口自己年老，派大臣穆賀出面接待墨子。楚國有一位封君，叫魯陽文君，跟墨子是好朋友。魯陽文君提醒楚惠王說：「墨子，北方賢聖人。您不能怠慢他。」跌鼻和魯陽文君，都不約而同地說墨子是「聖人」，絕不是信口開河，而是當時社會對墨子的認識和公認評價。

據《墨子》記載，墨子沒有做官，但他推薦弟子到各國做官。時有些弟子跟統治者合不來，跑回來向墨子報告、訴苦。可見，孔墨的相同點，都是不親自耕地，是專職的學派領袖和

教育家。不同點是，孔子輕視勞動者，墨子重視勞動者。墨子確實會勞動，他熟悉木工等手工業技巧，做過木鳶、車轄、守城器械等。

《墨子》中有許多關於古代手工業技術和理論的記載。《墨經》把古代手工業技術上升爲科學理論。墨子確實在很多方面比孔子高明。孔墨都是聖人。區別在於，孔子是統治者的聖人，墨子是勞動者的聖人。墨家學派有很多成員來自勞動階層。墨家是代表勞動者利益的學派，墨學是代表勞動者心聲的學說。

《孟子．盡心下》說：「大而化之之爲聖。」東漢趙岐注：「大行其道，使天下化之，是謂聖人。」《孟子．盡心下》又說：「聖人，百世之師也。」《墨子》反映勞動者心聲的人文與科學精神，永遠值得後人學習，是值得繼承弘揚的寶貴思想資源。

二、生卒之謎

墨子是孔孟之間一偉人。墨子的活動年代，在西元前五世紀。墨子是位於孔子（前五五一～前四七九）和孟子（約前三七二～前二八九）之間的中國文化巨人。

墨子的生卒年，歷史上沒有留下可靠的資料。司馬遷爲孔子立傳，《史記》卷四十七有《孔子世家》。孔子出生地和生卒年都有具體資料。司馬遷沒有爲墨子立傳，只在《史記．孟子荀卿列傳》末尾，附言二十四字提到墨子。對墨子的生存時代，連用幾個模糊、模稜和蓋然之詞，說「蓋墨翟」，「或曰並孔子時，或曰在其後」。「蓋」是大概、可能、不確定。連用兩次「或曰」，即有人說墨子與孔子同時代，有人說墨子生在孔子之後。這兩個或然、不確定的命題，使墨子的生卒年，誤差數十年到一個世紀之久。墨子的活動究竟是在春秋末期？還是在戰國初期？這中間相差一個世紀之久。司馬遷這個大史學家，連這個問題都不能確定，實在令人費解。

司馬遷（約前一四五～？）是西漢初年人，離墨子時代不算太遙遠，對墨子生卒年的記述，竟如此含糊不清，一個可能的解釋，是記載墨子生卒年資料的古籍遺失，又因墨子受儒家孟子等人的猛烈攻擊詆毀，儒家於漢以後在政治上得勢，成爲官方的意識形態，墨學因爲「非儒」（批判儒家），被統治者視爲「異端邪說」，遭到敵視，包括墨子生卒年在內的史料，更容易失傳。

孫詒讓是清末重要的文獻考據家。他製作《墨子年表》，排列《墨子》中所涉及的重要歷史事件，認爲墨子活動年代，在前四六八至前三七六年之間。這種方法的意義是可以畫定《墨子》中所涉及歷史事件的時代範圍，但不等於是對墨子生卒年的精確考訂。《墨子》是墨家著作的彙編，《墨子》中所涉及的重要歷史事件，不一定是墨子親手所記。《墨子》成書在漢代。漢成帝、哀帝，命劉向、劉歆父子，整理先秦諸子百家著作，他們搜羅國家圖書館收藏的墨家文稿，校勘、編輯、定稿、抄錄。《墨子》涉及的歷史事件，完全有可能是在墨子之後，由墨子的後幾代傳人所記錄的。

任繼愈著《墨子與墨家》，商務印書館一九九八年出版，按墨子活動的重要歷史事件考證，定幾個座標。如墨子止楚救宋，從北方趕到楚國，十日十夜不休息，年紀當不太老。而這時他已是當代的大師，有弟子禽滑釐等三百人，被尊稱爲北方的賢聖人，年紀也不會太小。這樣確定墨子的生卒年，是前四八〇至前四二〇年，距孫詒讓考證相差幾十年。[4]這些考證，可以參考。

我們無法精準判定墨子的確切生卒年，但可以給出一個確切的歷史座標，即墨子的活動年代是在西元前五世紀，是位於孔子（前五五一～前四七九）和孟子（約前三七二～前二八九）之間的文化巨人。因爲如下的事實，是很清楚的，即孔子沒有提到墨子，可以確定墨子並非跟孔子同時。司馬遷《史記．孟荀列傳》附言說墨子「或曰並孔子時」（有人說跟孔子同時），是不準確的。而《墨子》提到「孔子」九次，「孔某」（指代孔子）十九次，「仲尼」（孔子的字）四次，表明墨子的活動年代在孔子之後。

並且墨子沒有提到孟子，而孟子提到墨子一次，墨翟一次，墨氏一次，意指墨翟、墨子學派和墨子學說的「墨」字九次，表明墨子的活動年代在孟子之前，孟子的活動年代在墨子之後。《孟子．盡心上》說：「墨子兼愛，摩頂放踵利天下爲之。」《滕文公下》說：「墨翟之言盈天下。」「墨氏兼愛，是無父也。」[5]

墨子活動於西元前五世紀，這一點確鑿無疑。但不能把墨子的活動年代，擴展到整個戰國時期。戰國時期，從西元前四七五到前二二一年秦統一，有兩個半世紀之久，墨子不可能活這麼長的時間。把《墨子》所涉及戰國時期的思想和事件，都歸之於前五世紀的墨子本人，這種方法是不科學的。

三、姓墨名翟

墨子姓墨名翟。《墨子》記載，墨子有二十五次自稱「翟」。《貴義》說：「翟上無君上之事，下無耕農之難。」《魯問》載墨子說：「翟以爲不若誦先王之道，而求其說，通聖人之言，而察其辭，上說王公大人，次匹夫徒步之士。」墨子口口聲聲自稱「翟」。有時一段話竟一連用了七個「翟」字。墨子姓墨名翟，是毫無疑問的。

四、勞動氣質

這裡有一幅墨子像，原載於孫中山先生主持同盟會一九〇五年在日本東京創辦《民報》創刊號的墨子畫像，手持規矩（畫方圓的工具），很能反映墨子的精神。作爲工匠的知識分子，墨家學派的創始人，墨子的言語行事不離規矩。《法儀》載墨子說：「百工為方以矩，為圓以規，直以繩，正以懸，平以水。無巧工不巧工，皆以此五者為法。」即各種工匠的操作，都有標準和工具，如規矩、準繩、懸垂和水平儀。無論工匠的技藝巧或不巧，都離不開這些標準、方法、儀器和工具。篇名「法儀」二字，指普遍的標準、一般的方法、儀器和工具，引申為法則、規律。《墨子》是墨家對世界（包括自然、社會和人類思維）法則、規律探索的成果。見圖一墨子像（原載中國同盟會機關報《民報》創刊號一九〇五年十一月二十六日，日本東京）。

五、出身匠師

墨子出身匠師，精通百工。墨子木工技藝高超，跟當時名匠魯班（即公輸般，複姓公輸，名般，「般」有古籍寫作「盤」，與墨子同時代而略年長，現統稱魯班）不相上下，曾制木鳶、車轄和守城器械。《韓非子·外儲說左上》

圖一　墨子像

說：「墨子為木鳶。」弟子曰：「先生之巧，至能使木鳶飛！」這是我國最早的航空模型。魏國宰相、名家代表人惠施聽到了說：「墨子大巧，巧為輗。」輗是車轅與駕轅的衡木相銜接的銷子。《魯問》記載，公輸般用竹木片製成會飛的喜鵲，「自以為至巧」，墨子對公輸般說：「子之為鵲也，不如翟之為車轄，須臾斫三寸之木，而任五十石之重。」車轄是安在車軸末端，用來防止車輪脫落的擋木。這是說墨子懂得造大車的技術。《公輸》載墨子說：「臣之弟子禽滑釐等三百人，已持臣守禦之器，在宋城上，而待楚寇矣。」還有《備城門》等十一篇軍事論文，證明墨子和墨家精通城防工程和軍事器械製造。《節用中》說：「凡天下群百工，輪車韗匏，陶冶梓匠。」《墨子》記載制革、制陶、冶金、織布、縫紉、刺繡、制鞋、造鎧甲、土石建築等多種手工業工門類。

墨子的出身沒有直接資料，但《墨子》內容，是判定墨子出身的間接資料。細讀《墨子》，可熟知墨子的業務和行事。從《墨子》和其他先秦古籍都可以判明，墨子熟悉當時的各種手工業技術，特別是木工技巧，把技術升華為科學知識，反映手工業等勞動者的利益，建立系統學說。

《貴義》說，墨子到楚國，與楚國大臣對話，自稱「賤人」，是勞動者，沒有當官，不是貴族。墨子把自己的學說，比作農民生產的糧食，採集的草藥。墨子出生工匠，成為與孔子齊名的「顯學」（最著名學派）領袖後，仍然念念不忘「農與工肆之人」與「農與工肆之事」。他天天把「農與工肆之人」與事掛在嘴上，動輒拿「農與工肆的人和事」打比方、舉例子。墨子的學說，反映「農與工肆之人」的利益，喊出他們的心聲。

墨子出身貧賤，學說同勞動人民有密切聯繫。《呂氏春秋．愛類》說，魯班爲楚國造雲梯，準備攻打宋國，「墨子聞之，自魯往，裂裳裹足，日夜不休，十日十夜，而至於郢，見荊王（楚王）曰：『臣，北方之鄙人也。』」「鄙人」，即小人，卑賤的人，跟當時社會的高貴者、貴族、統治者作了區隔。

前四三九年，楚惠王在位五十年，墨子游楚，向楚王獻書，楚王藉口自己年老，派大臣穆賀接待墨子。墨子在穆賀面前，承認自己是「賤人」，自己的學說是「賤人之所爲」，把自己的學說比喻爲農民種的糧食，採集的草藥。[6]

《荀子．王霸》比較墨子和儒家的學說，認爲「墨子之說」是「役夫之道」，儒家學說是「君子之道」、「聖王之道」。「役」是服役，供人役使，幹粗活。《孟子．滕文公上》說：「勞心者治人，勞力者治於人。」「役夫」是勞力的人、體力勞動者，供人役使，幹粗活的人。「役夫之道」，就是勞動者的道理。儒家學說是君子、帝王、聖王之道，封建貴族的道理。

墨子是平民出身的文化偉人，青壯年時代就流寓四方，被稱爲「聖人」、「賢者」。墨家是先秦唯一可以跟儒家分庭抗禮的學派。人們常「儒墨」、「孔墨」並提。由於種種原因，墨學逐漸式微。秦時尊法家，漢初崇黃老。漢武帝採納董仲舒建議，「罷絀百家，獨尊儒術」，墨家更加受到貶低和排斥。進入近代以來，墨家的貢獻開始引起人們更多關注，研究愈加深入，墨學的價值逐漸爲人所知。

六、好學而博

《莊子．天下》說墨子「好學而博」，靠學習獲取廣博的知識。墨子能夠成爲創立學說，建立學派的著名學者，重要原因是勤奮好學。墨子提倡「學而能」，即「學而知」，依靠學習增長知識才能。

《尙賢》中下記載，墨子同「王公大人骨肉之親，無故富貴，面目美好者」畫清界限，認爲他們不是「學而能」者，是靠出身門第「既富且貴」，靠長相美麗受寵重用，他們未必是愛學習，有智慧的人，讓這一類人治理國家，必將導致國家混亂。

墨子好學深思，苦讀博覽，到各諸侯國遊說，還抓緊時間攻讀。《貴義》記載，有一次，墨子從魯國出發，到衛國遊說，車中「載書甚多」，弟子弦唐子見了，奇怪地問道：「老師，您車上帶這麼多書幹什麼？」墨子回答說：「過去周公旦早上要讀一百篇書，晚上還要接見七十個讀書人，跟他們座談。所以他知道的多，能夠輔佐天子，成績卓著。他的影響一直持續到今天，沒有磨滅。我上沒有君主治理國家的事情，下沒有農民耕種土地的勞作，我怎麼能不讀書呢？」墨子把讀書看作本分，視爲職業的需要。

墨子最初學的是古代傳統文化，在當時有影響的儒學。魯國是古代傳統文化和儒學的中心。魯國開國君主爲周公旦之子伯禽，一向尊重周禮。《左傳‧昭公二年》說：「周禮盡在魯矣。」《呂氏春秋‧當染》記載，周王曾派禮官史角去魯國傳授周朝的禮儀制度，魯君把史角留在魯國。史角的後代就在魯國繼續傳播周禮的事業。墨子跟史角的後代學習過。

《淮南子‧主術訓》說：「孔墨皆修先聖之術，通六藝之論。」六藝是中國古代傳統文化的基本內容。比較初級的六藝，指禮、樂、射（射箭，軍事科目）、御（駕車，軍事科目）、書（書法文字）、數（數學計算）。比較高深的六藝，指禮、樂、書（《書經》）、詩（《詩經》）、易（《易經》）、《春秋》（歷史書）。墨子平日言談、講學，經常引用《詩經》、《書經》和周、燕、宋、齊等國《春秋》。墨子自稱曾遍讀百國《春秋》。可見墨子對中國傳統文化典籍的嫻熟，反映墨學跟中國傳統文化的淵源關係。

墨子在學儒的同時，發現儒家的缺點，進而反儒非儒。《淮南子‧要略》說：「墨子學儒者之業，受孔子之術，以爲其禮煩擾而不悅（繁瑣不易實行），厚葬靡財而貧民，久服傷生而害事，故背周道而用夏政。」孔子推崇周公，墨子標新立異，效法傳說中的夏禹。

有一次墨子跟儒家信徒公孟子辯論，公孟子稱頌古代，墨子對公孟子說：「子法周而未法夏也，子之古非古也。」（〈公孟〉）儒家立一個效法榜樣周公，墨子就立一個效法榜樣夏禹，比周公更古老。爭強鬥勝，比學術淵源的古老，是古代百家爭鳴中的趣事。

墨子雖受業於儒學，卻又不滿足於儒學，他在學儒師孔（子）中，銳意創新，提出自己獨特的學術觀點和系統學說。《魯問》記載，有一次，墨子外出遊說，他的學生魏越問道：「您見到四方的君主將對他們說什麼呢？」墨子胸有成竹，脫口而出：「凡入國，必擇務而從事焉。國家昏亂，則語之尙賢尙同；國家貧，則語之節用節葬。國家熹音湛湎，則語之非樂非命。國家淫僻無禮，則語之尊天事鬼。國家務奪侵凌，則語之兼愛非攻。故曰擇務而從事焉。」

尙賢是主張任用賢能。尙同是要求把賢人政治推廣到全國，和平一統。節用是節約開支。節葬則是要求喪事從簡。非樂是反對統治者舉辦大型樂舞，搜刮人民。非命是主張強力從事，不相信命定論。尊天事鬼是墨子假借天意鬼神推行學說。兼愛是試圖實行人人相愛互助的理想教育。非攻是反對大國攻伐掠奪小國。

這裡從尙賢到非攻，共有十個論題，反映了墨子社會政治學說的基本觀點。墨子曾就這些論題對學生作系統講授。在現存《墨子》中，每一個論題都有相應的論文，是後學記錄老師的講演詞。從這些論文來看，墨子的觀點跟前輩孔子的觀點是對立的，反映了墨子獨樹一幟的創新精神。

從墨子對學生的答話看出，墨子雖認爲自己的觀點自成體系，但在具體運用上還要結合各國的具體情況，分別強調學說中的不同重點，以解決他們的當務之急。然而墨子沒有全盤否定孔子。他認爲孔子學說中，有「當而不可易者」，即有正確而不能改變的部分。

《公孟》記載，有一次，墨子跟儒家信徒程子辯論。墨子在辯論中引用孔子的話，作爲自己論證的根據。程子立即質問：「非儒，何故稱於孔子也？」即你反對儒家，爲什麼又稱引孔子的話呢。墨子答道：「是亦當而不可易者也。今鳥聞熱旱之憂則高，魚聞熱旱之憂則下。當此雖禹湯爲之謀，必不能易矣。鳥魚可謂愚矣，禹湯猶雲因焉。今翟曾無稱於孔子乎？」

孔子的話中，也有是眞理而不能駁倒的部分。鳥遇熱則飛向高空，魚遇旱則潛入水底，這種規律就是大禹、商湯也不能改變。可見墨子突破派別偏見，服從眞理的科學態度。他在創新中，沒有完全否定傳統中的正確成分。

《耕柱》記載，墨子在批評儒家「述而不作」的錯誤論題時說：「吾以爲古之善者則述之（繼承傳統），今之善者則作之（銳意創新），欲善之益多也。」在增進知識，探求眞理的過程中，無論古今新舊，應該相容並蓄、多多益善。

《魯問》記載，墨子自稱：「誦先王之道而求其說，通聖人之言而察其辭。」這是墨子述說他所從事的業務。但這樣做，恰恰也是孔子的專長，是一般儒者的業務。這說明孔墨學說有相同的基礎和依據，推崇的方面和呈現的結果不同。

儒墨同根同源，枝脈流向不同。儒墨都從同一起點出發，分道揚鑣，走不同的路。儒墨在中華傳統文化基礎上，呈現思想學說的多樣性，各自代表不同階級、階層、等級和社會集團的利益。《易．繫辭下》說：「天下同歸而殊途，一致而百慮。」東漢班固《漢書．藝文志》說，諸子百家「各引一端，崇其所善，以此馳說」，「其言雖殊，譬猶水火，相滅以相生也」，「相反而皆相成也」。儒墨關係也是這樣。

《魯問》記載，墨子自稱「不耕織」、「功賢於耕織」，即不親自耕田、織布，但比親自耕田、織布，功勞更多、貢獻更大。墨子的身分是勞動知識分子，專職學派領袖，生命的揮灑是宣傳鼓動、擂鼓助戰，不是親自耕田、紡紗織布。

七、居魯出遊

從許多文獻來看，墨子長期居住魯國，從魯國出發，四處遊歷。《貴義》說：「墨子自魯即齊。」從魯國出發到齊國。《魯問》說，越王「迎子墨子於魯」。越國國王派人到魯國迎墨子。《呂氏春秋．愛類》、《淮南子．修務訓》說：「墨子止楚攻宋，自魯往。」

墨子「上說諸侯，下說列士」（《天志上》），多次遊說齊、楚、宋、衛等國。《墨子》提到「魯陽文君」十二次，墨子與楚國封君魯陽文君有密切交往，經常談話。墨家傳人更遠遊越、秦等國。墨家來自民間，自創學說，影響深遠，譽滿華夏，彪炳千古。

八、遊說辯論

古代流行兩個典故。班固《答賓戲》說「墨突不黔」，指墨子四處遊說，東奔西走，灶上煙囪來不及熏黑，就奔走他方。《文子．自然》和《淮南子．修務訓》說「墨子無暖席」，指墨子忙於遊說等社會活動，沒有工夫把席子坐暖，就動身往別處去，這是成語「席不暇暖」的出典。

墨子這位著名學者的主要活動，除了聚徒講學之外，就是四處遊說，八方辯論，以宣傳自己的主張。墨子一生到處奔走，「遍從人而說之」，「上說諸侯，下說列士」。他認為「不強說人，人莫之知也」。（《公孟》）即不積極遊說，人們就不會知道他的學說。

墨子的辛勤遊說活動，有時不能被人理解。從墨子的反批評中，可以了解他的思想和品格。《公孟》篇記載，儒家信徒公孟子批評墨子說：「你到處遊說，那麼辛苦勞累有什麼用呢？譬如美女，在家裡不出門，人們也爭著要她。如果到大街上到處奔走，要求別人娶她，結果別人反而不敢娶。」墨子反駁說：「你的譬喻不當。現在世道混亂，求美女的人多，所以美女雖不出門，要求娶的人也很多。但是求善的人少。如果不到處遊說，人們就不知道自己的學說。」

《魯問》篇記載，魯國南部有一位隱士叫吳慮，夏天種地，冬天製陶，自比於舜。墨子知道了，就去訪問他。而吳慮卻搶先對墨子說：「要推行仁義，自己幹就行了，何必到處遊說演講呢？」

墨子先跟吳慮討論「仁義」的定義。墨子問吳慮：「你所說的仁義，也是有力量就幫助人，有財產就分給別人嗎？」吳慮答：「是的。」

墨子打比喻反駁說：「我曾經愼重想過，如果我親自耕種，搞得好，不過相當於一個農民的收穫，並不能使天下飢餓的人都有飯吃。如果我親自織布，搞得好，不過相當於一個婦女織的布，並不能使天下受凍的人都有衣穿。如果我親自穿上鎧甲，拿著武器去抵禦侵略，搞得好，不過相當於一個戰士的戰鬥力，並不能抵擋侵略者的大軍。所以，我不如對上遊說王公大人，他們聽了我的話，國家一定得到治理；對下遊說老百姓，他們聽了我的話，行爲一定端正。我雖不親自耕織，而功勞卻大於親自耕織的人。教人耕種的人比自己耕種的人功勞大；鼓勵人戰鬥的人比自己戰鬥的人功勞大；教天下爲義的人比自己爲義的人功勞大。用遊說鼓勵衆人推行仁義，我的仁義豈不是更多了嗎？」吳慮啞口無言。

墨子在遊說和辯論中，爲了增強說服力和言詞的表達效果，特別注意進行嚴密的推理論證，擅長運用譬喻等修辭手法。

第二節　墨家：勞動學派戰國稀，弟子徒屬天下盛

一、盛於戰國

墨子繼孔子後，大規模私人辦學，弟子極盛。孔墨弟子都充滿天下，一直興盛於整個戰國時期。《呂氏春秋．有度》說：「孔墨之弟子徒屬充滿天下。」《當染》說孔墨「從屬彌衆，弟子彌豐。」「孔墨之後學顯榮於天下者衆矣，不可勝數。」「禽滑釐學於墨子，許犯學於禽滑釐，田系學於許犯。」墨家門徒代代相傳，無時乏絕，直到戰國末年。

《耕柱》記載，墨子教學：「能談辯者談辯，能說書者說書，能從事者從事。」遊說、讀書和做事兼顧，因材施教，各用所長。

圖一是墨子講學圖。墨家成員多來自民間，直接勞動，可說是勞動學派。墨子講學，門生手持勞動工具，身旁有牛和農田，一群典型勞動者的形象。

圖二　墨子講學

美國堪薩斯大學哲學系網站安・庫德教授（Prof・Ann Cudd）的主頁，有一幅圖畫意在反映墨子學團的和諧景象：中心廣場墨者舞，縱情狂歡樂隊奏。觀者甚衆民同樂，農家小院布四周。這是出於一位西方人的想像，與墨家極端的「非樂」思想和「自苦爲極」的生活狀況，不相協調。

墨家興盛於戰國。《韓非子・顯學》：「世之顯學，儒墨也。」儒墨是當時最著名的學派。在中國古代文化中，常「儒墨」並稱，「孔墨」對舉。檢索《四庫全書》，其中「儒墨」並稱和「孔墨」對舉有上千次之多。在中華傳統文化中，儒家占第一位，墨家應占第二位，但歷史對墨家不公平，後來叫「儒釋道」，沒有墨家的地位。墨家在中世紀，由漢到清，兩千多年衰微不振。

《孟子・滕文公下》說：「墨氏兼愛，是無父也。無父無君，是禽獸也。」儒家第二號人物孟子，攻擊墨子爲「禽獸」，墨學是「邪說」、「淫辭」。《四庫全書》有二十四卷二十五處，發揮孟子對墨子「無父無君是禽獸」的攻擊。

孟子對墨子的攻擊，在長期封建社會，成爲官方對墨子的政治結論，既然是孟子說的，就是已經定性，不能翻案。如果有人膽敢跳出來，爲墨子說句公道話，不怕跟傳統儒家的言論相牴觸，就會被一起株連爲「異端邪說」，大加撻伐，予以圍剿。

清代汪中（一七四五～一七九四），幼年孤貧好學，一七八〇年三十四歲時得「生員」（秀才）頭銜，爲「選拔貢生」，因蒐集古書中對墨子的論述，作《墨子序》，推崇墨學，說墨子是救世「仁人」，批評孟子攻擊墨子「無父」是誣枉，與傳統儒家的言論相反，被清官員和儒者翁方綱（一七三三～一八一八），扣上「名教之罪人」的帽子，極力撻伐。

翁方綱是乾隆進士、翰林院庶起士、編修、內閣學士兼禮部侍郎、鴻臚寺卿、文淵閣校理，司經局洗馬，廣東、江西、山東學政。《四庫全書》中有八次提到翁方綱。翁方綱《復初齋文集》卷十五說：「有生員（秀才）汪中者，則公然爲《墨子》撰序，自言能治《墨子》，且敢言孟子『兼愛無父』爲誣墨子，此則名教之罪人，又無疑也。」翁方綱威脅，應「褫革」（剝奪）汪中「生員」名號，扣上「墨者汪中」的帽子。

據《小取》記載，先秦墨家自稱「墨者」。「墨者」本是一個普通稱呼，就像儒家稱「儒者」一樣，但由於孟子對墨子的攻擊，在長期封建社會，天經地義不可改變，翁方綱誣衊汪中爲「名教之罪人」，要在「汪中」名字前，扣上「墨者」的帽子，等於給汪中定性爲政治上的異端和敵人，是「重則足以砍頭殺身」的罪名。[7]由這一典型實例可知，官方儒學的打擊迫害，是漢至清兩千年墨學中絕的主導原因。

墨學是生根於社會底層的思想學說，是多元化社會的一個側面。儒學借助封建政權的力量，無限膨脹、碩大無比，畢竟不足以把墨學從中國社會角落連根拔除。從漢到清兩千多年，由封建社會特點決定，墨學沒有成爲文化的主流。墨子和墨學的曲折影響還在，道教、農民起義和文學作品仍從墨學汲取元素，改頭換面，加工製作，使墨學間接影響社會。

二、組織生活

墨家是有組織的學派，紀律性強，生活刻苦。《淮南子．泰族訓》：「墨子服役者百八十人，皆可使赴火蹈刃，死不旋踵。」《魯問》記載，曹公子從墨子學校畢業，工作三年後，返校探望墨子，對墨子回憶說：「始吾游於子之門，短褐之衣，藜藿之羹，朝得之，則夕弗得（過去我在您門下學習，穿粗布衣，吃野菜粥，早上喝了，晚上還不一定喝得著。）」《莊子．天下》說，墨子稱道夏禹，學禹之道，使「後世之墨者，多以裘褐爲衣，以跂蹻爲服，日夜不休，以自苦爲極」。墨子要求門徒學夏禹，艱苦樸素，即使累得大腿上沒有肉，小腿上沒有汗毛，沐浴風雨，骨瘦如柴，仍心甘情願爲天下獻身。墨者穿粗布衣、木麻鞋，白天工作，晚上還工作，自討苦吃，累到極點，一心做墨者，行夏禹之道。墨子遊說天下，席不暇暖，突不及黔，是墨者的表率。

墨子、禽滑釐都長得黑，酷似勞動者。《貴義》記載，墨子「色黑」，從魯國出發，到齊國遊說，算卦先生半路遇見說，您現在不能到齊國去，因爲現在老天爺正在齊國殺黑龍，您顏色黑，去不吉利。墨子不聽，繼續往向前走。到齊國首都臨淄，淄水暴漲過不去，被迫返回。算卦先生趁機奚落他，我不讓您去，您偏要去，果然過不去。《備梯》記載，禽滑釐「面目黧黑」，因從事體力勞動，手腳長滿老繭。

三、俠義軍事

墨家有俠義精神。《墨經》有對「任」（任俠）概念的定義。《經上》說：「任，士損己而益所爲也。」《經說上》解釋說：「任：爲身之所惡，以成人之所急。」即任俠精神，士人肯犧牲自己的利益，使自己所保護的人得到利益。有任俠精神的人，能經受自身本來所不願意經受的痛苦，以成功救助別人的急難。畢沅《墨子注》說：「任，謂任俠。」

「任」意爲「保護」。《說文》：「任，保也。」引申爲以抑強扶弱爲己任的俠義精神和行爲。古有「任俠」一詞。《史記．季布欒布列傳》：「季布者，楚人也。爲氣任俠，有名於楚。」《辭海》對「俠」的解釋是：「扶弱抑強、見義勇爲的人。」如「遊俠」。

《韓非子．五蠹》說：「俠以武犯禁。」任俠、遊俠、俠義之士有武器，如佩劍、匕首之類，用武力做「扶弱抑強、見義勇爲」的事，有可能與國家禁令相牴觸。《經上》說：「罪，犯禁也。」「罪」的定義是「犯禁」，即違犯國家禁令。

以武力做「扶弱抑強、見義勇爲」的事，在國家秩序正常、生活安定的和平時期，有可能被視爲違反國家禁令，即犯罪。秦漢統一國家政權建立後，墨家這一有組織學派、兼俠義的集團，解體衰落，這與俠和政府的矛盾、俠不適應封建大一統時代的要求，有必然聯繫。

墨家集團的一個特徵是具有任俠、俠義精神。《孟子．盡心上》：「墨子兼愛，摩頂放踵利天下爲之。」《淮南子・泰族訓》：「墨子服役者百八十人，皆可使赴火蹈刃，死不旋踵。」任俠、遊俠、俠義之士有武器，用武力做扶弱抑強、見義勇爲的事，必然使墨家集團帶有一定軍事性，這由當時特殊的社會歷史條件和墨家集團的價值取向所決定。

戰國時期，周王朝衰微，沒有統一、強有力的中央政府，諸侯林立，各踞一方，墨家集團不得已採用軍事化手段，自我防禦、助人防禦。《墨子》有十一篇文章，講守城技術和戰略戰術等軍事思想。以墨子爲首的手工業匠師，兼做軍事器械和武器裝備製造專家。墨家成員經過軍事訓練，掌握軍事技能。墨家防禦戰的戰略戰術和軍事辯證法思想到現在仍有積極意義。

第三節 《墨子》：豪言壯語墨家言，眾篇連第有《墨經》

一、版本

1. 東漢七十一篇本。東漢史學家班固（三二～九二）《漢書・藝文志》著錄《墨子》

七十一篇。清代乾隆時期《四庫全書》總纂紀昀纂定《四庫全書總目提要》卷一一七，評論《墨子》說：「舊本題宋墨翟撰，考《漢書．藝文志》、《墨子》七十一篇，注曰，名翟，宋大夫，在孔子後。《隋書．經籍志》亦曰，宋大夫墨翟撰。然其書中多稱子墨子，則門人之言，非所自著也。」

《墨子》舊本題墨翟撰，書中多稱「子墨子」，意思是：「我們這個學派的老師。」第一個「子」是強調「我們這個學派的」，第二個「子」是先生。「子墨子曰」即：「我們的老師墨子說。」這怎麼能是墨子自己寫的口氣呢？是墨子學生的口氣。

《四庫全書》總纂官紀昀說，《墨子》是「門人之言」，非墨翟「自著」，頗有見地。直到現在，還有人堅決主張《墨子》是墨子本人寫的，這是不可能的。有人說，如果《墨子》不是墨子本人寫的，怎麼能說是墨子的思想學說呢？墨子弟子謹遵師訓，記述發揮墨子學說，不一定都由墨子親手寫。

2.明代五十三篇本。明正統十年刊《道藏》是道教著作彙編，把《墨子》五十三篇本，作爲道教經典收入，儘管《道藏》收入的版本比東漢著錄的七十一篇本少十八篇（有標題八篇，無標題十篇），但《道藏》中的《墨子》五十三篇本仍是一個比較完整和可靠的版本，從中可以大體看到墨學的全貌。

二、內容

《墨子》是墨家著作總匯。《墨子》五十三篇本的內容，可分五組。

1. 從《尚賢》到《非命》十論為墨子的十個論題，十論中每篇差不多有上、中、下三篇，加起來目前還有二十三篇，論點大同小異，猜想是墨子後學分三派，有住在南方楚國的，有住在東方齊魯的，有住在西方秦國的，傳本不同。漢代史學家劉向、劉歆整理《墨子》，統編收藏的墨家三派文稿，構成《尚賢》到《非命》十論二十三篇。這是《墨子》的主要論題和思想，歸類到經濟、政治、倫理、軍事、哲學等方面，偏重政治、倫理。
2. 《墨子》開頭《親士》到《三辯》七篇，是墨學雜論。
3. 《非儒》、《耕柱》到《公輸》六篇，跟《論語》相似，記載墨子墨家言行，是墨家傳記資料。
4. 《備城門》到《雜守》十一篇，講守城技術、戰略戰術，屬軍事學。
5. 《墨經》，從《經上》到《小取》六篇。「墨經」術語，見《莊子．天下》。《墨子》有《經》和《經說》上、下四篇，《經說》是對《經》的解釋。這是狹義的《墨經》。廣義《墨經》，再加《大取》、《小取》兩篇。晉代魯勝研究狹義《墨經》四篇，稱之為《墨辯》、《辯經》。

《墨經》非常重要。從專講科學和邏輯的意義上說，《墨經》比同時代其他任何經典，都更有價值。一般說，中華傳統文化（包括儒、道）的缺點和短處，是不甚強調科學和邏輯，《墨經》專長於講科學和邏輯。大家對《墨經》的熟悉程度，遠不及《論語》、《孟子》，《老子》、《莊子》，因爲儒、道被宣傳得多，墨學和《墨經》歷來宣傳不夠。

《墨經》是千古奇書。《經上》是講邏輯學和科學的定義、畫分或簡單命題，《經說上》加以解釋。《經下》是邏輯和科學的命題，同時解釋論證命題的理由，濃縮爲幾個字，然後在《經說下》展開。《墨經》是「微型的百科全書」，因爲字數少、簡練，涵蓋中國古代各門科學，是墨學的精華、人類的優秀遺產，有重要的現代價值。見圖三《道藏》本《墨經》（《墨子大全》第一冊，北京圖書館出版社二〇〇四年版，第二六七頁）。

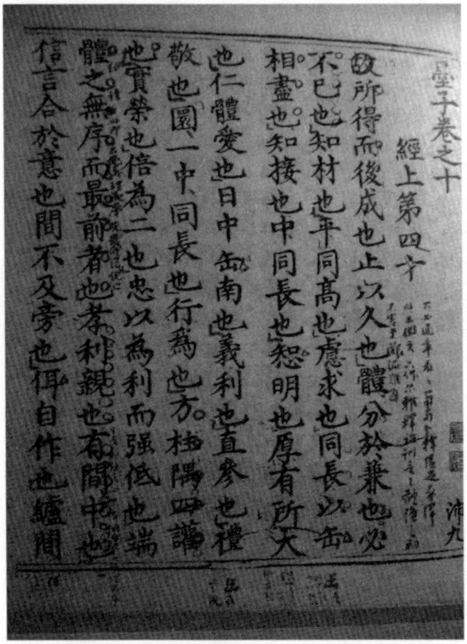
墨子卷之十
經上第四十
故所得而後成也止以久也體分於兼也必不已也知材也平同高也慮求也同長以缶相盡也知接也中同長也恕明也厚有所大也仁體愛也日中缶南也義利也直參也禮敬也圜一中同長也行爲也方柱隅四讙也實榮也倍爲二也忠以爲利而強低也端體之無序而最前者也孝利親也有閒中也信言合於意也閒不及旁也佴自作也纑閒

圖三　《道藏》本《墨經》

墨子死後，分散各地的墨家學派又分裂爲許多小派別。他們除保持共同的「墨者」稱號，遵奉共同領袖，宗奉墨子學說（如兼愛）外，常就各種學術問題展開爭鳴辯論。《韓非子．顯學》

說，墨子死後，墨家分爲三派，有以相裡氏、相夫氏（一說伯夫氏）和鄧陵氏爲代表的墨家派別，各執其見，都說自己是正統的墨者。《莊子·天下》說，相里勤的弟子五侯等人，南方的墨者苦獲、已齒和鄧陵子等人都共同誦讀《墨經》，但在許多問題上有爭論，都說對方是非正統墨家。這種爭論和相互指責，在一個學派的發展中是正常現象。

《墨子》一書，由歷代墨者薪盡火傳，一再加工整理，集體創作而成。時間跨度從戰國初至戰國末，即前五至前三世紀的二百多年。它決非成書於墨子一人之手，也非成書於一時，是墨家學者集眾人之力，歷經兩個世紀積累編纂的結果。

《墨子》一書能夠流傳到今天，要感謝東晉道教理論家葛洪（二八四～三六四年）。葛氏道教著作《神仙傳》述古代神仙故事，把墨子也附會爲道教神仙。他說：「墨子年八十有二」，「乃入周狄山」學道，修煉爲「地仙」。到漢武帝（前一五六～前八七年）時尚存，「視其顏色，常如五十許人」。活了好幾百歲，竟然還像五十多歲的人。這是道教迷信的不經之談。不過，由此後世兼收《墨子》入《道藏》。所以儘管自魏晉以降，歷經戰亂，群書散失，而五十三篇《墨子》卻僥倖得存，眞是不幸中的萬幸。我們由此可以一睹墨學之精深博大，異彩紛陳。

東漢班固《漢書·藝文志》著錄「《墨子》七十一篇」，是經過劉向、劉歆父子編輯整理的帛書《墨子》。後幾經流傳，至明代刊行正統《道藏》，內收《墨子》，只剩五十三篇。清代學者校注《墨子》，以明刊《道藏》本爲底本。現存較好的校注本，是清代孫詒讓《墨子間詁》。本書所引《墨子》原文，主要依據此本，參校他書。

三、豪言壯語

1.墨子的自信。《貴義》記載墨子說：「吾言足用矣。舍吾言而革思者，是猶舍獲而拾粟也。以其言非吾言者，是猶以卵投石也。盡天下之卵，其石猶是，不可毀也！」這是墨子的豪言壯語，即我的言論就夠用了，如果拋開我的言論，遵照別的學說，相當於農民拋棄收穫，撿拾遺落在地上的幾粒糧食。「舍獲而拾粟」，意同「丟西瓜撿芝麻」。你用別的學說，非難我的學說，是「以卵投石」，拿雞蛋打石頭，把天下的雞蛋都打爛，我這塊石頭還是原樣。因爲我的學說是眞理，不會被攻破。這表現出墨子對自己學說的自信。

2.後學的崇拜。《大取》記載，墨家弟子說：「天下無人，子墨子之言也猶在！」這是墨子後學的豪言壯語，即假如有一天，萬一世界上沒有人了，我們老師墨子的言論學說，還依然響徹在宇宙無盡的蒼穹。這表現墨子後學對墨學的崇拜。

墨家是先秦諸子百家的重要一家，與儒學並稱顯學，影響僅次於儒學。墨學與儒學和其他諸子學在激烈辯論的同時，又不可避免地互相滲透和汲取。《墨經》對自然科學和邏輯方法的概括、總結，就是囊括百科和熔鑄百家的結果。墨子及其後學與論敵辯論，有時爭強好勝，自吹自擂，把墨學推崇爲「天下唯一最好的學說」，表現戰國時代墨家的小格局，是其不可避免的時代和學派局限。

我們汲取全人類數千年創造的一切優秀文化，必然包括汲取《墨子》精華。現代新文化應著重汲取《墨子》的哲學、邏輯學、科學和其他人文學，如經濟學、政治學、倫理學、教育學，語言文學藝術和軍事學等思想精華作爲啓發和借鑑。這是新文化的大格局，與墨家唯一性地推崇墨學的小格局，自不可同日而語。

第二章　哲學：墨家哲人稱睿智，當時哲學攀高峰

引言：何謂哲學

哲學是研究世界最一般規律的學問。世界包括自然、社會和人類思維三大領域。哲學是把世界作爲一個整體，研究其最一般的規律。哲學不像各門具體科學，只研究世界某一部分的規律。

「哲」的本意是智慧、聰明。「哲人」就是聰明、智慧的人。「哲學」的本意，是智慧的學說，是智慧學，聰明學，是給人智慧，教人聰明的學問。《尙書．臯陶謨》說：「智人則哲。」

英、德、法語的「哲學」一詞，來源於古希臘文philosophia，意思是「愛智慧」。philo即「愛」，sophia即「智慧」，聰明、知識、學問、技藝和技巧。[1]亞里斯多德在《形而上學》第一卷明確使用了「哲學家」（philosophos）這個詞。「哲學家」就是「愛智慧的人」、「愛智慧者」。

一九世紀末至二十世紀初，學術界接受日本學者翻譯的「哲學」一詞。日本最早的西方哲學傳播者西周（一八二九～一八九七），有中國傳統學術的素養，幼年讀《四書》，後修朱子學。一八六三～一八六五年受德川幕府之命，留學荷蘭萊頓大學，回國後任西學機構「開成所」（一八六三年創辦）教授。

一八七〇年西周在京都創辦私塾「育英舍」，講授《百學連環》（類似百科全書）。一八七三年組成學術團體「明六社」，辦《明六雜誌》，講學論著，溝通中、日、西三方語言文字和文化思想，創譯漢字「哲學」等術語。目前漢字文化圈廣爲流行的「主觀、客觀、理性、悟性、現象、實在、演繹、歸納」等術語，都是他苦心創譯的結果。

西周學生永見裕，整理出版西周講課的筆記《百學連環》說：「哲學是諸學的統轄，諸學皆一致歸哲學統轄。」[2]一八七四年出版西周《百一新論》，一九七四年二月一日山本覺明爲之作序說，《百一新論》取「百教一致之義」、「西氏於和漢西洋之書莫不講究」，即西周對日本、中國和西方文化都深有研究。

《百一新論》卷下論學科分類說：「斐鹵蘇比譯名哲學。」[3]即把古希臘文philosophia譯爲「哲學」。一八七四年日本建立「東京開成學校」，一八七七年擴充爲東京大學，其中文學部內設「哲學科」。一八八一年井上哲次郎（一八五五～一九四四）編譯《哲學字彙》，收西周創譯哲學、演繹、歸納等術語。

清末黃遵憲（一八四八～一九〇五）於一八八七年撰、一九八五年刊印的《日本國志·學術志·西學》說，「東京大學校」的「文學學部」分「哲學學科」。一八九三年黃慶澄（一八六三～一九〇四）《東遊日記》說日本設立「哲學會」。

王國維（一八七七～一九二七）譯桑木嚴翼《哲學概論》（刊於一九〇二年上海：教育世界社出版《哲學叢書初集》），譯語說：

哲學之語，其原語謂之「斐洛蘇非」或「斐洛蘇非亞」，「斐利亞」譯言「愛」，而「蘇非亞」者，「智」之義也。故「斐洛蘇非」，若以其語源譯之，則可稱為「愛智」。然其真義必非但愛智之義，而有究理探真之義者也。然而考其譯語「哲學」之「哲」字，《爾雅．釋言》曰：「哲，智也。」揚子《方言》亦曰「哲，智也。」又如《書．舜典》所謂「哲，文明。」睿《說命》所謂「智之曰明哲」，皆與原語之「蘇非亞」有所似者。

一九〇三年梁啓超在日本撰文使用哲學一詞。一九〇三年蔡元培所譯《哲學要領》說：「哲學者，本於希臘語費羅索費。費羅者，愛也。索費者，智也。合而言之，則愛智之義也。」日本學者用漢字創譯「哲學」等術語廣爲傳播，是世界多元文化融會貫通的結果。

第一節　世界觀：《墨經》哲學樹典型，古代樸素科學性

一、世界本原

哲學的第一部分內容是世界觀。世界觀是對整個世界運動規律的概括，提出和解決的第一個問題，是世界的本原、本質是什麼？是物質，還是精神？或者說是神？這是世界觀的根本問題。對這個問題的不同回答，構成不同的哲學學說，如一元論（一個本原）、二元論（兩個本原）、有神論（有神存在）、無神論（無神存在）等。在不同著作中，世界觀也叫宇宙觀、本體論、存在論和形而上學（形上學）等。

世界和宇宙本是一個意思。它的本意是指時間和空間，《墨經》的專有名詞叫「宇久」，指時間和空間。「宇久」，即宇宙。久和宙諧音，是一聲之轉。

本體論，英文ontology，是關於世界本原的哲學學說，即世界本性、存在本質的學說，也叫存在論。本體來自拉丁文on（存在、有、是）和ontos（存在物）。世界本原，即世界的根源、來源、存在形式和根據。希臘文原文意爲開始，一譯「始基」。希臘哲人認爲，一切存在物由本原構成，從本原產生，復歸於本原。中國古代哲學的本體論，探究天地萬物產生、存

在、變化、發展的原因和根據。

什麼叫「形而上學」？在中外思想史上，有一個源遠流長的演變過程。「形而上學」英文metaphysic，來源於希臘文metaphysica，原意是「物理學之後」。希臘文physica，是「物理學」。

西元前三三五年，亞里斯多德在雅典東北郊小樹林裡租房，創立呂克昂學園，形成著名的逍遙學派。西元前六〇年，呂克昂學園第十一代末任園長安德羅尼柯，編輯亞氏學園的遺稿四七種。其中論可感有形物的著作，叫《物理學》physica，論超感抽象物的著作，叫《物理學之後》metaphysica。構詞首碼meta-，意爲位於後，繼於後，超越，總體。港臺學者翻譯爲「後設」，即在對象之後、之外、之上的設定。大陸譯爲「元」。《爾雅．釋詁》說：「元，始也。」「元」包含本原、根本的意思。

過去曾譯metaphysica爲玄學。魏晉玄學盛行，來源於春秋末期的老子。《老子》第一章說：「玄之又玄，衆妙之門。」他是說，玄妙的道理，抽象了，又抽象，這是各種最微妙道理的入門。揚雄說：「玄者，幽摛萬類，不見形者也。」即玄妙的道理，深刻普遍地隱藏在各種事物中，是看不見形狀的。王弼《老子指略》說：「玄，謂之深者也。」「玄」就是深奧的意思。

嚴復根據《易．繫辭》「形而上者謂之道，形而下者謂之器」的說法，把「物理學之後」metaphysica，譯爲「形而上學」，意思是淩駕於有形器物之上的抽象道理。

世界觀、宇宙觀、本體論、存在論和形而上學等詞，是指哲學中，回答世界的本原、本質這一根本問題的學問。如果要向《墨經》作者提一個問題：世界的本原、本質是什麼？是物質，還是精神？或者說是神？《墨經》作者會告訴我們，世界的本原、本質是物質，不是精神，不是神。這是從《墨經》論述中引出的結論。

(一)「物」範疇

墨家認爲，人類認識的全部目的，是「摹略萬物之然」和「所以然」，即反映事物的本來面目、本質和規律。這是墨家對人與世界關係這一哲學基本問題的正確回答。

「摹略萬物之然」的「物」，是《墨經》哲學概括的第一個範疇，有專門條目規定：

名：達、類、私。（《經上》）

物，達也，有實必待之名也命之。馬，類也，若實也者必以是名也命之。臧，私也，是名也止於是實也。聲出口，俱有名。若姓字麗。（《經說上》）

釋文：語詞概念分爲外延最廣的普遍概念、一般類概念和單獨概念。例如「物」（物質）是外延最廣的普遍概念，凡存在著的實體，一定都等待著這一個概念來概括。「馬」是一般類概念，凡如此這般具有馬屬性的實體，一定用這個概念來概括。「臧」是一個單獨概念，這個概念只用來指稱某一個實體。凡語言從人口中說出，裡面都一定包含著語詞概念。語詞概念指稱事物，猶如姓名跟隨著人一樣。

這裡「名」，是用語詞表達的概念。「達」，指達名，即外延最大的名，外延最廣的普遍概念，最高類概念，範疇。「達」，通達、周遍。「類」，指概括一類事物的名，普遍概念，類概念。「私」，指稱謂個體的名，單獨概念。「物」是稱謂宇宙萬事萬物的總名，相當於現代的「物質」概念。「若」，如此，這樣。「臧」，奴僕名，這裡用作一個人的名字。「麗」，附麗、跟隨。

「物」是外延最大的哲學範疇（普遍概念），概括世界所有存在的實體。墨家從世界觀、宇宙觀、本體論、存在論和形而上學高度，回答哲學的基本問題，提出和規定「物」、「實」、「有」的哲學範疇。「物」、「實」、「有」（物質、實體、存在）三範疇，外延相同，內涵一致。《經上》第六十六條說：「盈，莫不有也。」《小取》說：「盡，莫不然也。」《經說下》第一七四條說：「盈無窮，則無窮盡也。」物質、實體、存在、充盈、窮盡無窮的宇宙。

墨家把物質、實體、存在看作宇宙本原，認爲「知」（認知、精神）是人體生命物的材能、潛質和作用。《經上》第三條說：「知，材也。」認知、精神是人體生命物質、實體、存在的派生現象。《大取》說：「名，實名，實不必名。」《經說下》第一〇四條說：「有之實也，而後謂之。無之實也，則無謂也。」物質、實體、存在，是第一性的，名、謂（概念、判斷），是第二性的，前者決定後者，而不是相反。這種一元論的、樸素科學的世界觀，是墨家積極、能動的反映論、認識論、辯證方法論和辯論邏輯學的哲學基礎。

㈡杞人憂天

先秦哲人，曾熱烈爭辯一個奇怪的問題：「天會塌下來嗎？」《列子．天瑞》記載：「杞國有人，憂天地崩墜，身無所寄，廢寢食者。」即杞國有個人，擔憂天塌下來，地陷下去，自己的身體無所寄託，無處安身，於是睡不著覺，吃不下飯，變成一種病，現在叫憂鬱症。後來這個故事演變爲「杞人憂天」、「杞國憂天」、「杞國之憂」、「杞人之憂」和「杞天之慮」等成語，或簡稱「杞憂」，比喻不必要、無根據的憂慮。唐詩人李白《梁甫吟》說：「白日不照吾精誠，杞國無事憂天傾。」即杞國本來沒有事，可是這個人，卻無事生非，憑空擔憂。

杞是西元前十一世紀周王朝分封的諸侯國，開國君主是夏禹的後代，地在雍丘（今河南杞縣），占有相當於今一縣之地，處於大國之間，大國經常打仗，杞國因戰亂屢次遷徙，居民生活不安定，西元前四四五年被楚國滅掉。於是杞國這個人，本來沒事，卻得了憂鬱症，怕天塌下來，地陷下去。這個故事衍生出一個哲學問題。

《墨經》是總結古代哲學、科學和邏輯知識的書，文字抽象艱澀，佶屈聱牙，但我在它的字裡行間，居然發現了墨家以抽象的哲學議論，回應杞人「天地崩墜」憂慮的蛛絲馬跡。這說明人們思想的息息相通，不謀而合。

《經下》第一五〇條說：「無不必待有，說在所謂。」《經說下》解釋說：「若『無馬』，則有之而後無。『無天陷』，則無之而無。」即「無」不以「有」爲必要條件，論證的理由在於所說「無」的種類。這裡說到「無」有兩種。第一種，是「有之而後無」，即先有後無。如說「現在無馬」，指過去曾經有馬，現在變成無馬。第二種，是「無之而無」，即根本是「無」，從來是「無」。就是說從來就是「無」，始終是「無」，它不是從「有」變來的。如說「無天陷」指「天陷」這種事，根本是「無」，從來是「無」。這兩種「無」情況，根本不同。

《墨經》區分這兩種「無」，有深刻的哲學世界觀內涵。《墨經》斷言「無天陷」，否認有「天塌」之事，是對杞人「天地崩墜」憂慮針鋒相對的回應。墨家把「天會不會塌下來」問題的討論，上升到「有無」（即存在與不存在）的哲學高度，對先秦哲學的基本問題給出深刻、精闢的回答。杞人憂慮「天地崩墜」，有典型的哲學世界觀意義。

《墨經》對中國古代很多問題都研究了。就剛才那個故事而言，是說天會不會塌下來。《墨經》說「無天陷」，沒有「天塌下來」這種事。天不會塌下來，這概括了一個哲學問題，即世界的「存在、非存在」問題。

《墨經》把「天陷」的問題，提高到「有無」的理論問題。「有無」是《墨經》的語言，翻譯成我們現在的話，「有」就是存在，「無」就是非存在、不存在。中國古代辯論很多，其中有一個辯論就是「有無」之爭。天地、世界是有還是無呢?儒家、道家經典裡面都有這個辯論。「有無之辯」是一個很重要的哲學問題。就是現在我們哲學講的「存在、非存在」、「存在、不存在」。

《墨經》怎麼入手去講這個問題呢?它說「無不必待有」，就是講這個「無」，不以「有」（存在）爲必要條件，不以「有」作爲前提。什麼事情原來「有」，後來不存在了，這是一種從有變成無。還有一種「無」，本來就是「無」，不是從「有」變來的。這兩種「無」，一種是拿「有」作爲必要條件，從「有」變成「無」，另外一種是壓根兒不存在，它本來就是「無」。接著它是這樣解釋的：譬如說「沒有馬」，說我家裡原來有馬，現在沒有馬，這是先有而後無，從存在變成不存在。「無天陷」，是另外一種「無」，就是剛才說的第二種「無」。

先秦哲人對「天會不會塌下來」的問題，有許多認眞的討論和駁辯。《莊子·天下》說：「南方有奇人焉，曰黃繚，問天地所以不墜不陷、風雨雷霆之故。惠施不辭而應，不慮而對。遍爲萬物說，說而不休，多而無已，猶以爲寡，益之以怪。」

惠施是戰國中期名家（辯者）代表人物，做過魏國宰相十餘年（前三三四~前三二二）。西元前三一八年，惠施爲魏使楚，與南方奇人黃繚認眞論辯「天會不會塌下來」的問題。黃繚是與衆不同的自然科學奇才，主張「天不會塌下來，地不會陷下去」，黃繚向惠施發問：「天爲什麼不會塌下來？地爲什麼不會陷下去？風雨雷霆是什麼原因？」惠施是當時聞名的哲學家，毫不推辭，立即回應，不假思索，對答如流。他普遍解說萬物道理，口若懸河，滔滔不絕，不時加進奇怪論說。黃繚、惠施「天地所以不墜不陷」一類辯論的智慧閃光，仍有蹤跡可尋。

成書於戰國中期齊國稷下學派的《管子．侈靡》說：「天地不可留，故動。化故從新，是故得天者高而不崩。」即由於天地處在永恆的自我運動中，由運動引起的新陳代謝，使天地高懸，不致崩陷。「天地之所以不墜不陷，在於天地自身的運動。」《管子》也討論這個問題，說天地不能留住，不能靜止不動。「化故從新」，就是我們現在說的推陳出新，從舊的變到新的。說它在運動，在新陳代謝，所以天就高掛宇宙間，而不崩塌，不掉下來。

《莊子．天運》說：「天其運乎？地其處乎？日月其爭於所乎？孰主張是？孰維綱是？孰居無事推而行是？」「敢問其故？」莊子問，天運動嗎？地，就是我們現在說的地球，在哪裡待著呢？在哪裡存在呢？日月是在爭它們兩個存在的處所嗎？如果是這樣，那是誰主張的呢？誰牽著它，讓它這樣運動的呢？誰閒待著沒事，推動它這樣運行？敢問這是什麼原因？作者窮源究委，自問自答：「意者其有機緘而不得已邪！意者其運轉而不能自止邪！」即天地日月行止代謝，不是外力推動，是由於自身存在的機制，自己不停運動的力量使然。用事物本身自己運動的規律，作爲解釋「天地之所以不墜不陷」自然現象的原因，是古代哲人的天才猜測，是現代科學宇宙觀的古代先驅。

認識「有無」，即存在、不存在，是哲學的第一要義，是眞正要區分的哲學道理。這叫做世界觀、宇宙觀、本體論、存在論、形而上學，是眞正意義上的哲學。這種分析是眞正的哲學，不是繁瑣哲學。

大體來說，古代哲人對天地的認識是這樣的，即天不會墜落，地不會塌陷。根據在哪裡呢？在於沒有誰去管它，是它自己在運動，力量就來源於自己運動。從現在的科學觀點來看，這種猜測是正確的。根據牛頓力學和物理學的定律，運動原因是萬有引力。天體，星球，根據自己品質的大小，遵循著一定的軌道來運動。這個運動的軌道是怎麼保持的呢？就是根據引力斥力。由於互相吸引，互相牽制，就保持了運動的軌道。

這種哲學概括是怎麼來的呢？是由於百家爭鳴。各種不同學說，不同意見討論，分化出一種正確的意見，也分化了一種錯誤的意見。錯誤的意見說，是神在推動。《墨經》說不是神。其實墨家有神的觀念。墨子經常講神，可是《墨經》不講神。狹義《墨經》五千七百多字，沒講到神。墨子在跟人辯論的時候，經常講到天、上帝、鬼神。《墨經》的觀點，是不用從神的觀點去解釋，是純粹從物質運動本身去解釋，不借助物質以外神祕力量的推動。這是墨子與《墨經》的不同。

二、物運時空

㈠用走路比

《經下》第一六五條說：「行修以久，說在先後。」《經說下》解釋說：「行者必先近而後遠。遠近，修也。先後，久也。民行修必以久也。」走一定長度的路程（空間），需要占有一定長度的時間，論證的理由在於，人走一定長度的路程有先後的區別。走路的人，必然要先走近，而後走遠。遠近成空間的長度，先後是時間的久暫。因此，人走一定長度路程，必然要占有一定長度時間。

這是以走路為例，討論物質、運動、時間和空間的辯證關係。一切物質運動都必然占有空間，經歷時間，時間和空間互相滲透，都與物質運動有必然聯繫，時間和空間是同一物質運動的不同存在方式，揭示物質、運動、時間、空間不可分割的辯證聯繫。

哲學本體論的基本概念「物質、運動、時間、空間」，在《墨經》裡有一種講法，現代哲學也可以借鑑。它的講法是從例子講起，透過淺顯的、日常生活中的例子，分析這四個概念之間的關係。

它是拿走路做例子：「行修以久，說在先後。」「行」，就是人走路。每個人天天都會走路。物質運動，也叫做行。人走一定長度的路程，要用時間，用到時間的綿延、繼續。「久」

是長久，是時間的概括，相當於我們現在講的哲學範疇「時間」。

爲什麼呢？這是在講道理。「說在先後」，就是論證的理由在於，人走路有先後。「行修以久」是論題，論證這個論題的理由就在於，有先後的區分。這是提示論證的關鍵、關節點。《墨經》的每一條都是一個濃縮的論證結構，等待解釋發揮。

「說在先後」，就是說爲什麼「行修以久」呢？爲什麼人走一定長度的路程，需要用到時間呢？因爲人走一定長度的路程，有先後的區別。一早上踏出門來，先走第一步，然後再走第二步，這叫先後。走路邁步，有先有後，也就有時間的差別、綿延。

物質運動有先後順序。既然是運動，必然有開始，有中間，有結束，有先後的過程，這就連帶著時間的延續、綿延。久是時間；修是長，是空間。物質在空間運動，必然連帶時間的綿延。人體是物質，是物體。物體運動，要占有空間，占有時間的綿延，繼續。

「行修以久，說在先後」，是經文，非常簡練，只有八個字。「行者必先近而後遠。遠近，修也。先後，久也。民行修必以久也。」（《經說》）「行者」，就是走路的人。「必先近而後遠」，是說一定要、必然要「先近而後遠」，是說時間、空間有序性、順序性，然後再把「先近後遠」這四個字展開：「遠近，修也。先後，久也。」「遠近」，是空間。「先後」，是時間。「民行修必以久也」：「民」是老百姓，老百姓走一定長度的路程，一定要用到時間的延續、綿延。在《墨經》的減縮論證結構中，物質、運動、時間、空間這四個範疇都有。這一條三行字，把物質、運動、時間、空間這四大範疇都結合起來了。

下面這些條目，也是這個意思。《經下》第一一三條說：「宇或徙，說在長宇、久。」《經說下》解釋說：「宇徙而有處，宇南宇北，在旦又在暮，宇徙久。」物體在空間的遷徙，論證的關鍵在於，物體運動，隨著空間轉移，同時經歷時間綿延。物體在空間遷徙，占有一定處所（空間），南北遷徙，由早到晚，在空間遷徙，經歷時間綿延。《經上》第五十條說：「動，或徙也。」《墨經》說的「動」、「徙」、「行」，都指運動。

宇是空間，物體在空間中會運動。物體在空間中運動的時候，要經歷空間的延長，就是遠近，就是時間的先後。爲什麼呢？因爲物體在空間中遷徙的時候，必然要在空間中存在著。

㈡時空定義

《墨經》訂出了時間、空間的定義。時間、空間是很難定義的，但它定義了。時間怎麼定義？《經上》第四十條說：「久，彌異時也。」《經說上》解釋說：「古、今、旦、暮。」「久」（宙）即時間，是概括一切不同時段（如古、今、早、晚）的範疇。「彌」是概括、彌漫。「異時」是不同的時間。什麼叫做不同的時間呢？就是古今旦暮，就是古代、現代、早上、晚上，這都是時間存在的具體型式。「久」這個「時間」的概念，把古今旦暮都概括進去了。

「空間」怎麼定義呢？《經上》第四十一條說：「宇，彌異所也。」《經說下》解釋說：

「東、西、南、北。」「宇」即空間，是概括一切不同處所（如東、西、南、北）的範疇。空間的定義，就是把不同處所都概括進去。「所」就是指的空間。《墨經》講「宇久」，就是後來說的「宇宙」。「久」和「宙」是一聲之轉，是同一回事。「宇久」、「宇宙」就是空間和時間的合成，在《淮南子》中就講「宇宙」了。

《淮南子．齊俗訓》說：「往古來今謂之宙，四方上下謂之宇。」漢代有一個地方王叫劉安，他家中養了幾千個知識分子在幫他寫書，由他主編，就叫《淮南子》，裡面講述了宇宙的概念。它說的「往古來今謂之宙」指的是時間。「四方上下謂之宇」指的是空間。我們現在說的宇宙就是時間空間的合成。

元俞琰《書齋夜話》卷二說：「餘以俯仰之間言之，地居天之中央，地之上皆天也。仰觀之，則蒼蒼無極，地之下亦天也。俯察之，則窈窈無窮，四表皆然：是之謂宇。以既往、未來言之，則自昨前日、去年前年、十年百年、千年千古、萬年萬萬古，浩浩無極，自明日、後日、明年、後年、十年、百年、千年、千世、萬年、萬萬世，綿綿無窮：是之謂宙。」說地球在天的中央，地之上都是天。「仰觀之」，就是往天上看。「蒼蒼無極，地之下亦天也」，就是蒼茫沒有邊際，地球下面也是天。「俯察之，則窈窈無窮，四表皆然」，往下看，遙遙無窮，到處都是如此，就是《墨經》說的「莫不然」。「是之謂宇」，這就叫做「宇」，即空間。過去、未來，浩浩綿綿，無邊無際，這就叫做「宙」，即時間。

《尸子》說：「天地四方曰宇，往古來今曰宙。」天地四方叫做宇，往古來今叫做宙。

意思都相近。墨家最早從內涵和外延兩方面正確定義時間、空間的哲學範疇。《墨經》用「宇久」，定義了我們今天所稱的「宇宙」。

㈢無窮有窮

《墨經》以走路爲例子，解釋空間的有窮和無窮。《經下》第一六四條說：「宇進無近遠，說在步。」《經說下》說：「區不可遍舉宇也。進行者先步近，後步遠。」宇宙無窮大，在宇宙遷徙運動，沒有絕對的遠近，只有相對的遠近，論證的理由在於，可以人走路爲例。一個具體有限的區域，不可能窮舉無限大的宇宙。就走路來說，必須先走近，後走遠。

這是以走路爲例，討論宇宙空間無窮的絕對性和局部空間有窮的相對性。墨家的說明方式，是以個別、具體事例說明一般、抽象哲理，以小見大，以淺喻深，以近喻遠，以技巧、機智的方法，說明最高的哲學智慧。這裡從技巧、方法，到觀點、結論，值得今人學習、借鑑。

《墨經》認爲，宇宙是無窮大的，物體在宇宙中運動，無所謂近或遠。從理論上、思想上認爲宇宙是無窮大的，不過到目前爲止，自然科學認知的宇宙有多遠呢？有幾百萬光年。這是我們現在已知的範圍。幾百萬光年之外都是無知的。因爲目前天體望遠鏡的技術，還無法觀測到。天體望遠鏡的觀察是有限的。在我們觀察的範圍之外，我們預測都是充滿物質。

《墨經》是怎麼說呢？古代沒有天體望遠鏡，就是純粹用頭腦來思考，這叫做思辨，即借助語言來思考這個問題。就是說，物體在宇宙中運動，無所謂近遠，因為宇宙無窮大，局部的、有限的遠近，可以忽略不計。物體在宇宙中運動，沒有絕對的遠近，只有相對的遠近。因為每個物體都有一定大小，相對於無窮大的宇宙，可以忽略不計。為什麼？這就要說到「步」。步是走路。走一步，走兩步，這有遠近問題。但人不管走多少步，在無窮大的宇宙中，都是很微小的。

《墨經》的解釋是說：「區不可遍舉宇也。」什麼意思呢？就是一個有限的區域，不能夠普遍地列舉宇宙的無窮大。一個有限的空間，不能夠把無限的宇宙給概括窮盡。「區」是區域。中國大陸夠大，可是大陸也是個「區」，是個有限的區域。大陸這個有限的區域，不可能把宇宙概舉完。有限的區域，不能夠窮舉、遍舉、概括無窮的宇宙。任一區域都是有限的、相對的，宇宙是無限的、絕對的。「進行者先步近，後步遠」：走路的人，先走近，後走遠。走路的人，他是有遠近的，有相對的遠近。

《墨經》講物質、運動、時間、空間，透過走路的例子，把一些最抽象的理論都給串起來了，都講清楚了，這是一種講哲學的方法。這種方法，就是具體和抽象的結合。人走路就是具體，物質、運動、時間、空間就是抽象。這是以小喻大，以近喻遠，以淺喻深，這本身就是一種智慧，一種技巧，是一種最高的智慧。

宇宙是無窮的。《墨經》中有這樣的話，「久」就是時間，分成有窮和無窮兩種形式。墨家認為時間有「有窮」和「無窮」的兩重性。《經說下》第一六五條說：「久：有窮、無窮。」什麼是有窮和無窮呢？這很難定義。《墨經》也是用一個具體的形象來定義「有窮」和「無窮」的哲學範疇。《經上》第四十二條說：「窮，或有前不容尺也。」《經說上》解釋說：「或不容尺有窮，莫不容尺無窮也。」空間有窮，是指用尺子量，前面有一處，不夠一尺。用尺子量空間，到一處，前面不夠一尺，是有窮。每到一處，沒有不夠一尺，是無窮。

「窮」（有窮）怎麼定義？就是有一個空間，用一個尺去量它，這個尺有一尺長，量它的邊，量到最後容不下一尺，那它就是有窮了。假如有一個空間，「莫不容尺」，「莫不」是雙重否定，沒有不可容尺之處，沒有「不容尺」這種情況出現，即永遠可容尺。一直可以量下去，永遠無窮、無窮地延續下去。假設壽命是無窮的，那就可以一直拿著尺子量下去，延續下去，這就是「無窮」。實際上「無窮」是不能量的，「無窮」用尺去量是量不盡的，所以叫「無窮」。於是《墨經》利用一根尺子去量的辦法，把有窮和無窮的抽象哲學概念給定義了。這種抽象概念居然被它用一個大家都可以理解的方法給解釋了。這類似古希臘阿基米德提出的公理，即「度量公理」。它是這麼說的，一個有窮長的線段，它的長度是可以度量的。這和《墨經》以尺量的方法是異曲同工的。

這裡巧妙地用具體和抽象相結合的方法，借用一根有窮長的尺子，把「有窮」和「無窮」的哲學範疇做出正確定義。這表明墨家對物質、運動、時間、空間、有窮與無窮的抽象辯證關係有深刻認識。

㈣莊子詭辯

《莊子．齊物論》有否認「始」概念確定性的詭辯：「有始也者，有未始有始也者，有未始有夫未始有始也者。」即有開始，有「未曾開始」的開始，有未曾開始「未曾開始」的開始。這是用歸謬法，證明沒有確定的「開始」概念。認爲要說「開始」會陷於惡性循環。假如你說「開始」，那我就說還有「開始」的開始，「沒有開始」的開始，最後「開始」和「沒有開始」會糾纏不清，沒有界限，誰也不能說「開始」。這種詭辯是不正確的。科學實驗，做定時定量的記錄分析，都有一個精確的開始概念。開運動會發令槍響，紅光冒出，碼錶開按，運動員起跑，有精確記錄，可錄音錄影。如果沒有「開始」的概念，顯然運動比賽無法進行，不能確定冠亞軍。

墨家反對這種詭辯，提出「無久」即無窮小時間的概念。《經上》第四十四條定義說：「始，當時也。」《經說上》解釋說：「時或有久，或無久，始當無久。」《經說上》第五十一條說：「無久之不止，……若矢過楹。有久之不止，……若人過梁。」「有久」指有窮大的時間量，如人走過一座橋梁，是「有久」之行。「無久」指無窮小的時間量，如飛箭穿越一根柱子邊緣，占有一無窮小的時間量「無久」和一無窮小的空間量「無厚」。

「始」的概念，相當於無窮小的時間量「無久」，儘管是極微小的時間量，畢竟是客觀存在的、確定的、可計量的物理量。什麼是「開始」呢？是一個很短的時間。它說時間就是「有久」，就是「有窮」。「無久」，字面上是「沒有時間」，實際上不是「沒有時間」，是「有時間」，不過它是「無窮小」的時間，非常短暫，以至於在計算上可以忽略不計。「開始」相當於無窮小的時間量「無久」。

這裡還講了一個很抽象的哲學道理：「無久之不止，若矢過楹。」「無久」的「不止」，「無久」的「不是止」（「不止」、即不是止，就是運動，就是行），即無窮小時間的「運行」，就如「矢過楹」。「若」是例如，是舉例。這是一個很抽象的哲學問題，但是概念很清楚。

我們在地上立一根標杆來測量飛行的箭經過其邊緣的時候，它是用無窮小的時間，飛過無窮小的空間。作爲對照組的試驗，「有久之不止，若人過梁」，即經歷有窮長時間的運動，例如「人過梁」。「梁」是橋梁。人走過一座橋梁，要經歷一段時間，要花幾分鐘，就是經歷有窮長的時間。

對《墨經》以上幾句話，沒有幾人能正確翻譯。我的翻譯是，「有久」，是有窮長的時間量，如人走過一座橋。「無久」，是無窮小的時間量，如飛箭經過一根標竿的邊緣。飛箭占有無窮小的時間，叫「無久」，經過無窮小的空間，叫「無厚」。

「始」的概念就是開始。萬物發生都有個開端。如種子發芽，機槍發射。動物卵子受精，生物學家應該有辦法測量。這都是「始」，即開端的概念。整個宇宙沒有開端，但宇宙中的萬物都有開端。

墨家對物質、運功、時間、空間、有窮、無窮哲學範疇及其辯證關係的認識，與古今中外優秀哲學思想一致，既富於哲學的抽象性、思辨性，又富於自然科學的具體性、論證性。墨家描繪的世界圖景是：物質、實體是宇宙的全部存在者。物質運動必然占有空間、經歷時間。物質、運動、時間、空間，有「有窮」和「無窮」的雙重性。

墨家經過文化軸心時代戰國時期二百五十年百家爭鳴的洗禮，通過對工匠技藝「求故」、「取法」的科學探索和哲學思考，把哲學與自然科學知識相結合，登上了當時世界哲學的最高峰，至今仍給我們以深刻的智慧啓迪。

我對這些材料有一個評論，就是物質、運動、時間、空間、有窮、無窮這些範疇，《墨經》的解釋，和世界上最優秀的哲學思想是一致的，它帶有哲學的抽象性、思辨性、論證性，也是一種最高的哲學概括。

概括以上意思：物質充盈天地間，所有物質都運動。空間時間即宇宙，互相滲透物運成。相對絕對本統一，有窮總和是無窮。《墨經》哲學最稱奇，爲當時世界最高峰。

第二節　認識論：認識階段人類同，感性之上有理性

哲學的第二部分內容是認識論。認識論是研究人類認識規律的學問。哲學把整個世界區分爲兩個部分。其中一個部分是客觀世界，即各種形式的物質，包括自然界和人類社會，這是認識的對象，是不依賴於人的認識，而獨立存在的客體。研究這一部分的哲學部門，叫世界觀、宇宙觀、本體論、存在論和形而上學。其中另一個部分是人類認識這個主體。研究人類認識的本質和規律，如認識的潛能、活動、源泉、階段和形態等，構成哲學的第二個知識部門，叫認識論。

一、認識潛能

認識潛能在人身。墨家把認識統稱爲「知」：

知，材也。（《經上》）知也者，所以知也，而不必知，若明。（《經說上》）

釋文：認知能力是人的材質、潛能。人的材質、潛能的認知能力，是獲取知識的必要條件，人類藉

以認知事物，但不必然獲得知識，如僅有明亮眼睛，健全視力，未必見到事物，見物還需要其他條件的配合。

《墨經》的「知」，是多義詞。「知，材也」和「知也者」的「知」，指人的認知能力，人類求知的潛能、材質。「所以知也」的「知」，指知識。「若」，譬喻詞。「明」指明亮眼睛，健全視力，見物的能力。

《經上》第二十二條說：「生，形與知處也。」《經說上》解釋說：「盈之生。」把生命定義爲形體和認知能力相處，形體爲認知能力充盈，呈現生命現象。人類與生俱來的認知器官是智慧產生的基礎和條件，是尚未運作發揮的人類自身的自然中沉睡著的潛力。

王充《論衡．辨崇》說：「人，物也，萬物之中有知慧者也。」「知」通「智」，「有知慧」即「有智慧」。智慧的生理因素是先天素質，與生俱來。智慧是身體的官能，求知是人類的天性。墨家肯定人類有求知的潛能、材質，酷似亞里斯多德說「求知是人類的本性」[4]。

智慧是人類認識和改造世界的素質、知識和能力的總和，墨家總稱爲「知」。智慧是人類對事物認識、辨析、判斷處理和發明創造的能力，認識事物、運用知識解決實際問題的能力，借助觀察、記憶、想像、思考、判斷的意識形式，表現爲認知事物的深刻、正確和完全程度，應用知識解決問題的速度和品質。智慧是在掌握人類知識經驗和實踐活動中發展的，是先天素質、歷史遺產、教育影響和勤奮實踐諸因素相互作用的產物。

智慧是聰明的同義語，聰明是智慧的比喻。宋代陳大猷《書集傳或問》卷上說：「聰明乃譬喻智慧之辭。」聰的本義指聽覺器官功能健全，能敏銳辨別聲響。明的本義指視覺器官功能健全，能敏銳辨別形體。耳聰目明簡稱聰明，是用聽覺、視覺器官的功能健全、銳敏通達，作爲智慧的性質和譬喻詞。

墨家發現，耳目器官功能對人類智慧有特殊作用。《經上》第九十條說：「聞，耳之聰也。」能敏銳辨別聲響，是聽覺器官功能健全，叫「聰」。「見」爲「目之明」，能敏銳辨別形體，是視覺器官功能健全，叫「明」。墨家尤其重視視覺器官對智慧的特殊作用。《經上》第一條舉例「若見之成見」，第三至六條均以視覺器官作用爲舉例或譬喻素材。墨家原典常以「見」、「視」、「觀」的視覺形象，作爲舉例和譬喻素材。

亞里斯多德在《形而上學》開宗明義暢論視覺對認知的特殊作用，說：「人們總愛好感覺，而在諸感覺中，尤重視覺」；「較之其他感覺，我們都特愛觀看。理由是：能使我們認知事物，並顯明事物之間許多差別，此於五官之中，以得於視覺者爲多」。[5]

詩以詠之：智慧潛能在先天，求知本是人天性。目健爲明形體辨，耳健爲聰語音通。先天素質待揮灑，天地萬物人最靈。墨家亞氏本相似，同類同情意物同。

二、認識活動

人類認識和改造世界，是人類特有的主觀能動性，其特點是積極探求。墨家定義認識的要素思慮的特有屬性，是探求：

慮，求也。（《經上》）慮也者，以其知有求也，而不必得之。若睨。（《經說上》）

釋文：思慮是求知的活動和狀態。人用認識能力求知，未必獲得知識，如人用眼睛斜視，未必看清物體。

墨家把思慮定義爲以自身認知能力求取知識的狀態、活動和過程，精闢準確。

三、認識源泉

墨家把認識源泉概括爲「聞說親」三類。《經上》第八十一條說：「知：聞、說、親。」

《經說上》解釋說：「傳受之，聞也。方不彰，說也。身觀焉，親也。」從來源說，認知有聞知、說知和親知三種。聞知是傳授來的知識，說知是由已知推測未知，親知是親自觀察得來的知識。「方」是比方、推論。推論之知的特點，是借助前提中已通曉的知識，按一定的方式和規則，在結論中把未通曉知識，變爲已通曉知識，使知識由不彰到彰，由不明到明。

墨家認爲親聞的眞實性高於傳聞：

聞：傳、親。（《經上》）聞：或告之，傳也。身觀焉，親也。（《經說上》）

釋文：「聞知」分爲「親聞」和「傳聞」。有人告訴，叫傳聞。親身在場聽到，叫親聞。

墨家以某人受傷生病爲例，區分「親知」和「聞知」兩種認知方式：

物之所以然，與所以知之，與所以使人知之，不必同，說在病。（《經上》）或傷之，〔所以〕然也。見之，〔所以〕知也。告之，〔所以〕使知也。（《經說上》）

釋文：事物之所以如此的原因，與人們之所以知道這原因的途徑，與使人知道的方式，不一定相同。例如某人生病，在某種情況下他受到傷害，這是他生病的原因。我親眼看到了他因受傷而生病，這是我知道這原因的途徑。我親口告訴了別人，這是我使人知道的方式。

「親聞」的眞實性，高於「傳聞」。宋國丁氏，家中無井，需要花費一個勞動力，外出取水，後來家中打井，丁氏告訴別人：「吾穿井得一人。」（家裡打井，節省一個勞動力）這句話經多次傳播竟變爲：「丁氏家裡打井，從井裡撈出一個活人。」國君聽到，詫異不已，派人詢問。丁氏解釋說：「得一人之使，非得一人於井中也。」（得到一個勞動力的使用，不是從井中撈出一個活人）。

《呂氏春秋．察傳》說，言論「數傳，而白爲黑，黑爲白」。傳聞要謹愼辨析，以防被誤傳資訊迷惑。宋陳思《書苑菁華》卷五說：「一犬吠形，百犬吠聲。一人構虛，百人傳實。」一條狗見可疑形體而吠，一百條狗會因第一條狗吠而吠。一人虛構假資訊，百人會當作眞消息傳播。《韓非子．八經》說：「不然之物，十人雲疑，百人然乎，千人不可解。」事實爲「S不是P」，十人會傳成「S可能是P」，千人會傳成「S必然是P」，越傳離事實越遠。

「說知」，即推論之知，是不同於「親知」和「聞知」的間接知識，是靠推論得來的：

> 聞所不知若所知，則兩知之，說在告。（《經下》）
>
> 在外者，所知也。在室者，所不知也。或曰：在室者之色若是其色。是所不知若所知也。猶白若黑也，孰勝？是若其色也，若白者必白。今也知其色之若白也，故知其白也。夫名以所明正所不知，不以所不知疑所明。若以尺度所不知長。外，親知也。室中，說知也。（《經說下》）

釋文：聽到別人說自己所不知道的東西與所知道的東西一樣，則不知和知兩方面就都知道了，論證的理由在於這是以別人告訴的知識作爲中間環節而推論出來的知識。

在室外的東西是自己所知道的，在室內的東西是自己所不知道的，有人告訴說：「在室內的東西的顏色與在室外的東西的顏色是一樣的。」這就是所不知道的東西與所知道的東西一樣。若（像）字的意思就是一樣，假如一個思想混亂的人說：「白若黑。」那究竟是「像白」，還是「像黑」呢？所謂「這個顏色像那個顏色」，如果像白，那就必然是白。現在知道了它的顏色像白，所以就推論出來一定是白的。所謂概念和推論，是以所已經明白的知識爲標準來衡量還不知道的東西，而不能以還不知道的東西爲根據來懷疑所已經明白的東西。這就像用尺（已知其長度爲一尺）來量度還不知道的東西的長度。在上例中，室外的東西是親知，室內的東西是推論出來的知識。

「名」，指以概念爲媒介的推論。「說知」，推論出來的知識。這是以「親知」和「聞知」爲前提，用演繹推論推演出新知識。這裡所舉的淺顯例子是：

（親知：）室外之物顏色是白色。

（聞知：）室內之物顏色是室外之物顏色。

（說知：）所以，室內之物顏色是白色。

用順口溜總括上述意思：理智內容非天成，智慧來自聞說親。親知來自親身觀，聞知來自人傳授。親知聞知是前提，說知得來靠推論。已知推出未知物，說知推論勝親聞。

四、區分夢醒

區分夢醒，這個標題乍看奇怪，但現實生活中，確實有人的思想和心理狀態有毛病，不能冷靜、理智、理性地區分夢醒，即把夢境、想像、欲望、渴求和願望這些不確定的心理現象，錯誤地當做存在於主體之外的客觀現實。

> 臥，知無知也。夢，臥而以為然也。（《經上》）

釋文：睡眠是認知能力處於沒有認知活動的狀態。做夢是睡眠而以爲存在某種狀況，實際未必存在某種狀況。

「臥」指睡眠。第一個知，指認知能力、精神現象。第二個知，指認知活動。亞里斯多德在《論靈魂》中說：「睡眠則如同具有知識而不運用。」這同墨家對睡眠的定義，實質上是相似的。

睡眠中出現的做夢現象，屬於無知狀態。「然」是存在某種狀況，「以爲」指一種主觀想像。《墨經》說：

彼舉然者，以為此其然也，則舉不然者而問之。（《經說上》）以楹為摶，於以為無知也，說在意。（《經下》）

釋文：對方列舉若干個別事例是如此（有S是P），就想當然地得出所有全類事物都是如此（所有S是P），我就列舉反例，提出質疑問難（有S不是P，並非所有S是P）。

這裡，兩處「以爲」都是指主觀想像，不等於對確定事實的認知、判定。《莊子．齊物論》說：「昔者莊周夢爲蝴蝶，栩栩然蝴蝶也，自喻適志與，不知周也。俄然覺，則蘧蘧然周也。不知周之夢爲蝴蝶，蝴蝶之夢爲莊周。周與蝴蝶，則必有分矣。」即過去莊周作夢，在夢中自己變爲栩栩如生的蝴蝶，自覺很得意，忘了自己是莊周。忽然驚醒，覺得自己仍是莊周。不知是莊周在夢中變爲蝴蝶，還是蝴蝶在夢中變爲莊周。當然莊周與蝴蝶一定是有分別的。這就是夢境和現實的區分。

《荀子．解蔽》說：「不以夢劇亂知。」唐楊倞注說：「夢，想像也。」「不蔽於想像」、「以亂其知」。這是夢中想像與清醒知識的區別。唐沈既濟《枕中記》載，窮困的盧生，在邯鄲客店，店家煮小米飯時，睡眠做夢，夢中享盡富貴榮華。醒來，店家小米飯還沒有煮熟。後以「黃粱一夢」、「黃粱美夢」、「一枕黃粱」的成語，比喻幻想、欲望的破滅。

佛教語「夢中說夢」，意爲虛幻中的虛幻，虛幻之甚。唐代詩人白居易《讀禪詩》說：「夢中說夢兩重虛。」夢爲虛幻，在虛幻的夢中說夢，是雙重虛幻。夢囈一詞，指在夢中說胡話，比喻言語荒誕。

「痴人說夢」的成語，是指對傻子說夢話，傻子信以爲眞，也指蠢人說夢話。有位戚家公子，生性痴呆。一天早起，他對婢女說：「你昨天夜裡，夢見我了嗎？」婢女說：「沒有。」戚某大聲斥責：「我夢中分明見到你，你怎麼硬說沒有？」並去告訴母親說：「傻婢女該打，我昨夜夢中見到她，她硬說沒有夢見我，眞是豈有此理？」戚某從自己夢見婢女，推論婢女也一定夢見自己，這猶如莊周夢見蝴蝶，推論蝴蝶一定夢見莊周。這種荒謬的邏輯才眞是豈有此理！戚某把「臥而以爲然」的夢中想像，當作客觀存在的現實，分不清夢境和現實的區別。

關於夢的成語、典故和名言，顯示做夢與事實、知識、智慧的區別，與《墨經》對「夢」的定義，如出一轍。《辭海》對「夢」的解釋，是「睡眠中所見」，與《墨經》對「夢」的定義，實質相似。

根據現代生理學和醫學解釋，睡眠時，中樞神經感受人體和環境的刺激，與部分處在興奮狀態的大腦皮層發生聯繫，形成做夢的生理現象。從認識論看，夢境中錯亂虛幻的意識現象，與知識、智慧有明顯區別。知識、智慧，是對事實清醒和理性的認定。對夢境與事實、知識、智慧的混淆，正是缺乏智慧的表現。

五、認識階梯

認識階梯，即獲取知識的階段，有感性認識和理性認識兩種。《墨經》對感性認識的定義和解釋是：

知，接也。（《經上》）知也者，以其知過物，而能貌之。若見。（《經說上》）

釋文：第一種感性認識的特點，從來源說，是由感性認識器官接觸外界而產生。感性認識是用認識器官跟事物相過從（接觸），以反映事物的本來面目。就像用眼睛看，看見了。

依照《墨經》對感性認識的定義和解釋，第一種感性認識的特點，用一個「接」字表示，「接」就是主體的感性認識器官，就是眼耳鼻舌身五種，《墨經》有一個專門術語，叫「五路」，即五種接觸外界，感受資訊的通路、通道、門徑。五種感官的說法，古今中外都是一樣的。但是《墨經》有其特殊貢獻，提出「五路」。《經》文說「接」，《經說》解釋是「過」。即五種感官與外界接觸，相過從，打交道，於是就能描摹事物的本來面目，這就是感性認識。「過物」之知。《經上》第五條說：「知，接也。」這是感性認識。其特點，從來源說，是由感性認識器官接觸外界而產生。通過親身觀察得來的「親知」，是感性認識。如親眼見到室外之物的顏色是白的。

什麼是理性認識呢？《墨經》的定義和解釋是：

知，明也。（《經上》）知也者，以其知論物，而其知之也著，若明。（《經說上》）

釋文：第二種理性認識的特點，是把握事物的本質、規律，有清楚明白的特點。理性認識，是用認識器官，分析整理事物，認識達到深切顯明的程度。如人用心觀察，能把事物看得清楚明白。

理性認識是「明知」，即清楚明白的知識，是「論物」之知，即經過分析整理的，系統的知識。這裡「知也者」的「知」，指理性認識。「以其知」的「知」，指認識器官。「論」是分析、整理，使認識有條理。《釋名》：「論，倫也，有倫理也。」朱熹《詩集傳》：「論，倫也。言得其倫理也。」「著」指顯著，深切顯明，透徹明白。墨家把理性認識，看做是比感性認識更高的階段。

《經下》第一四七條說：「知而不以五路，說在久。」五種感覺器官，眼耳鼻舌身叫「五路」，即接受外界資訊的五種通路。如抽象、概括的哲學範疇「時間」，不能單靠五種感官認知，要依靠心智器官思考把握。五種感官提供經驗知識，心智器官用思考把握時間範疇。五種感官提供的經驗知識，對心智器官把握時間範疇的作用，是必要條件，只相當於光線對於見物的作用。墨家定義時間的哲學範疇，是「彌異時」，即概括「古今旦暮」等不同具體時間形式的抽象概念，不是僅靠五種感官就能認知，而是需依靠心智思考才能把握。

《墨經》論述各門科學的抽象知識，是從工匠生產技藝中概括的理性認識。理解和運用概念、規律的抽象知識，是墨家認識論的要求。「明知」或「論物」之知，即理性認識，墨家用一個特製的字表示，即在「知」字下加一個「心」字，組成一個新的會意字，表示通過心智思考得到理性認識。從漢字規範化角度考慮，我在引述《墨經》時，已把墨家特製的字，替換爲通行的「知」字。

用順口溜概括上述意思：五種感官接觸物，描摹面貌爲感性。心智器官分析物，探索規律爲理性。感官接物是其要，理性論物規律明。感性理性認識梯，認識階段中外同。

六、認識形態

《墨經》對認識形態，有非常精到的理論：

知：聞、說、親、名、實、合、為。（《經上》）傳受之，聞也。方不彰，說也。身觀焉，親也。所以謂，名也。所謂，實也。名實耦，合也。志行，為也。（《經

說上》）

釋文：知識的種類：聞知、說知、親知；名知、實知、合知、爲知。傳授來的知識是聞知，由已知推論未知是說知，親自觀察得來的是親知，稱謂陳述事物手段的知識是名知，對稱謂陳述物件的知識是實知，概念理論和實際結合的知識是合知，自覺行動的知識是爲知。

這裡知，是知識。聞，是傳授來的知識。說，是推論出來的知識。親，是親身觀察得來的知識。名，是概念和理論的知識。實，是對實際情況的知識。合，是概念、理論與實際結合的知識。爲，是自覺行動，即實踐的知識。方，是比方、推論。沈有鼎說「方不彰」，是由已知測未知。

人跟世界的關係可以歸結爲兩件大事：認識世界和改造世界。認識世界，墨家總稱爲「知」。改造世界，墨家總稱叫「爲」，相當於現在說的「實踐」。

與此相應，墨家把認識世界分爲「名、實、合」三種知。從改造世界說，有「爲知」。這是獨特、深刻的見解。「聞、說、親」三種「知」，是從認識的來源與獲取知識的手段畫分。「名、實、合、爲」四種知，是從認識的形式、形態畫分。

㈠名知：概念理論知識

《經說下》第一五四條說：「舉：友，富商也。是以名示人也。」如甲對乙說：「我的朋友丙是富商。」乙不認識丙，沒有同丙打過交道，通過甲告知乙「朋友丙是富商」這個「名」（語詞概念）所表示的性質，乙對丙就有了概念的認識。

「名知」，即概念、理論的知識，由「傳授」來的聞知和推論來的「說知」得到。「名知」有重要的認識價值，但也有片面性和局限性。片面性和局限性是知其名，不知其實，知道名稱、概念，不知名稱、概念的實際所指。墨子批評今天下之諸侯、攻伐兼併，知義之名，而不察其實，就像瞎子也會說白黑之名，但不能分清白黑的實際事物。

㈡實知：實際情況的知識

《經說下》第一五四條說：「指是鶴也，是以實示人也。」指著眼前的動物或教具標本說：這是鶴。這相當於實指定義的交際方式，通過展示實物的方式讓人了解。實知即對實際情況的知識，通常由「身觀」來的「親知」得到。「實知」是認識的實物素材和經驗基礎，但也有片面性和局限性。片面性和局限性是「知其實，不知其名」，知道實體，不知其名稱、概念，需進一步從實際知識，上升到概念、理論的認識。

㈢合知：概念、理論與實際結合的知識

書本知識和經驗知識的結合，是既知其名，又知其實。就認識世界而言，它是結合親知和聞知、名知和實知的全面知識。如學生通過教師系統講授、考察、參觀、演示，知道鶴的名和實、理論和實際知識。

㈣為知：實踐的知識

為知的定義是「志行」。志，是志願、意識、動機。行，是行動、行為、實踐。志行，是有目的、有計畫、有意識的自覺行動，相當於實踐。《經上》第十條說：「行，為也。」《經上》第八十六條說：「為：存、亡、易、蕩、治、化。」《經說上》解釋說：「甲臺，存也。病，亡也。買鬻，易也。消盡，蕩也。順長，治也。蛙、鶉，化也。」這裡列舉六種重要的實踐行為：制甲造臺是保存的行為，治病是消除的行為，買賣是交易的行為，消除淨盡是蕩平的行為，遵循規律生長是治理的行為，蛙、鶉養殖是促使生物變化的行為。墨家關注各種社會實踐活動，與儒家主要關注道德實踐行為大相逕庭。

《經下》一四九條說：「知其所不知，說在以名、取。」《經說下》解釋說：「雜所知與所不知而問之，則必曰：『是所知也，是所不知也。』取、去俱能之，是兩知之也。」取知即為知，指把概念、理論知識運用於實踐，在實踐中能區分、選取事物。《貴義》說：「瞽不知

白黑者，非以其名也，以其取也。」取知是分辨、選取。去指排除、舍去。認識自己原來所不認識的東西，有兩種方式：一種是通過概念、理論；另一種是應用概念、理論，在實踐中選取爲概念、理論所反映的事物。把對方所知道的東西與所不知道的東西，混雜在一起問他，他一定說：「這個是我所知道的東西，這個是我所不知道的東西。」像這樣選取和捨去都能做到，是更全面的知識。

「爲知」是知識、思想和行動、實踐的統一。這是最高類型的知識，是在理論指導下的自覺實踐能力。墨家認識論重視素質、知識和能力的統一，主張人以自己的認識能力認識世界之後，應轉化爲改造世界的實踐能力。

墨家把認識和實踐相結合，把人有目的、有計畫的自覺行爲、實踐引入認識論的範疇。人的智力是按照人如何學會改變自然界而發展的，人也反作用於自然界，改變自然界，爲自己創造新的生存條件。

墨家把「存、亡、易、蕩、治、化」的自覺實踐活動叫「爲知」，納入認識論的範疇，是眞知睿智，深刻精到。荀子繼承墨家觀點，提出「不聞不若聞之，聞之不若見之，見之不若知之，知之不若行之」，與墨家關於認識階梯、層次的觀點相吻合。

第三節　方法論：同異交得探眞義，兩而勿偏費權衡

哲學的第三部分內容是方法論。世界觀、認識論和方法論三者是有機的統一體。觀點和方法是有機的統一體。世界觀和認識論，對世界和認識規律的概括，是觀點，用這些觀點，觀察處理問題，觀點就轉變爲方法，世界觀和認識論就轉變爲方法論。

《墨經》概括世界和認識的規律——同異交得，敢和不敢、能和不能、利和害、久是不久等，都是一體兩面，事物是發展變化的，這些都是世界觀和認識論的觀點。意思是對立統一，是物質、存在、本體的規律，也是認識、思維的規律，事物存在規律和認識思維規律，本質上是一致的。用這些觀點觀察處理問題，觀點就轉變爲方法，世界觀和認識論就轉變爲方法論。

《墨經》主張看問題要「同異交得」，對立統一，兩面盡見，全面觀察，要運用發展變化的觀點，這都是《墨經》方法論的要點。以下分對立統一觀、全面觀和發展觀三點講述。

一、對立統一觀

墨家說：

同異交得仿有無。（《經上》）於富家良知，有無也。比度，多少也。蛇蚓旋圓，去就也。鳥折用桐，堅柔也。劍猶甲，死生也。處室子母，長少也。兩色交勝，白黑也。中央，旁也。論行、行行、學實，是非也。雞宿，成未也。兄弟，俱適也。身處志往，存亡也。霍，為姓故也。價宜，貴賤也。（《經說上》）

釋文：同一性和差異性是互相滲透的，可以同時把握，例如一個人有富家、無良知，或無富家、有良知，是一個人兼具「有」和「無」兩種相反的性質。一數與不同的數相比，既多且少，是一個數，兼有「多」和「少」兩種相反的性質。蛇與蚯蚓的旋轉，既去（離開）且就（接近），是一個動物，兼有「去」和「就」兩種相反的性質。鳥兒築窩折用的梧桐樹枝，既堅且柔，是一根梧桐樹枝，兼有「堅」和「柔」兩種相反的性質。用劍殺死敵人，同時就保存了自己的生命，所以劍這種殺傷性武器，也有如鎧甲一樣的防禦作用，是一支劍，兼有「死」和「生」兩種相反的性質。一位婦女，既年長（對於她女兒來說）且年少（對於她母親來說），即一個人，兼有「年長」和「年少」兩種相反的性質。一個物體的顏色，比甲物體淡，又比乙物體濃，既白且黑，是一個物體的顏色，兼有「白」和「黑」兩種相反的性質。一圓的中心，可以是另一圓的周邊，既是「中央」又是「旁」，是一個圓的中心，兼有「中央」和「旁」兩種相反的性質。言論與行動、行動與行動、學問與實踐，既有是又有非，是一個言論、學問、行動、實踐，兼有「是」和「非」兩種相反的性質。母雞孵雛的某一時刻，幼雛既成又未成，一個幼雛，兼有「成」和「未成」兩種相反的性質。霍本指鶴，又因為霍兼做了人的姓氏的緣故，使「霍」這個字有了歧義，是一個人，兼具「是鶴」

（姓霍，鶴的假借義，古代鶴霍二字形狀相同，可假借）和「不是鶴」（鶴的本意是一種動物水鳥）兩種相反的性質。

「同」是同一性，「異」是差異性，矛盾性。「同異交得」，即同一性和差異性、矛盾性，互相滲透，同時把握，或相異、對立的性質，共處同一事物之身，或任一事物，分裂爲兩種相異、對立的性質。「同異交得」，是對立統一規律的別名。

同異交得，字面意思是同異兼得。《兼愛中》說：「兼相愛、交相利。」「兼」即兼顧、兼有、合取。「交」即交互、交錯、交叉、滲透。「得」即獲得、占有、把握。

墨家從大量日常生活實例，總結同異交得的規律。根據世界觀、認識論和方法論相統一的原理，同一性和差異性、矛盾性，互相滲透，同時把握，既是事物存在與認識過程的性質，又是思維方法。

《墨經》論證論題，常用舉例的論證方式，大多舉一兩個實例，但這裡爲了論證同異交得的規律，列舉了十幾個典型實例。爲了背誦、記憶方便，《經上》以「同異交得仿有無」七字概括。「仿」原作「放」，借爲「仿」。「仿」即模仿。《法儀》：「放依以從事」的放也是借爲仿。畢沅注：「放與仿同。」《說文》：「仿，相似也。」高亨《墨經校詮》解釋此句說，「放當讀爲比方之方」，「放有無，猶言比方有無，例如有無矣。」[6]「同異交得仿有無」的「仿」，可翻譯爲「例如」。「仿有無」，即模仿、仿照、比照、例如「有無」。「同異交得仿有無」的論證方法，是典型分析式的科學歸納法，是從「有無」等典型案例，抽出「同異交得」的一般規律。

二、全面觀

墨家提出全面觀察和思考的方法論原則。《經說上》第八十五條說：「權者兩而勿偏」。「權」，即權衡、思考。《墨經》用偏、體、特、或表示部分，用兼、二、盡、俱表示整體，認爲觀察思考有部分和整體兩種境界。《經上》第八十三條說：「見：體、盡。」《經說上》解釋說：「特者體也，二者盡也。」「見」即觀察。「體」指部分、局部、一面。「盡」指整體、全局、兩面。「體見」是部分觀察，「盡見」是整體觀察。《小取》說：「不可偏觀也。」即不能片面觀察。

「兩而勿偏」，是提倡全面性的觀察和思考原則，反對片面性的弊端。任一事物都有正反兩面，不是只有一面，這是事物普遍存在和認識過程的基本性質，是世界觀和認識論的基本觀點。根據世界觀、認識論和方法論相一致的原理，「兩而勿偏」的思維方法是正確的，其反面，片面觀察（偏觀）是錯誤的。

以下列舉四個典型案例：

㈠利害相權

墨家說：

利之中取大，害之中取小也。害之中取小也，非取害也，取利也。其所取者，人之所執也。遇盜人，而斷指以免身，利也。其遇盜人，害也。（《大取》）

釋文：兩利相權取其大，兩害相權取其輕。害之中取小，換一個角度看，不是取害，是取利。所謂「取」，就是人的選取、採納。遭遇盜賊，被迫斷掉一個指頭而保全生命，是有利的。遭遇盜賊本身，是有害的。

《大取》所謂「遇盜人，而斷指以免身，利也。其遇盜人，害也。」這是指「遇盜人」這件有「害」事，如處理得當，可使「害」轉化為「利」。如被迫「斷指以免身」，被迫斷掉一個指頭，而保全生命，卻包含著有「利」的一面，不妨作為一種可取的權宜之計。這是「同異交得」的一例。

《貴義》說：「商人之四方，市賈倍蓰，雖有關梁之難，盜賊之危，必為之。」即商人到達四面八方，能夠賣出一倍或數倍價錢，雖有度過關口橋梁的困難，有遭遇盜賊的危險，也一定要去做。墨家是當時「農與工肆之人」（農與工商業者）的代表，所以從大量的防盜經驗中，概括出全面權衡思考的方法。

(二)敢和不敢

墨家說：

勇，志之所以敢也。（《經上》）以其敢於是也命之，不以其不敢於彼也害之。（《經說上》）

釋文：勇是人的意志敢於做某件事情。因爲某人敢於做某件事情，就可以說他是勇；並不因爲他不敢於做另一件事情，而妨害說他是勇。

「勇」就是「敢」，現在勇敢變成雙聲詞。但任何「敢」，都包含著「不敢」。如敢於公正廉潔，不敢徇私舞弊。敢於損己利人，不敢損人利己。敢於上山打虎，不敢下海救人。一人兼有「敢」和「不敢」兩種相反性質，構成「勇」的概念。這是「同異交得」一例。墨家對勇的定義，兼顧「敢」和「不敢」兩面，是應用全面權衡思考方法的楷模。

㈢能和不能

墨家說：

不能而不害，說在容。（《經下》）舉重不舉針，非力之任也。為握者之奇偶，非智之任也。若耳目。（《經說下》）

釋文：人有所不能，不妨害其有所能。如舉重大力士不善舉針繡花，因舉針繡花不是大力士的職任。數學家善於運籌細算，不善講演辯論，因講演辯論不是數學智慧的職任。猶如耳朵的作用在聽，不在視，不能視不妨礙聽；眼睛的作用在視，不在聽，不能聽不妨礙視。

「容」即容貌，指耳目器官。「奇偶」指講演辯論。「奇」是獨白，指講演。「偶」是對談，指辯論。「任」即職任，是「能」和「不能」的「同異交得」，對立統一，這是人才學的洞見。任何一個傑出人才，必有所能，有所不能，不能要求人人全能，世上沒有全能的人才，這是應用全面權衡思考方法的一例。

㈣久是不久

墨家說：

是是之是與是不是之是同，說在不殊。（《經下》）

是不是，則是且是焉。今是久於是，而不於是，故是不久。是不久，則是而亦久焉。今是不久於是，而久於是，故是久與是不久同說也。（《經說下》）

釋文：現在是「是」，將來還是「是」；現在是「是」，將來變成「不是」。在這兩種情況下，就現在都是「是」這一點，是相同的，論證的理由在於，在這兩種情況下，現在都是「是」這一點，沒有差別。現在是「是」，將來變成「不是」，但就現在來說，這個「是」仍然是「是」。現在這個「是」，維持其爲「是」，已經很久了，於是不再是「是」，而變成「不是」，所以現在這個「是」，又有其「不久」的一面。現在這個「是」，雖然有其「不久」的一面，但就現在來說，這個「是」，仍有其相對長久的一面。現在這個「是」，不能長久地維持其爲「是」，但是又在一定限度內，長久地維持了這個「是」。所以說：現在這個「是」是長久的。又說：現在這個「是」不是長久的。這兩種相反的說法，同樣成立。

「久」與「不久」爲對立的兩種性質，這兩種性質又統一於同一個「是」，這就是「同異交得」。「是」即此、這個，在《墨經》中是常用的邏輯變項符號，指代任一事物或概念。「是」猶如說「A」，「不是」猶如說「非A」。「久」指時間的延續，意味著事物或概念本質的相對穩定性。「不久」指這種穩定性的界限，即質變，指一事物性質改變，變爲別的事物，即《經說下》另一條所說的「知是之非此也」。

任何事物或概念，不論其存在時間的長短，都是「久」與「不久」的統一。如一棵樹生長了五十年，五十年後被加工爲棟梁，在這五十年之內，就是「久」。而就其變爲棟樑而言，又是「不久」。《經說下》把這種現象作了高度的抽象、概括，表達概念確定性和靈活性、變動性的同異交得、對立統一。這是墨家用古漢語代詞作變項符號，對思維方法形式化、公式化的嘗試，表現墨家高度的方法論智慧。墨家「是久與是不久同說」的命題，是應用全面權衡思考方法的絕妙好例。久是不久解釋，見表一。

表一 久是不久解釋

現在	未來	現在共性	分析
是	是	是	同，穩定性，確定性，量變
久	久	久	
A	A	A	
樹	樹	樹	
是	不是	是	同異交得，對立統一，變動性，靈活性，質變：知是之非此也
久	不久	久	
A	非A	A	
樹	梁：非樹	樹	

《莊子．寓言》說：「孔子行年六十而六十化，始時所是，卒而非之，未知今之所謂是之非五十九非也。」唐成玄英疏：「是以去年之是，於今非矣。故知今年之是，還是去歲之非。今歲之非，即是來年之是。」莊子認爲是非既然隨時而變，所以是非「未可定」（《莊子．至樂》），是非「無辨」（《莊子．齊物論》）。

《墨經》認爲事物隨時間而變化，而在一定歷史階段，又有其確定性，堅持事物、概念確定性和靈活性的統一，這在《墨經》叫做同異交得。「久是不久」是「同異交得」的另一實例。《墨經》的議論，是對莊子相對主義詭辯論的反駁。

《莊子．齊物論》說：「物無非彼，物無非是。自彼則不見，自知則知之。故曰：彼出於是，是亦因彼。彼是，方生之說也。雖然，方生方死，方死方生。方可方不可，方不可方可。因是因非，因非因是。是以聖人不由，而照之於天，亦因是也。是亦彼也，彼亦是也。彼亦一是非，此亦一是非。」這是以事物的運動變化爲藉口，引出否定事物質的相對穩定性的詭辯結論。《墨經》的論述，從思維方法論上駁倒了莊子的詭辯。

三、發展觀

㈠古今異時，概念有別

墨家說：

堯之義也，聲於今而處於古，而異時，說在所義二。（《經下》）

堯之義也，是聲也於今，所義之實處於古。（《經說下》）

釋文：古今是不同的時代，今天的事情比古代的事情複雜，所以唐堯善於治理古代社會，未必能夠善治今日的社會。由於古今情況不同，命題「堯是仁義的」，也有歷史性和相對性。今天說「堯是仁義的」，指謂的實際情況是處於古代。古今時代不同，古代的「仁義」不等於現代的「仁義」。概念和命題有歷史性，其眞實性依歷史情況爲轉移。

察諸其所然、未然者，說在於是推之。（《經下》）

堯善治，自今察諸古也。自古察之今，則堯不能治也。（《經說下》）

釋文：審察已發生和未發生的事，可從「堯善治古，不能治今」的命題，類推而知。「堯善治」，是從今天看古代。如果是從古代看現代，「則堯不能治」。許多與社會相關的命題的眞實性，依賴於其所反映的時代。「堯善治」，在這個命題所反映的古代，是正確的。「堯善治古」，不等於「堯能治今」。

「所然」，指過去和現在已經發生的事。「未然」，指尚未發生的事。依此類推，堯、舜、禹、湯、文、武等古代聖王，都是「善治古，不能治今」。《耕柱》載墨子說：「吾以爲古之善者則述之，今之善者則作之，欲善之益多也。」肯定「善」有古今之分，對「古之善」，則敘述、繼承，「今之善」，則造作、創新，主張在繼承歷史優秀成分的同時，與時俱進，自主創新，做好事善事，多多益善。這包含歷史發展觀的科學因素、胚胎和萌芽。其關鍵命題。是古今異時，情況有別，人的概念、命題有相對性、歷史性和具體性，人的斷定應隨歷史情況的變化而修正。

㈡昔慮非今慮

《大取》說：「昔者之慮也，非今日之慮也。」即過去的思慮，不等於現在的思慮。過去考慮了，現在還要重新考慮，思想不能僵化，要隨時間而變化。「慮」即思慮、考慮、思維、考量。從「昔者」到「今日」，是時態（時間狀態）的變化，時間屬性所依附的主體事物，也經歷了由舊變新、新陳代謝的過程，人的思維應該相應地變化，不然會犯思維僵化的錯誤。墨家說：

> 或過名也，說在實。（《經下》）
>
> 知是之非此也，又知是之不在此也。然而謂此南北。過而以已為然。始也謂此南方，故今也謂此南方。（《經說下》）
>
> 釋文：有時語詞概念會過時，論證的理由在於實際情況是變化的。知道這個已經不是這個了（性質變化），又知道這個已經不在這裡了（空間變化）。有時候說這個地方是南是北，是因爲所參照的方位不同。事情已經過去了，卻把「過去已經如此」，錯誤地當成「現在還是如此」。例如開始我在臺北，說「臺中是南方」，今天我在高雄，卻仍然說「臺中是南方」。

「過名」，即語詞概念會過時。中國古代說「名」，狹義指語詞，廣義指任何的說法、語言。「過而以已爲然」，是抽象的哲學概括。意思是事情已經過去了，卻還把已經過去的事情，當作現在正在發生的事情。「過而以已」是過去時態，「然」是指現在時態。「過而以已爲然」，是《墨經》譏諷教條主義或經驗主義方法論的慣用語，指過去已經怎樣，就說現在還是怎樣。這與墨家的歷史發展觀念是相悖的。

《經說下》第一一一條論述認識論中的「疑」（疑惑，猜疑，猜想），也說：「知與？以已爲然也與？過也。」意思是：是眞正知道嗎？還是單純地以爲「過去已經怎樣」，就說「現在還是怎樣」？不能說過去已經發生的事，現在必然還會發生。

「以已爲然」作爲一種猜測，還是可以的，因爲過去發生的情況，現在不一定會發生，只能猜測可能會發生，但是知識是確切的認知，是用實然和必然命題表達的，是必然眞，或事實眞，而猜測是用可能命題（或然命題）表達，是或然眞，這是不同的，要區分清楚。

「以已爲然」是屬於「過」（以過去已經發生的事情，作爲推斷的前提）這一類「疑惑」。知識與疑惑兩種認識狀態所用命題的模態類型不一樣。「S必然是P」不等於「S或然是P」（即「S可能是P」）。從「過去如何」不能必然推出「現在如何」。只能從「過去如何」或然推出「現在如何」。

「過而以已爲然」是教條主義或經驗主義。教條主義把反映歷史情況的理論當作解決現實問題的靈丹妙藥，不知變通。經驗主義死守過時的局部經驗。教條主義和經驗主義都會犯「始也謂此南方，故今也謂此南方」一類的錯誤。墨家歷史發展觀的科學因素、胚胎和萌芽，值得重新詮釋和發揮發展。

第三章　邏輯學：墨家辯學稱範式，世界邏輯有共性

引言：何謂邏輯

「邏輯」是英文logic的音譯，源於希臘文logos（邏各斯），原意是規律。首見於二十世紀初嚴復的譯著《穆勒名學》[1]，經學者提倡，逐漸普及。日本學者用漢字把logic意譯為「論理學」，意思是研究論證條理的學問。孫中山把logic意譯為「理則學」，意即「思想之門徑」，「諸學之規則」。現代已通稱為邏輯，或邏輯學。

邏輯學是研究思維規律的學問。思維是人類認識的理性階段，形式是概念、判斷和推理。思維以抽象、概括的形式反映世界，是人腦的機能。思維成果是看不見，聽不到的意識，對思維的研究，要通過語言的媒介。語言是思維的直接現實，物質外殼。語言有聲音（說話）以聽到，有形象（文字），可以看見，盲文可以觸摸到，是意識的外在化，物質化。

語言有自然語言和人工語言。自然語言是人類表達日常思維的語言，如墨漢語，我用的現代漢語。本書的工作，是用現代科學觀點，把墨家用先秦學精華，創造性地轉換為用現代漢語表達的論述。

人工語言是為進行科學研究，通過嚴格定義的方式，專門設言。數學語言是典型的人工語言。邏輯學用的人工語言，稱為符號語言。符號語放自然語言的重要特徵，是排除歧義。形式語言是一種高度抽象和嚴格定義的符號語。用形式語言構造的邏輯系統，稱為形式系統。從世界範圍說，邏輯學至今已形成一個龐大的學科群體，其中有些分支已經高度形式化，類似數學。

墨家總結中國古代百家爭鳴辯論中的思維規律，在戰國後期，相當於公孫龍子和荀子的時代，創作狹義《墨經》四篇（《墨子》中的《經》和《經說》上下），廣義《墨經》六篇（狹義《墨經》四篇，再加上《大取》、《小取》兩篇），系統總結關於「辯」的學問，後世稱之爲「墨辯」（首次出現於晉代魯勝《墨辯注序》），指「墨家辯學」，簡稱「辯學」。與「墨辯」對應的現代科學門類，是邏輯學。

邏輯學有基礎性、工具性和全人類性。墨辯有這種性質。用古今中外融會貫通的方法，解釋墨辯，可以揭示墨辯中具有「施諸四海而皆准，行諸百世而不悖」的普遍邏輯觀念（借用胡適語）。不僅墨家用，諸子百家都用。古代人可用，現代人也可用。[2]

第一節　概念論：古代焉能無概念，《墨經》範疇網路成

《經上》有一百個以上的概念、範疇，它有一百條，每條至少定義解釋一個概念、範疇，

這還沒有把廣義六篇《墨經》涉及的所有概念、範疇，都計算在內。都計算在內，有幾百個。

「概念」這一術語，是日本學者在明治維新時期，最早用漢字對英文concept的翻譯。「名」相當於語詞和概念。墨家辯學和荀子名學，都以「名辭說辯」作爲思維表達的基本形式。「名辭說辯」，相當於概念、命題、推理和論證，與邏輯學概念論、命題論和推理論的架構相應。「名辭說辯」密切聯繫，相輔相成，構成思維表達的有機整體。語詞和概念，是思維表達的基本單位。概念是思維的細胞。正確思維，有效表達，包含恰當構造命題，合乎邏輯推論，都依賴於準確運用概念。

春秋末期，孔子率先提倡「正名」。《論語．子路》載孔子說：「名不正則言不順，言不順則事不成」；「君子於其言，無所苟而已矣」。即語詞和概念不正確，言語說話就不能順理成章。言語說話不能順理成章，事情就辦不成。君子對自己的言語說話，一點都不能馬虎苟且。

戰國時期，諸子百家接續孔子的主張，競相提倡「正名」。墨家激烈非儒，但在《墨經》中也傳承孔子的主張，把「正名」的術語提高到思維規律（同一律、矛盾律）的高度予以總結，構成墨辯的重要內容。荀子撰寫《正名》，系統總結儒家和諸子百家「正名」的實踐，形成有儒家特色的概念邏輯學，稱荀子名學。

近代思想家用辯學和名學稱呼引進的西方邏輯學。如嚴復譯《穆勒名學》，金陵金粟齋木刻一九〇五年木刻本，原書名直譯《邏輯體系：演繹與歸納》（J. S. Mill: *A System of logic, Rati-*

ocinative and Inductive，一八四三）；《名學淺說》，商務印書館一九〇九年出版，原書名直譯《邏輯初級讀本》（W.S.Jevons:Primer of Logic，一八七六）；王國維譯《辨學》（「辨」字，在先秦至清代與「辯」通假），北平文化書社一九〇八年版，原書名直譯《邏輯基礎教程：演繹與歸納》（W. S. Jevons: *Elementary Lesson in Logic: Deductive and Inductive*，一八七〇）。

一、名的實質

「名」這個字，在商代和周代的甲骨文與金文中，就已經有了，是由「夕」、「口」兩部分會合而成的。甲骨文的「夕」，是模擬月牙的形狀，表示在黑夜裡。「口」，是模擬口部的形狀，表示說出名稱。「夕」和「口」這兩部分，會合而爲「名」，表示在黑夜裡，用眼睛看不清對象，需要用口說出名稱、區分和說明對象。東漢許慎《說文解字》說：「名，自命也。從口、夕。夕者冥也。冥不相見，故以口自名。」清段玉裁注說：「故從夕、口會意。」「名」這個字的構造和形成過程，透露出名（名稱、語詞）的指謂和交際功能。我在一九八七年十月出版的《中國邏輯史》（先秦）一書中，最早提出這個看法，以後被學術界普遍採用，變成共識。[3]

名首先是名稱、語詞，如「人」、「馬」、「牛」，是語言指號。研究語言指號的學問，叫指號學（Semiotics）。指號學有三個分支：第一，語形學（Syntax），研究指號與指號的關係；第二，語義學（Semantics），研究指號與對象的關係；第三，語用學（Pragmatics），研究指號與使用者的關係。名（名稱、語詞）的指謂和交際功能，是語義學和語用學的研究對象。

古代的「正名」論，涉及名（名稱、語詞）的指謂和交際功能，是語義學和語用學的研究對象。「制名以指實」，是用名（名稱、語詞）指謂對象，是語義學的應有之義。「名不正則言不順，言不順則事不成」，是名（名稱、語詞）的交際功能，是語用學的應有之義。

發揮名（名稱、語詞）的指謂功能，用名（名稱、語詞）概括對象的本質，形成概念。「概念」爲英文的concept，這個翻譯名詞，通俗易懂，一看這兩個字，就知道它的意思，符合《荀子．正名》「徑易而不拂，謂之善名」的「正名」原則，很快在日本和中國流傳開來，變成學術界普遍採用的術語。

「概念」，顧名思義，是概括性的觀念。「概」是概括。「念」是念頭、意念、思想、思維。概括，是在認識事物性質時，抽取一部分，排除一部分。「概」，古代指量粟米時，用來刮平斗斛的木板。是一個用具名，也指刮平的動作。《韓非子．外儲說左上》說：「概者，平量者也。」引申爲刮平、削平，又引申爲大略、大體、大概。「括」，即包括、包容。

在對事物性質進行概括時，抽取一部分，叫「抽象」。「抽象」這個術語，是日本學者從英文abstract翻譯過來的。英文abstract，有「提取、抽取、分離」的意義，變爲「抽象」的意義。「抽象」，顧名思義，「抽」是抽取，「象」也寫作「相」，是事物性質。事物特殊性質，叫「殊相」。事物普遍、一般、共同性質，叫「共相」。抽象是抽取性質。科學抽象，是抽取事物的本質屬性。對人的性質，進行抽象，說人會製造工具，會勞動，有理性、有語言、有道德等，形成人的概念，捨棄人的非本質屬性、性別、膚色等。捨棄非本質屬性，叫「舍象」，即捨棄性質。

對事物性質進行抽象、概括的結果，形成概念。概念是抽象、概括的意念。形成和運用概念，叫抽象思維、理性思維、理論思維、邏輯思維。概念是理性認識的形式，是抽象的思想、意念、意識。概念這種抽象思想，借助語詞凝結和表達，儲存認知結果，進行資訊交流和交際。

概念是抽象思想，不能用感官感知，只能下定義，用語言說出來，讓人了解。語詞是用聲音和筆畫構成的語言單位，聲音可聽見，筆畫可看見，盲文可觸摸。我們借助可以感知的語詞，了解抽象概念。

「名」即語詞和概念。語詞和概念是對立統一的整體，是一個統一體的兩個側面。語詞和概念是表裡關係。語詞是語言的物質外殼，概念是思維的意識內容。

瑞士語言學家索緒爾（Ferdinand de Saussure，一八五七～一九一三）把語詞指號比作一張紙。紙的一面，是聲音意象，聲音的聽覺形象，或筆畫組合的視覺形象，是意謂者；紙的另一面是概念的內容，是被意謂者。索緒爾認爲，語詞指號是由聲音意象和概念組成的精神實體。

他說，不可能去掉一張紙的一面，而不同時毀壞另外一面。同樣地，在語詞指號中，聲音是不能夠同概念（意義）分開的。[4]

對「名」即語詞和概念，可以從語言學和邏輯學兩方面研究，運用指號學和概念論兩種方法。方法的運用由對象的性質決定。說「名」中有概念，不否定「名」是語言指號。說「名」是語言指號，不否定「名」中有概念。用指號學和概念論兩種方法分析「名」，並行不悖，互相相容。

就「人」的概念而言，《尚書．泰誓上》說：「人，萬物之靈。」孔穎達疏：「人是萬物之最靈。」宋歐陽修《秋聲賦》說：「人為動物，惟物之靈。」朱熹《四書集注．大學》說：「人心之靈，莫不有知。」宋袁燮《絜齋家塾書鈔》卷八說：「人亦天地間一物爾，而惟人最靈」；「靈者，言其有所知也」。以上說法相當於定義「人是有知識的動物」。

《春秋．穀梁傳．僖公二二年》說：「人之所以為人者，言也。人而不能言，何以為人？」這是把語言作為人的特有屬性，相當於定義「人是有語言、會說話的動物」。東漢劉熙《釋名》說：「人，仁也，生物也。」這相當於定義「人是有仁義道德的動物」。唐劉禹錫《天論上》說：「人之所能者，治萬物也」、「人之能，天亦有所不能也」。這是說人有治理萬物的屬性。

《荀子．王制》說：「人有氣，有生，有知，亦且有義，故最為天下貴也。力不若牛，走不若馬，而牛馬為用，何也？曰：人能群，彼不能群也。」「群」即社會性。這是把社會性作爲人的特有屬性，相當於定義「人是社會的動物」。《荀子．非相》說：「人之所以爲人者，非特以其二足而無毛也，以其有辨也。」古希臘柏拉圖（前四二七～前三四七）說人的特有屬性是「二足無毛」，荀子說這不是人的特有屬性，認爲人的特有屬性是「有辨」，即能辨別是非，有道德倫理觀念。這相當於定義「人是有道德、懂禮義的動物」。

墨家著作《墨經》，是運用概念來思維的典範，有豐富、深刻的概念理論和範疇體系。《墨經》的概念論，涉及名（語詞、概念）的性質、作用和種類等問題，列舉並解釋上百科學與哲學範疇，是傳統邏輯概念論的寶庫。

指出人有語言、會說話、有社會性、有道德等特有屬性，是揭示人概念的內涵，而有「舉實」、「擬實」的作用。《小取》說：「以名舉實。」《經上》第三十一、三十二條說：「舉，擬實也。言，出舉也。」《經說上》解釋說：「告以之名舉彼實也。故言也者，諸口能之，出名者也。名若畫虎也。言，謂也。言由名致也。」即名（語詞、概念）的實質，是舉實、擬實，列舉和摹擬實際事物。用語詞、概念列舉實物，「舉」的定義是「摹擬」，即用摹擬事物性質的語句、短語或摹狀詞，反映事物。「舉實」、「擬實」，表示語詞（詞項）的指謂、表意和認識功能。用語句來「舉實」、「擬實」，構成概念的內涵和外延。「之名」即「此名」，「以此名舉彼實」，意味著名與實的相對性。

在名（語詞、概念）和言（語句）關係上，墨家認爲名對實的反映作用，是通過一系列語句來實現的。從結構上說，語句是由名聯結而成的。從認識作用上說，名對實的反映，靠語句對事物的列舉、指謂來實現。利用名（語詞、概念）和言（語句），認識事物、表達感情、進行交際和指導行動，這是人類特有的性質。

名的作用是列舉實際事物，列舉是摹擬，即《小取》所謂「摹略」（反映、抽象、概括）。列舉、摹擬、摹略，是人的意識對外界事物的認識作用。列舉、摹擬、摹略，實質上是概念、範疇的抽象、概括作用。這種抽象、概括作用，需要通過語言來實現。表達概念、範疇的「名」（語詞），可以通過口說出來。用「摹擬」定義「列舉」，拿圖畫比喻概念、範疇對事物的反映作用，表明墨家概念論以能動反映論的認識論爲基礎。

《大取》說：「名，實名。實不必名。」即名稱是實體的名稱，而有實體，則不一定有名稱。這是科學的觀點。告訴你這個名稱，列舉那個事實，語言是人們用口說出名稱，表明名稱、語言的指謂和交際作用。指謂和交際是語言的兩大功能。墨家從事物、語言和意義（人的意識對事物列舉、摹擬、摹略的結果）三者關係上，說明了名的性質和作用。而名稱（語詞、概念）是語言的構成元素，是推論說詞的細胞，所以邏輯學的研究以概念論爲必要成分。

《經說上》第七十九條說：「聲出口，俱有名。」「聲」即「言」，「言爲心聲」。這接近於黑格爾所謂「人只要一開口說話，在他的話中就包含著概念」，說明人生註定要跟語詞、概念打交道，說明語詞、概念運用的普遍性。《經說上》說：「若姓字麗。」即「名」、「言」與事物的關係，猶如姓名後面跟著一個人（姓名附屬於人），名實並存。

《墨經》討論名稱的指謂作用。《經上》第八十條說：「謂：命、舉、加。」《經說上》

解釋說：「謂犬『狗』，命也。『狗，犬。』舉也。叱：『狗！』加也。」列舉指謂的三種含義：命名、列舉和附加感情因素。把犬叫做「狗」，是命名。用「狗」名做主項構成命題，說「狗是犬。」這是用名稱列舉事物。對著狗叱責說：「狗！」這是附加感情因素。

與「指」相比較，「名」有抽象、概括作用。「指」即用指頭指著實際事物說，相當於「實指定義」。一個人不認識鶴，於是指著鶴的實體或標本說：「這是鶴。」《經說下》第一五三條說：「或以名示人，或以實示人。舉友富商也，是以名示人也。指是鶴也，是以實示人也。」我的朋友某某不在眼前，我利用現成的概念說：「我的朋友某某是富商。」這是給「我的朋友某某」的主項加以「富商」的謂項，是用一般概念使人了解。指著面前的一種鳥說：「這是鶴。」這是把實體、實物展示給人看。「名」是脫離個別事物的一般概念，「指」是不脫離個別事物的感性直觀。

《經下》第一四〇條說：「所知而弗能指，說在春也、逃臣、狗犬、遺者。」《經說下》解釋說：「春也，其死固不可指也。逃臣，不知其處。狗犬，不知其名也。遺者，巧弗能兩也。」即有些知識只能用概念表達，不能用手指著說。如名叫「春」的女僕因病死了，不在人間，無法指著說。逃亡的奴僕，不知他現在在哪裡，無法指著說。小孩子不知道狗、犬的名稱，必須分別解釋，僅用手指指著實物，區分不出這兩個名稱。遺失的東西不能指著說，即使能工巧匠，也很難造出與原物完全同樣的實物。

科學的概念、範疇，通過心智的抽象、概括作用獲得。《經下》第一四六條說：「知而不以五路，說在久。」《經說下》解釋說：「以五路知久，不當以目見。若以火見。」即有些知識的獲得，不是直接通過五種感官（眼耳鼻舌身），是通過心智的抽象、概括作用。五種感官所提供的經驗，是形成抽象知識的條件。如「時間」概念的獲得，是通過概括作用。五種感官的經驗，是認識時間概念的條件，猶如光線是見物的條件，不是見物的器官。見物的器官是眼睛。所以「以五路知久」，不相當於「以目見」的「以」字，而相當於「以火見」的「以」字。意思是「五路」（五種感官）是認識時間概念的條件，心智是認識時間概念的器官。

《經上》第四十條對「久」（時間）的定義，是「彌異時」，即概括各種不同的具體時間，如古、今、旦、暮等。感官只能感知個別的時間，思維才能抽象一切時間的共同性質（普遍本質），用語詞「久」概括，成爲「時間」的哲學範疇。《墨經》中上百各門科學與哲學範疇，是通過心智理性的抽象、概括而獲得的。

二、名的種類

㈠達、類、私：一般、特殊、個別

《韓非子．外儲說左上》說：「鄭縣人有得車軛者，而不知其名，問人曰：『此何種也？』對曰：『此車軛也。』俄又復得一，問人曰：『此是何種也？』對曰：『此車軛也。』問者大怒曰：『曩者曰車軛，今又曰車軛，是何衆也？此汝欺我也。』遂與之鬥。」即鄭縣有人拾到一個車軛，不知道叫什麼名，問人說：「這是什麼？」對方說：「這是車軛。」一會兒，又拾到一個，問人說：「這是什麼？」對方說：「這是車軛。」問的人大怒說：「以前說車軛，現在又說是車軛，哪裡有這麼多車軛？你這是欺騙我。」於是跟人打鬥。車軛是一個普遍概念、類概念，不是單獨概念，這位鄭縣人只理解單獨概念，不理解普遍概念。

《墨子．經上》第七十九條說：「名：達、類、私。」《經說上》舉例解釋說「物，達也，有實必待之名也命之。馬，類也，若實也者，必以是名也命之。臧，私也，是名也止於是實也。聲出口，俱有名，若姓字麗。」

「名」（語詞、概念）從外延上分爲三種：達名、類名和私名。達名是外延最大的普遍概念、最高類概念，相當於範疇。如物質，是一個哲學範疇，它同實體的範圍一樣大。凡是存在著的實體，都一定等待著物質這個名來稱謂。類名是一般的普遍概念、類概念，屬或種概念。

類名可以根據其外延大小，構成一定序列，如「獸」、「馬」、「白馬」等。就「馬」而言，凡具有如此這般性質的實體，都一定用這個名來稱謂。私名是外延最小的單獨概念，反映特定的個體，又叫專有名詞。達、類、私三種名稱，對應於一般、特殊、個別三種實體。墨家以這種分類層次爲基礎，制定一個囊括各門科學的範疇體系。

㈡集合和元素

宋陳淵《默堂集》卷九說：「奇言盡掃雞三足，妙意誰窺豹一斑？」在戰國時期的辯論高潮中，名辯學者公孫龍拋出「雞三足」等詭辯奇言。墨家總結運用概念的藝術，「盡掃雞三足」等奇詞怪說。

公孫龍詭辯「臧三耳」的手法，是把「臧耳」這一個集合算做一個耳，再把「臧左耳」、「臧右耳」這兩個元素算做二個耳，然後再把這兩個不同類的東西，當作同類的東西，用算術的方法，簡單相加，得到「臧三耳」的詭辯論題。用同樣的方法，公孫龍等論證「雞三足」、「牛羊足五」、「黃馬驪牛三」等詭辯論題。《公孫龍子·通變論》說：

謂雞足，一。

數足，二。

二而一，故三。
謂牛羊足，一。
數足，四。
四而一，故五。

「雞足」的一個集合，在論證中被偷換爲「雞足」的一個元素，然後與數「雞足」的元素數目二機械相加，而得三。算式如下：

「雞足」（集合）一＋「雞足」（元素）二＝三足

這是混淆集合與元素的謬誤論證。「牛羊足五」，是說牛羊有五隻足（把一個「足」的集合和四個「足」的元素機械相加）。「臧三耳」，是說「臧」這個人有三只耳朵（把一個「耳」的集合和二個「耳」的元素機械相加）。「黃馬驪牛三」，是說「黃馬驪牛」的成分，不是兩個，而是三個（把一個「黃馬驪牛」的集合，和二個「黃馬」、「驪牛」的元素機械相加）。這些論證的謬誤是把不同類的事物，誤認爲同類事物，進行加法運算。

《荀子．正名》：「辯說也者，不異實名以喻動靜之道也。」推論的實質是運用同一概念，說明是非道理。又說：「辨異而不過，推類而不悖。」辨別異同無過錯，以類相推無悖謬。「雞三足」等推論，違反這一定義和規則。

當把集合和元素概念的不同層次加以明確區分時，「雞三足」之類的詭辯就不會產生了。《墨經》作者區分兼名和體名（集合和元素概念）的不同性質，爲廓清「雞三足」等詭辯奇言提供了銳利的武器。有反則有正，有詭辯則有邏輯生。詭辯把人的思想搞亂，清理混亂則產生邏輯。這是邏輯從辯論中產生，從詭辯對立面脫胎而出的動因和機理。

《墨經》把集合概念叫「兼名」。《經下》第一六七條說：「牛馬之非牛，與可之同，說在兼。」即「牛馬」是一個「兼名」（集合概念）。《經上》第二條說：「體，分於兼也。」《經說上》解釋說：「若二之一、尺之端也。」「兼」，指整體。「體」，指部分。集合概念，叫做「兼名」。相對而言，元素概念，叫「體名」。「牛馬」是兼名，「牛」、「馬」是體名。「二」是兼名，其中的「一」，是體名。直線是兼名，其中的點是體名。

《經下》第一一三條說：「區物一體也，說在俱一、惟是。」《經說下》解釋說：「俱一若牛馬四足，惟是當牛馬。數牛數馬則牛馬二，數牛馬則牛馬一。若數指，指五而五一。」區分事物爲不同的集合，都具有兩方面的性質，即元素的各個獨立性和集合的唯一整體性。「俱一」和「惟是」是墨者獨創的兩個範疇。「一體」解爲一個集合，是把許多不同的「體」（部分、元素）統一、整合而得的高一層次的集團。這個集合在集和子集的序列中，可解爲整體，也可解爲部分。如對「獸」而言，「牛馬」爲一子集、一部分。對「牛」、「馬」而言，「牛馬」爲一集合、一整體。《墨經》對概念的畫分，有相對和辯證的觀點。

「俱一」指每個元素的各個獨立性，字面意思是「每一個都是獨立的一個」。「俱」在《墨經》是全稱量詞。《經上》第四三條定義「盡，莫不然也」，舉例是「俱止、動」，「俱」與「盡」同義。《經說上》第三九條說「二人而俱見是楹也。」《經說上》第一〇三條說「俱一不俱二」。《經下》第一〇五條說「俱一與二」爲「不可偏去而二」的一個例子。「俱一」是墨家慣用詞語。「惟是」指集合的唯一整體性、不可分割性，字面意思是「僅僅這一個」。「惟」是獨、僅僅，「是」即這一個。

《墨經》常以「牛馬」爲例。「俱一」如說「牛馬四足」，指的是牛四足，馬四足。「四足」的性質，不是從「牛馬」這一集合的意義上說的，而是從非集合即類的意義上說的：「四足」的性質，可以同等地分配給「牛」和「馬」兩個元素（或子集合）。

「惟是」如說「牛馬」的集合。數起元素來，「牛馬」有「牛」和「馬」二個；而數起集合來，「牛馬」只是一個。《經說下》第一六七條說：「牛不二，馬不二，而牛馬二。則牛不非牛，馬不非馬，而牛馬非牛非馬。」這是從另一角度說集合和元素的不同。即「牛」不是兩樣元素，「馬」也不是兩樣元素，而「牛馬」則有「牛」和「馬」兩樣元素。可用同一律說，牛是牛，馬是馬，牛馬是牛馬。在《經說下》第一六八條，它被概括爲「彼止於彼」、「此止於此」、「彼此止於彼此」的規律。這是用漢字表達的元素和集合的同一律。用字母來表達，即：A=A，B=B，AB=AB。由此可見《墨經》邏輯的合理性和中外邏輯的同一性。

《墨經》常以「數指」爲例：「若數指，指五而五一。」在講解集合和元素的抽象邏輯理論時，數手指是方便、形象的教學手段。老師問學生：「右手有幾個『指頭』？」學生回答：「有五個。」這是從手指集合的元素，即「指頭」角度說的（「俱一」）。這就是「指五」的意思。老師再問學生：「右手『五指』的集合有幾個？」學生回答：「有一個。」這是從「手指」集合的角度說的（「惟是」）。這就是「五一」的意思。左手情況相同。

老師問學生：「兩隻手有幾個『指頭』？」學生回答：「有十個。」這是從元素即「俱一」角度說。老師問：「兩隻手『五指』的集合有幾個？」學生答：「二個。」這是從「惟是」角度說。於是《經說下》第一五九條總結說：「五有一焉，一有五焉。十，二焉。」「五有一焉」，即五指的集合有一個。「一有五焉」即一指的元素有五個。「十，二焉」，即十指中「五指」的集合有二個。

《經下》第一五九條總結說：「一少於二，而多於五，說在建、住。」「一少於二」是從元素角度說，一指少於二指，更少於五指、十指。「一多於五」是從元素跟集合的關係說，因爲從一隻手說，「一指」的元素有五個，而「五指」的集合只有一個。從兩隻手說，「一指」的元素有十個，而「五指」的集合只有二個。

「建、住」提示元素和集合（俱一和惟是）的兩個角度。「建」指建立集合。如在一隻手上建立一個「五指」的集合，在兩隻手上建立二個「五指」的集合。「住」指在集合中住進（放進）元素或子集。

如從一隻手或兩隻手的情況說，住進一指元素的數目，多於建立五指集合的數目。這就是

「一少於二，而多於五」趣味數學命題的奧妙、謎底所在。《墨經》作者從清理詭辯的需要出發，總結集合和元素概念的理論，爲古代邏輯增添異彩。

㈢白和大：屬性和關係

《大取》說：

以形貌命者，必知是之某也，焉知某也。諸以形貌命者，若山、丘、室、廟者皆是也。長人之與短人也同，其貌同者也，故同。指之人也與首之人也異，人之體非一貌者也，故異。將劍與挺劍異，劍以形貌命者也，其形不一，故異。不可以形貌命者，雖不知是之某也，知某可也。苟是石也白，敗是石也，盡與白同。諸非以舉量數命者，敗之儘是也。是石也雖大，不與大同，是有使謂焉也。諸以居運命者，苟人於其中者，皆是也，去之因非也。諸以居運命者，若鄉、里、齊、荊者皆是。

「以形貌命者」，即以事物的形態、狀貌命名，指實體概念（具體概念）。如山、丘、室、廟等。其特點是一定要知道它指謂哪種對象（實體），才能了解它。高身材和短身材的人，都是「人」，因爲其形態、狀貌相同。而人指和人首不同，因爲它們是人體的不同部分。

用於威儀裝飾的「將劍」，和用於刺殺敵人的「挺劍」不同，因爲其形態、狀貌不同。

「不可以形貌命者」，是指屬性、關係概念（抽象概念），它不是以事物的形態、狀貌命名，是指謂事物的屬性和關係。對這種概念，雖不知道它是指稱哪種對象（實體），也可以了解它。這裡又可分爲屬性和關係兩種情況。

屬性概念帶有絕對性，它不依賴於跟別的事物相比較，而本身就是如此。如說這塊石頭是「白」的，這「白」不依賴於跟別的事物相比較，本身就是「白」的：「白」的性質，滲透於石頭的每一顆粒。把這塊石頭打碎，它的每一顆粒都是「白」的。「諸非以舉量數命者」，指屬性概念。所謂「敗之儘是也」，指把一塊堅硬石頭打碎，每一小塊仍是堅硬的。關係概念帶有相對性，它依賴於跟別的事物相比較，才是如此。說這塊石頭「大」，是有小石頭作參照物（「是有使謂焉也」）。如果把這塊大石頭打碎，不能說每一部分仍是「大」的。所謂「舉量數命者」，是指「大」、「小」、「多」、「少」這種數量方面的關係概念。

《大取》還從「不可以形貌命者」中，分出一種「以居運命者」，即反映空間範圍的概念，如鄉、里、齊、楚即是。這是指人在一個空間範圍內居住和運動，一旦離開了那裡，就不再屬於那個空間範圍。如某人生於齊國，長於齊國，算是齊國人，後來舉家離開齊國，遷居楚國，服務於楚國，就稱爲楚國人，而不再是齊國人。這種概念分類有一定啓發性。

第二節　命題論：以辭抒意是命題，模態邏輯有系統

語句，是表達完整意思的基本語言單位。《文心雕龍．章句》說：「句者，局也。局言者，聯字以分疆」；「夫人之立言，因字而生句，集句而成章，積章而成篇」。命題是表達判斷的語句，有斷定和眞假可言。斷定是對事物的認知，眞假是對事物認知是否符合實際的評價。

古代的「辭」，相當於語句、命題。其語言形式是語句，認知內容是命題。《小取》說：「以辭抒意。」即用語句表達判斷、命題。「意」是心中的意思，指判斷、命題。《呂氏春秋．離謂》說：「辭者，意之表也」；「言者，以諭意也」。「抒」、「表」、「諭」，即抒發、表達和說明。這裡「言」即「辭」，狹義上指語句，後世構成「言辭」、「言詞」的雙聲詞。

「辭」是訟辭、口供。《周禮．秋官．．鄉士》說：「聽其獄訟，察其辭。」它也指法官的判詞。《說文》：「辭，訟也」；「猶理辜也」；「辜，罪也」。引申爲言辭、語句、判斷、命題。言辭，也寫作言詞。先秦一般說「辭」，漢以後逐漸以「詞」代「辭」。與古代的「辭」相當，英文judge作爲及物動詞，指審判、審理、判決、裁判、評定、裁決、判斷、斷定、鑑定、識別、評價；作爲不及物動詞，指下判斷，作裁判，作評價。judgement作爲名詞，

指審判、判決、裁判、判斷、鑑定、評價。

日本學者用漢字「判斷」翻譯英文 judge、judgement，貼切準確。《說文》：「判，分也。從刀，半聲。」它是形聲兼會意字。段注：「古辨、判、別三字意同也。」「判」字右半邊「豎刀」是意符，「半」是音符，表示分辨、分別，指用刀切開、分開，引申爲判斷。《說文》：「斷，截也。」斷是會意字。右半邊「斤」，是「斫木斧」，砍木頭用的斧子，左半邊是「古文絕」字，是用斧子切絲意，引申爲斷絕、裁決、決斷、斷定。

一、假言命題

《魯問》載墨子與彭輕生子辯論的故事：

彭輕生子曰：「往者可知，來者不可知。」子墨子曰：「借設爾親在百里之外，則遇難焉，期以一日也，及之則生，不及則死。今有固車良馬於此，又有駑馬四隅之輪於此，使子擇焉，子將何乘？」對曰：「乘良馬固車可以速至。」子墨子曰：「焉在不知來？」

釋文：彭輕生子說：「過去的事情可以知道，未來的事情不能知道。」墨子說：「假如你的父母在百里以外，遇到危難，只容一天的時間，你能趕到，他們就能活，不能趕到，他們就會死。現在有堅固的車和好的馬，也有劣馬和四方輪子的車，讓你選擇，你將乘哪一種？」彭輕生子回答說：「用堅固的車和好的馬，可以迅速趕到。」墨子說：「既然這樣，怎麼能說不能知道未來呢？」

這是從假設的前提出發，進行推論，批評彭輕生子「未來不可預知」（來者不可知）的論點，證明墨子「未來可預知」（來者可知）的論點。「借」，指憑藉、假借、假設、假使、假定。「假」可以指虛假，即跟事實相反，也就是「是非」的「非」，就是錯誤；也可以指假設，即虛擬的聯繫、條理、道理。論證是講道理，《大取》說：「辭以理長。」從正確的假設出發，可以進行演繹推理，引出正確結論。

「假」是古代邏輯術語，相當於假言命題、假說。《小取》說：「假者，今不然也。」假設是假定、設想，並非表示當前的事實。從假設的前提或條件出發，引出一定的結論或結果，斷定前提和結論或條件和結果的關係，是假言推論或命題。引出一定的結論或結果的前件，稱爲原因、理由、根據，古代邏輯術語叫「故」。「故」，從事物、存在和本體方面說，叫原因；從思維、表達和邏輯上說，叫理由、根據。墨家說：

> 故，所得而後成也。（《經上》）
>
> 小故：有之不必然，無之必不然。體也，若尺有端。大故：有之必然，無之必不

然。若見之成見也。（《經說上》）

釋文：「故」即原因的存在，能導致一定的結果。「小故」（原因中的部分要素，即必要條件）的定義是：有它不一定有某一結果，沒有它一定沒有某一結果。「小故」是形成某一結果的部分原因，如端（點）是形成尺（線）的小故（必要條件）。「大故」（形成某一結果的原因，相當於充分必要條件）的定義是：有它一定有某一結果，沒有它一定沒有某一結果。如「見物」的原因（條件）具備，則「見物」就變爲事實。

「小故」，是「無之必不然」，「非彼必不有」，即「沒有前件，一定沒有後件」（沒有P，一定沒有Q）。這裡，「之」、「彼」代表前件，「然」、「有」代表後件。其公式是：

$$\neg P \rightarrow \neg Q$$

讀作：非P則非Q。

「有之不必然」，相當於非充分條件，即「有前件，不一定有後件」（「有P，不一定有Q」）。其公式是：

$$P \wedge \neg Q$$

讀作：P並且非Q。

墨家把「小故」叫「體因」，即部分原因。《經說上》舉例說：「若（尺）有端」。尺是直線，端是點。即有點，不一定有直線；沒有點，一定沒有直線。「小故」即必要條件假言命題，在現代漢語中常用聯結詞，是「只有……才……」。

一九四一年太平洋戰爭爆發，日軍誘騙臺灣原住民二萬多人，成立「高砂義勇隊」，赴南洋作戰，生還不足三分之一，戰死者的靈位被放到供奉日本甲級戰犯靈位的靖國神社。二〇〇五年六月一三日，臺灣原住民泰雅族立法委員高金素梅女士，率領臺灣高砂義勇隊遺族「還我祖靈行動」代表團，三年內第七次赴日本討公道。面對日本右翼勢力的威脅，高金素梅說：「只有行動，才有尊嚴。」這是必要條件假言命題，等值於：「沒有行動，就沒有尊嚴。」必要條件假言命題，見表二。

表二　必要條件假言命題

名稱	必要條件
墨經公式	無之必不然 非彼必不有

現代解釋	沒有前件一定沒有後件 沒有P一定沒有Q $\neg P \to \neg Q$ 非P則非Q
墨經用例	沒有點，就沒有直線
高金素梅用例	沒有行動，就沒有尊嚴

「大故」，是「有之必然，無之必不然」。即有前件，一定有後件；沒有前件，一定沒有後件。或者說，有P，一定有Q；沒有P，一定沒有Q。這相當於充分且必要條件。它是所有必要條件的集合，可以叫充分且必要條件，簡稱充要條件。相對於必要且非充分條件被叫做「體因」來說，可以把「大故」這種充分且必要條件，叫做「兼因」。

在《墨經》中，「體」是與「兼」相對的範疇。有健全視力、一定光線、被看對象以及對象同眼睛一定距離等必要條件的集合，可構成「見物」的充分且必要條件。「大故」，即充分必要條件假言命題，在現代漢語中的聯結詞是「當且僅當」，等於「如果……那麼……」和「只有……才……」二者的合併。

二○○五年十一月七日《科學時報》報導，著名物理學家、諾貝爾獎獲得者李政道說：「只有重視基礎科學研究，才能永遠保持自主創新的能力。誰重視了基礎科學研究，誰就掌握有主動權，就能自主創新。」其中包含充分必要條件假言命題：「永遠保持創新能力，當且僅當重視基礎科學研究。」充分條件假言命題，見表三。

表三　充要條件假言命題

名稱	充分且必要條件
墨經公式	有之必然，無之必不然
現代解釋	有前件一定有後件，沒有前件一定沒有後件 有P一定有Q，沒有P一定沒有Q $(P\rightarrow Q)\wedge(\neg P\rightarrow \neg Q)$ 如果P則Q並且如果非P則非Q
墨經實例	見物條件完全具備，一定能見物；見物條件不完全具備，一定不能見物
李政道用例	永遠保持創新能力，當且僅當重視基礎科學研究

二、模態命題

《莊子·天下》載，詭辯家公孫龍等，提出「孤駒未嘗有母」等詭辯論題，與惠施辯論，

「飾人之心，易人之意，能勝人之口，不能服人之心」，即蒙蔽人心，惑亂人意，使人口服，但不能使人心服。

《列子．仲尼》載，公孫龍的追隨者魏牟，與樂正子輿辯論「孤犢未嘗有母」等論題。戰國時魏國公子魏牟，因封於中山，叫中山公子牟，是賢能的公子，喜歡結交才學之士，不問國事，尤其喜歡趙國公孫龍。樂正子輿等人嘲笑他。魏牟說：「你們爲什麼笑我喜歡公孫龍呢？」子輿說：「公孫龍爲人，行動沒有老師，做學問沒有朋友，巧辯不合道理，思維散漫，不成系統，愛好怪誕，胡言亂語，以迷惑人心，折服人口，與韓檀等人一起鑽研。」魏牟變臉說：「你怎麼這樣形容公孫龍的過錯？請舉出證據。」子輿說：「我笑公孫龍欺騙孔穿（孔子六世孫）。」「公孫龍還欺騙魏王說：『孤犢未曾有母』，混淆類別，違反常理，這類例子舉不勝舉。」魏牟說：「你不懂最高深的言論，卻誤認爲荒謬，眞正荒謬恰是你自己。孤犢未曾有母，有母不叫孤犢。」樂正子輿說：「你把公孫龍的奇談怪論，看作條條是道，是香臭不分。」魏牟沉默很久，告辭說：「請等待幾天，我再跟你辯論。」

「孤駒未嘗有母」，即「孤駒從來無母」。「未嘗」，即「未曾」。「嘗」，是「曾經」。《經下》第一六一條說：「可無也，有之而不可去，說在嘗然。」《經說下》說：「已然，則嘗然，不可無也。」《經下》第一四九條說：「無不必待有，說在所謂。」《經說下》舉例解釋說：「若無馬，則有之而後無。無天陷，則無之而無。」即一件事情可以是「無」（從來沒有），但是一旦有了（發生了），就不能把它從歷史上抹掉（有之而不可去），因爲它確實曾經發生過。所謂「已然」（已經如此），就是「曾經發生過」（嘗然），就不能說「沒有發生過」（不可無也）。

「無」不以「有」為必要條件，這裡就看你說的是哪種「無」。如說：「我現在無馬了。」這是指過去曾經有馬，而後來無馬（有之而後無）。又如說：「沒有天陷（天塌下來）這回事。」這是指從來就沒有（無之而無）。「杞人憂天」（怕天塌陷下來），是多餘的顧慮。

「孤駒未嘗有母」詭辯的謬誤，是混淆不同的時間模態。說是「孤駒」，就是說「現在無母」。而「現在無母」，不等於「過去無母」。既然說是「駒」，就是說它「曾經有母」。無母，則不會有駒。不能由「現在無母」，推出「未嘗有母」（未曾有母，從來無母）。這正是「有之而不可去」，「已然則嘗然，不可無也」的一例。以「現在無母」的事實，抹煞「過去曾經有母」的事實，是偷換概念的詭辯。

《列子．仲尼》載公孫龍「孤犢未嘗有母」，意思是一樣的。「犢」指牛，「駒」指馬。公孫龍的追隨者魏牟為其論證說：「孤犢未嘗有母，有母非孤犢也。」即既然叫做「孤犢」，那就應該是「無母」。這是從孤駒或孤犢現在無母，而推論從來無母，是混淆現在時與過去時的不同模態，把現在時態誇大為全部時態（所有時態）。

「負類反倫」，即混淆類別，違反常理。《列子．仲尼》載樂正子輿說公孫龍用「負類反倫」的詭辯，欺騙魏王，其對「孤犢未嘗有母」詭辯論證，是混淆不同時間的模態命題。墨家澄清這類詭辯，精心研究命題理論，對或然、實然、必然、主觀、客觀等模態命題，有獨到的論述和巧妙的運用，對今人的思維表達，有重要的啓發和借鑑意義。

(一)或然命題

在事物過程發生之前，斷定它有可能發生，用將來時模態詞「且」（將、將要），即《經說上》所說的「自前曰且」。這相當於或然命題（可能命題）。《小取》有如下推論式：

A.且入井，非入井也。止且入井，止入井也。（意思是：「將要入井」可能性，不等於「入井」事實；阻止「將要入井」可能性發生，卻等於阻止「入井」事實發生。）

B.且出門，非出門也。止且出門，止出門也。（意思是：「將要出門」可能性，不等於「出門」事實；阻止「將要出門」可能性發生，卻等於阻止「出門」事實發生。）

C.且夭，非夭也。壽且夭，壽夭也。（意思是：「將要夭折」可能性，不等於「夭折」事實；阻止「將要夭折」可能性，卻等於阻止「夭折」事實發生，即採取措施，使「將要夭折」的人長壽，卻真就是使「夭折」的人長壽。）

在推論式A中，「且入井」（將要入井），表示一種「入井」的可能性（或然性，或然命題），它不等於「入井」（現實性，實然命題）。但是，採取措施，阻止「且入井」可能性的發生（如拉住將要入井的人，或蓋住井口），則「入井」的現實性也不會出現。

同理，在推論式B中，「且出門」（將要出門），不等於「出門」。但採取措施，阻止「且出門」這種可能性的發生（如拉住將要出門的人，或把門關上），則「出門」的現實性也不會出現。

在推論式C中，「且夭」（將要夭折），不等於「夭」（夭折）。但採取措施，阻止「且夭」這種可能性的發生（如治好將要夭折人的病，改善營養狀況和衛生條件），使「且夭」人有「壽」（「壽且夭」），就等於「壽夭」（使夭折人有壽）。

墨家出於批判儒家宿命論的需要，特設這一推論式。《論語‧顏淵》載，子夏說：「死生有命，富貴在天。」墨子在跟儒家信徒公孟子辯論時，公孟子說，貧富壽夭，全然在天，不可損益。墨家反對儒家這種消極的命定論思想，主張強力而爲，有病主張醫治，改善營養，益人壽命。例A和B是爲例C提供類比論證的前提和論據。墨家在這樣做的時候，自然也就發展了古典邏輯的理論。這裡三個推理式，從模態邏輯的形式規律看，是正確合理的。

令一事實（如「入井」、「出門」、「夭」）爲P，這P就是一個實然命題。而可能P，則爲一個或然命題。實然命題P，比或然命題「可能P」斷定的多，所以在模態命題的對當關係中P處於上位，「可能P」處於下位。根據模態命題對當關係的規律，斷定下位命題眞，則上位命題眞假不定。可能P眞，則P眞假不定。可能P，不等於P。於是，「且入井，非入井」、「且出門，非出門」和「且夭，非夭」成立。而斷定下位命題假，則可斷定相應的上位命題假，即如下公式成立：

$$\neg \Diamond P \rightarrow \neg P$$

讀作：如果並非可能P，則並非P。於是，「止且入井，止入井也」、「止且出門，止出門也」和「壽且夭，壽夭也」成立。墨家有關時間模態邏輯的推論，是科學、合理的。

㈡實然命題

「實然」即確實如此，實然命題反映確實發生的事實。用過去時間模態詞「已」（已經）、「已然」（已經如此）或「嘗然」（曾經如此），表達確實發生的事實，即實然命題。《墨經》討論了用過去時模態詞「已」表示的實然命題。《經上》第七十七條說：「已：成；無。」《經說上》解釋說：「爲衣，成也。治病，無也。」「已」（已經）是表示過去時、完成式的時間模態詞。模態是英文mode的音譯，是一種特殊的命題形式，表示斷定的程度、樣式、方式。《墨經》研究了古漢語中模態詞的性質和用法。過去時模態詞「已」的用法有兩種：一種是表示建設性的，如說「已經製成一件衣服」；一種是表示破壞性的，如說「已經消除了病根」。

《墨經》仔細研究了過去時的實然性質。《墨經》定義了時間模態詞「且」。《經上》第三三條說：「且，言然也。」《經說上》解釋說：「自前曰且，自後曰已，方然亦且。」「且」是表述事物存在狀況和樣式（「然」）的。且有兩種基本用法：一是在事物發生之前說「且」，相當於現代漢語「將」、「將要」，表將來時態，是或然命題（可能命題）；二是在事物發生過程中說「且」，相當於現代漢語「正在」、「剛剛」，表現在時態，是實然命題。「已」（「已然」、「嘗然」），相當於現代漢語「已經」、「曾經」，表過去時態，也是實然命題。在一事物過程已經完成之後來表述它，使用過去時間模態詞「已」（「自後曰已」）。

在一事物發生過程中來表述它，可以使用現在時間模態詞「方」或「且」，即《經說上》所謂「方然亦且」。「方」即「開始」、「正在」。「方興未艾」（方興未已），可以說「且興未艾」。「來日方長」，可以說「來日且長」。「國家方危」，可以說「國家且危」。「日方中方睨，物方生方死」，可以說「日且中且睨，物且生且死」。既然現在時語句，表示一種事實開始發生、正在發生，那麼從模態上說，它是實然命題。

辯者「卵有毛」詭辯的成因，是混淆可能性和現實性的不同模態。晉司馬彪解釋說：「胎卵之生，必有毛羽。」「毛氣成毛，羽氣成羽。雖胎卵未生，而毛羽之性已著矣。故曰卵有毛也。」這是從「卵有毛」的可能性而說「卵有毛」的現實性，是混淆可能性和現實性的謬誤論證。可能性是事物現象出現之前所具有的某種發展趨勢，用或然命題（可能命題）表示。現實性是可能性的實現，是存在的事實，用實然命題表示。這是兩種不同的模態，不能混淆。《墨經》的邏輯對此作了明確區分。「卵有毛」的可能性≠「卵有毛」的現實性，即：

可能P≠P

「可能P」和「P」兩個命題的關係，是從屬（差等）關係，「可能P」眞，「P」命題眞假不定，其間不是等值關係。

㈢必然命題

《經下》第一三二條說：「無說而懼，說在弗必。」《經說下》解釋說：「子在軍，不必其死生。聞戰，亦不必其死生。前也不懼，今也懼。」如下推論不成立：「所有軍人都必死，所以，所有軍人都死，所以並非有軍人不死。」如下推論成立：「有軍人不死，所以，並非所有軍人都死，所以，並非所有軍人都必死。」墨家用這種負必然命題及其推論，對參加防禦戰爭的軍人父母做工作，希望他們不要爲參軍和參戰的兒子擔心恐懼，認爲這種擔心恐懼是沒有根據的。《小取》說：「以說出故。」「說」即有根據的推論。這是因不具有全稱性而得出負必然命題的例子。

必然命題的否定（負必然命題），叫做「不必」、「非必」或「弗必」。對一類事物而言，如果不具有全稱的意義或全時間性的意義，那就不能說是「必」，就是「不必」、「非必」或「弗必」。

必然命題帶有必然模態詞「必」。《墨經》指出，必然命題的論域，如果涉及一類事物，則帶有全稱性和全時間性（貫穿於過去、現在和將來三個時態）。《經上》第五十二條說：「必，不已也。」《經說上》解釋說：「謂一執者也。若弟兄。一然者，一不然者，必不必也，是非必也。」當必然命題涉及一類事物時，「必然」蘊涵著「盡然」（所有個體都是如此，即全稱）。如果是「一然者，一不然者」（有是這樣的，有不是這樣的），即「不盡然」，那就一定不是「必然」，而是「非必然」。下列兩公式成立：

所有S必然是P→所有S是P→並非有S不是P

有S不是P→並非所有S是P→並非所有S必然是P

「必然」除了具有「盡然」即全稱性以外，還具有全時間性，即作為一種永不停止的趨勢而貫穿於過去、現在和將來三種時態。「不已」，即不停止。「一執」，即維持一種趨勢，永不改變。如說：「有弟必有兄。」這對所有場合，都是如此（全稱性），並且對任何時刻，都是如此（全時間性）。《經說上》第八十八條說：「二必異。」（只要是兩個事物，必然相異）《經說下》第一六四條說：「行者必先近而後遠。」走路的人，必然是先近後遠。「民行修必以久。」人走一定長度的路，必然要用時間。這些都是對任何場合和時間都適用的必然命題。

同樣，如不具有全時間性，也會得出負必然命題。已知過去和現在「凡人都有死」，假如將來有一天，可以研究出一種辦法，使自己不死，那麼「凡人必有死」這種必然性，也就可以推翻。根據科學原理，可以斷言，將來任何時刻，也不會做到長生不老。所以「凡人必有死」，是既有全稱性又有全時間性的正確必然命題。

祈使句主觀或然模態和客觀必然模態，也有必和不必的區分。《經上》第七十八條說：「使：謂；故。」《經說上》解釋說：「令、謂，謂也，不必成。溼，故也，必待所為之成也。」「使」有兩種含義。一種含義是指使，即甲用一個祈使句命令或指謂乙去幹某件事，僅僅由於這種主觀指使，乙「不必成」，即不必然成功。如甲命令乙：「你必須把丙殺死！」這種祈使句中的「必」實際上只表達甲主觀上的殺人意圖，並不構成乙殺死丙的充分條件。即儘管甲有這種主觀上的殺人意圖，乙也可能由於主觀或客觀原因，而沒有把丙殺死。所以，不能僅僅用甲的這一祈使句，給乙定殺人罪。第二種含義是原因，相當於充分條件，即如果P必然Q。如天下雨，必然地溼。所以說：「溼，故也，必待所為之成也。」

這是用必和不必來區分祈使句主觀或然模態和客觀必然模態的不同性質。祈使句的主觀或然模態，是「不必成」，即為負必然命題「不必」。在模態命題的等值關係中，「不必然P」等值於「可能不P」。如「乙不必然殺死丙」，等值於「乙可能沒有殺死丙」。客觀必然模態是「必成」，即如果P必然Q。如下雨必然地溼。祈使句主觀或然模態和客觀必然模態有原則區別。墨家明確認識這種區別，初見模態邏輯之端倪。

三、言意之辯

言意之辯，狹義上指語句能否充分表達判斷，廣義上指語言能否充分表達意義。語句，語言，是口中所說和文字所寫，屬於表達。判斷、意義，是心中所想、文字所含，屬於思維。辯論中的觀點，分為正方和反方兩大派。正方的觀點是「言盡意」論，即語句能夠充分表達判斷，語言能夠充分表達意義。反方的觀點是「言不盡意」論，即語句不能充分表達判斷，語言不能充分表達意義。這一辯論，從春秋戰國至今，已經持續二千五百多年，還不能說已經完全達到統一，辯論還在繼續進行。這一辯論包含邏輯哲學意義。

墨家宣導「言合於意」、「以辭抒意」、「循所聞而得其意」、「執所言而意得見」。《經上》第一四條說：「信，言合於意也。」《經說上》解釋說：「不以其言之當也。」

「信」和「當」有不同的定義和標準。「信」的定義，是「言合於意」，即口裡說的「言」（語句）符合心裡想的「意」（判斷），怎麼想就怎麼說，心口如一，語言和思維一致。「信」是語言準確表達思維，這是發揮語言的表意功能、交際功能的目的和標準。

《淮南子．說山訓》說：「得萬人之兵，不如聞一言之當。」「當」的定義是「意合於實」，即心裡想的「意」（判斷）符合客觀存在的「實」（實際），事實是什麼就怎麼想，思維和實際一致。「當」是判斷和語句符合實際，這是認識的目的和標準。「當」、「是」、「正」、「眞」的含義一致，指語言和思維符合事實。「信」不以語句的「當」爲必要條件。言、意、實（語言、意義、實際）三者的對應，有幾種不同的情況。

第一，判斷符合實際，語句符合判斷，語句既當且信。第二，判斷不符合實際，語句符合判斷，語句不當而信。第三，判斷符合實際，語句不符合判斷，語句可能不信且不當，也可能偶然「當而不信」。例子：「使人視城得金。」即甲在主觀意圖上想欺騙、捉弄乙，於是對乙說：「城門內有金，你到那裡能拾到金子。」乙去一看，碰巧拾到金子。這是判斷符合實際，是「當」。實際上甲並不眞的知道那裡有金子，只是隨口胡說，在主觀意圖上想欺騙、捉弄乙，這是「語句不符合判斷」，「語句不符合心裡想的意思」，是「不信」。

《小取》說：「以辭抒意。」即用語句、命題抒發、表達意義、判斷。「辭」即言，是語言、語句、命題。「辭」本意是訴訟的供詞。《說文》：「辭，訟也」，「猶理辜也」。《周禮．鄉士》：「聽其獄訟，察其辭。」「辭」又指言詞、語句。《史記．魏公子傳》：「一言半辭。」

唐歐陽詢《藝文類聚．人部．言語》：「《釋名》曰：『言，宣也，宣彼此之意也。語，敘也，敘己所欲說述也。』《說文》曰：『直言曰言，論議曰語。』」「抒」，指抒發、表達。《楚辭．九章》說：「發憤以抒情。」「意」，即意義。

《荀子．正名》：「天官之意物。」古注：「意，從心、從音。意不可見，因言以會意也。」「意」字由「心」和「音」合成，「意」爲「心音」，「意」即思維、意義，是「心裡的聲音」，常說「言爲心聲」，即語言是心裡發出的聲音，使用語言，可以表達心中的意義。

王充《論衡．書解》說：「出口爲言。」揚雄《法言．問神》說：「言，心聲也。」宋俞琰《周易集說》卷二十三說：「在心爲志（意）。出口爲言。言，心聲也。」清龔自珍說：「言爲心聲。」

《經上》第九十至九十三條說：「聞，耳之聰也。循所聞而得其意，心之察也。言，口之利也。執所言而意得見，心之辯也。」這是「循聞察意」、「執言辯意」的方法。言是語句，由說者用「利口」說出，聽者用「聰耳」聽到。「意」是心智的判斷，借助說出的語句，可以察知、辨別語句所表達的判斷。

俗話說：「聽話聽聲，鑼鼓聽音。」語句的說出，憑藉人的健全發音器官。語句的接受，通過人的健全聽覺器官。把握語句中的判斷，要依靠心智思維的辯察、分析作用。墨家觀點是「言盡意」論的發揮。

第三節　推理論：推論譬侔援推止，論證方式綜合性

墨家表示推論性質的一級範疇，有「推」（廣義）、「推類」。表示推論個別方式的二級範疇，有「推」（狹義）、「譬」、「侔」、「援」和「止」。「推」（狹義）是歸謬類比。「譬」是譬喻類比。「侔」是比詞類比。「援」是援例類比。「止」是綜合推論。用現代邏輯知識，創造性詮釋這些論辯方式，可把它們改造轉型爲今日思維表達方式的借鑑。

一、推（狹義）：歸謬類比

推（狹義），特指歸謬類比。《小取》說：「推也者，以其所不取之，同於其所取者，予之也。」即我提出一個論證，證明對方所不贊成的論點，跟對方所贊成的論點，是屬於同類，把這個論證給予對方，如果對方把不贊成改爲贊成，對方就被我說服。如果對方仍堅持不贊成，就陷於自相矛盾、荒謬和背理。

墨子和諸子百家歸謬式類比推論用例極多，如批評魯班「義不殺少而殺衆，不可謂知類」，批評王公大人「殺牛羊，制衣裳，治疲馬，張危弓等小事，知道尚賢使能，而治國大

事，卻不知尚賢使能」。根據強調重點的不同，「推」可稱爲歸謬式類比推論，簡稱歸謬類比，或類比式歸謬推論，簡稱類比歸謬。

「推」是歸謬法（演繹推論）與類比推論的結合。其中歸謬法，是從對方論點推出荒謬，駁倒對方，是講道理，是以同一律、矛盾律爲根據的演繹推論。其中類比推論，是列舉類似案例，進行比較論證，擺事實的初步歸納。

《小取》總結的「推」，有特定的含義是一種歸謬式的類比推理。其中包含歸謬法推理的因素，是運用矛盾律，指出對方的議論中的矛盾，從而駁倒對方，這是其中的演繹推理因素，有必然性。也包含類比推理的因素，從兩個事物的一部分屬性相同，推論其另一部分屬性相同。由於其中類比因素的或然性，由歸謬法推論的補充，而使推論整體有較強論證性與說服力。

借鑑希爾伯特、塔爾斯基、羅素等將理論、科學、語言和研究分爲對象和元（後設）不同層次的觀點，把墨子的辯術和應用邏輯稱爲對象邏輯，把墨家後學的系統辯學稱爲古代邏輯理論，是用古漢語元語言工具表達的第一層次的元邏輯。現代學者加工改制，創造轉化的古代邏輯體系，是用現代語言工具表達的第二層次的元邏輯。

墨子的辯術、應用邏輯和對象邏輯，包含古代元邏輯的理論因素，是墨辯邏輯質變過程的量變積累和局部質變，如提出「明小不明大」、「知小不知大」、「不知類」、「悖」概念等。墨家後學用古漢語作爲元語言工具，對墨子辯術的應用邏輯、對象邏輯，進行元研究，做出系統的理論概括，建構辯學的元邏輯。其對歸謬法的概括，捨棄當時爭鳴辯論的具體內容，呈現用古漢語表達的純理論形態。

《小取》說：「推也者，以其所不取之，同於其所取者，予之也。」「推」這種論辯方式的程式步驟和特點是提供一個證明，論證對方所不贊成的A二論點，跟對方所贊成的A一論點，屬於同類，把這個證明給予對方，如果對方對不贊成的論點改爲贊成，那麼對方就被我說服。如果對方對不贊成的論點，堅持不贊成，則對方就陷於自相矛盾、荒謬背理。

「推」是墨家對歸謬法的命名。墨家「推」的概念，比現代「推理」或「推論」概念的外延小。現代「推理」或「推論」概念的外延，包括演繹、歸納和類比等形式。墨家「推」的概念，除分析對方論點概念命題的矛盾（純演繹推理）外，在多數情況下，是歸謬法（演繹法）與類比推理的結合。根據強調重點不同，可稱歸謬式類比推理（簡稱歸謬類比），或類比式歸謬推理（簡稱類比歸謬）。

「推」這種論辯方式的根據，是「其所不取之」與「其所取者」兩組命題類同程度的比較。「其」指辯論對方。「取」指贊成。「其所不取之」，指對方所不贊成的命題。「其所取者」，指對方所贊成的命題。如在墨子魯班辯論的開始，魯班贊成「義不殺少」，不贊成「義不殺眾」，墨子論證「義不殺眾」與「義不殺少」同類，批評魯班「義不殺少而殺眾，不可謂知類」，魯班被墨子說服。

歸謬法是運用矛盾律的反駁論證方式。在西方邏輯史上，歸謬法的廣泛應用極大地刺激和促進了系統邏輯學的誕生。古希臘芝諾、蘇格拉底、柏拉圖都極善運用歸謬法，為亞里斯多德邏輯的創立準備了條件。歸謬法辯論方式（dialectic），是辯論術（辯證法）的統稱，長期兼作邏輯學的總稱。

在百家爭鳴中，墨子率先運用和總結貫穿矛盾律的歸謬反駁方式。墨家後學對「推」這種歸謬法定義和規則的總結，言簡意賅。「推」的論證方式，有歸謬法的演繹必然性和邏輯性，又有類比推理的生動形象性，富有說服力、感染力，是爭鳴辯論的得力工具，行之有效，所以為諸子百家所喜用和常用。

《小取》總結歸謬法的規則，是「以類取，以類予」和「有諸己不非諸人，無諸己不求諸人」。「以類取，以類予」規則的含義是：處於思維交際中的各方，對某一命題的證明和反駁，都應根據事物類同和類異的原則。《經說上》對類同和類異的定義是：「有以同，類同也」；「不有同，不類也。」即事物在某方面有共同性，叫做類同；事物在某方面沒有共同性，叫做「不類」（「類異」）。如墨子在說服魯班時，論證「殺眾」和「殺少」，同屬「不義」之類，批評魯班贊成「殺少為不義」的命題，不贊成「殺眾為不義」的命題，陷於「不知類」的邏輯混亂。墨子在說服楚王時，論證楚國「攻宋」，與富人有竊疾「同類」。

「以類取，以類予」的規則，堅持在證明、反駁中對同類命題，採取同一肯定和否定的斷定，相當於遵守邏輯同一律的要求。《荀子．正名》說：「凡同類同情者，其天官之意物也同。」即凡同是人類，具有同樣的性質，其天生認識器官對事物形成的認識也相同。同理，凡同類事物，具有同樣性質，處於思維交際中的各方，對反映該事物的命題肯定和否定的斷定應該相同。如魯班肯定「殺一人是不義」，就應該肯定「殺多人更不義」，因爲「殺一人」和「殺多人」，同屬「殺人不義」一類。這是思維交際中，保持概念、命題邏輯同一性的本體論、認識論根據。

「有諸己不非諸人，無諸己不求諸人」規則的含義是：Ａ二與Ａ一命題同類，對方肯定Ａ一，就不能非難我方肯定Ａ二；對方不否定Ａ一，就不能要求我方否定Ａ二。如「殺一人是不義」和「殺多人是不義」的命題同類，魯班肯定「殺一人是不義」，就不能非難墨子肯定「殺多人是不義」；魯班不否定「殺一人是不義」，就不能要求墨子否定「殺多人是不義」。

「有諸己不非諸人，無諸己不求諸人」的規則，表明處於思維交際中的各方，對於同類命題，具有同等肯定和否定的權利和義務。在眞理和邏輯面前人人平等。「有諸己不非諸人，無諸己不求諸人」規則的含義，相當於遵守矛盾律的要求。魯班肯定「殺一人是不義」，而非難墨子肯定「殺多人是不義」；不否定「殺一人是不義」，卻要求墨子否定「殺多人是不義」，必然陷於矛盾，違反矛盾律。

堅持「以類取，以類予」和「有諸己不非諸人，無諸己不求諸人」的規則，是堅持同一律、矛盾律的要求，以保持議論的一致性、一貫性，避免邏輯矛盾和混亂，是正確思維和成功交際的必要條件。歸謬法定義規則，見表四。

表四 歸謬法定義規則

定義	推也者，以其所不取之，同於其所取者，予之也
規則	以類取，以類予。有諸己不非諸人，無諸己不求諸人

二、譬：譬喻類比

墨子論證，善於用譬。「譬」即譬喻，有修辭的功能，也是先哲喜用的論證方式，可以叫做譬喻論證。墨子直接用「譬」字連接的譬喻論證，有五十餘次，其中「譬猶」二十次，「譬之猶」七次，「譬若」二十一次，「譬之若」五次。還有很多用「若」、「猶」、「如」等詞連接的譬喻論證。直接用「譬」字連接的譬喻論證用例如下：

第一，《尚賢下》論證崇尚賢人，說治國如果不用賢人，「譬猶喑者（啞巴）而使爲行人（外交官），聾者而使爲樂師」，就像叫啞巴當外交官，叫聾子當樂隊指揮。

第二，《尚同上》論證崇尚國家統一，說「譬若絲縷之有紀，網罟之有綱」，就像絲縷有頭緒，提網有總繩。

第三，《兼愛上》說：「聖人以治天下爲事者也，必知亂之所自起，焉能治之，不知亂之所自起，則不能治，譬之如醫之攻人之疾者然，必知疾之所自起。」

第四，《非攻下》說：「今天下之諸侯，多攻伐並兼，則是有譽義之名，而不察其實也，此譬猶盲者之與人，同命白黑之名，而不能分其物也。」

第五，《非命上》說：「言而無儀，譬猶運鈞之上，而立朝夕者也。」即言論如果沒有標準，就像在運轉的陶輪立標竿，測日影，決定時間早晚，無標準可言。

《小取》給出譬喻論證的定義：「譬也者，舉他物而以明之也。」即列舉其他已知的事物，說明這一未知的事物。惠施譬喻論證定義說：「夫說者，固以其所知，諭其所不知，而使人知之。」這兩個定義實質是一致的。

「譬」兼有論證和修辭兩種功能。譬喻的說詞，從論證上說，分爲論據和論題；從修辭上說，分爲被譬喻說明的「本體」和用來譬喻說明的「喻體」。譬喻論證，舉彼明此，以近喻遠，以淺喻深，以易喻難，由已知到未知，是論證的手段，說服的方法。「譬」相當於印度邏輯論式中的「喻」。用廚房有煙並有火，譬喻類推這山有煙，所以有火。從瓶是人爲的，並且不是永恆的，譬喻類推語言是人爲的，所以不是永恆的。喻的本意是譬喻、例證。窺基《因明入正理論疏》卷四說：「喻者，譬也，況也，曉也。由此譬況，曉明所宗，故名爲喻。」喻是通過譬況，比較、說明論題。

《小取》定義譬喻論證的聯結詞說：「『是猶謂』也者，同也。」「是猶謂」和「譬」、「若」、「猶」、「如」一樣，是譬喻論證的聯結詞，其作用是表明兩個論點的相同或相似，是譬喻論證成立的標誌。

《公孟》載墨子說：「教人學而執有命，是猶命人包而去其冠也。」即儒家教人學習，認爲學習可以改變人們的社會地位和生活狀況，同時卻又堅持有命論，認爲「死生有命，富貴在天」，這就像叫人包裹頭髮，而又要人把包裹頭髮的帽子去掉一樣，是自相矛盾。

《公孟》載墨子說：「執無鬼而學祭禮，是猶無客而學客禮也，無魚而爲魚罟也。」即儒者認爲沒有鬼，卻讓人學習祭祀鬼神的禮節，這就像沒有客人，卻讓人學習接待客人的禮節，沒有魚，卻讓人做魚網一樣，是自相矛盾。

《小取》定義反譬喻論證的聯結詞說：「吾豈謂也者，異也。」「吾豈謂」用現代漢語說，即「我難道那樣說嗎？」「吾豈謂」是用反問的口氣說話，意思是「我沒有那樣說」。「吾豈謂」式的反駁，揭示譬喻前提與結論的相異，證明對方譬喻不當，是對於論敵不當譬喻的反駁，意味著反譬喻論證的建立，是反類比。

《兼愛中》記載當時的辯論：「今天下之士君子曰：『然乃若兼則善矣，雖然，不可行之物也，譬若挈太山，越河濟也。』子墨子言：『是非其譬也，夫挈太山而越河濟，可謂畢劫有力矣，自古及今，未有能行之者也，況乎兼相愛，交相利，則與此異，古者聖王行之。』」即當今天下的士君子說：「兼愛好是好，就是實行不了，譬如舉起泰山，越過黃河、濟水一樣。」墨子說：「這個譬喻不恰當，舉起泰山，越過黃河、濟水，可以說是很有力氣，但從古到今還沒有能實行的，可是兼相愛，交相利，就與此不同，古代聖王就曾經實行過。」

墨子在反駁論敵時，可以這樣說：「吾謂兼愛可行，吾豈謂挈泰山而越河濟可行乎？」這種「吾豈謂」式的反駁，揭示譬喻論證論據和論題的不同，證明對方譬喻不當。

譬喻論證的聯結詞，是「譬」、「若」、「猶」、「如」等，這是正類比。反譬喻論證的聯結詞，是「不若」，這是反類比。

論證的實質是擺事實、講道理。擺事實，是歸納或類比。講道理，是演繹。《墨經》長於論證，常以「若」、「猶」等聯結詞，聯結具體事例。具體事例的功能，或是歸納論證論題的事實論據，或是類比論題主項的相似事例。

《經上》第一條說：「故，所得而後成也。」即有因必有果，《經說上》以「若見之成見」為事實例證。《經說下》第一七一條說：「夫名以所明正所不知，不以所不知疑所明。若以尺度所不知長。」概念和推論是以所已知，類推說明所未知，不能反過來以所未知，懷疑所已知，這就像用尺量度所未知物體的長度，這是以「若」作譬喻詞的類比論證。

三、侔：比詞類比

《小取》說：「侔也者，比辭而俱行也。」從《小取》對侔式論證的定義、分類、論證過程和論據性質看，「侔」是比較語句結構、意義和用法相似性的類推，或簡稱之比辭類推。《說文》：「侔，齊等也。」孫詒讓《小取》注說：「謂辭義齊等，比而同之。」晉司馬彪《莊子．．大宗師》注：「侔，等也，亦從也。」唐成玄英疏：「侔者，等也，同也。」「侔」是相等，等同，跟從，跟隨。從《小取》列舉的五種侔式論證公式，即「是而然」、「是而不然」、「不是而然」、「一周而一不周」和「一是而一非」，可以進一步認識它們的區別。

四、援：援式類比

《小取》定義說：「援也者，曰：『子然，我奚獨不可以然也？』」「援」的辯論方式，是援引對方論點，作類比論證的前提，以證明自己相似的論點。這是以同一律和矛盾律爲根據的辯論方式。

《小取》提供兩個援式論證的例子說：「此與彼同類，世有彼而不自非也，墨者有此而非之。」就「是而不然」的侔式推論說，世人贊成「彼」組論式：「獲之親，人也；獲事其親，非事人也。其弟，美人也；愛弟，非愛美人也。車，木也；乘車，非乘木也。船，木也；入船，非入木也。盜，人也；多盜，非多人也；無盜，非無人也。惡多盜，非惡多人也；欲無盜，非欲無人也。」我就可以援引世人贊成的「彼」組論式，類比論證我所贊成的「此」組論式：「盜，人也；愛盜，非愛人也；不愛盜，非不愛人也；殺盜，非殺人也」。根據「以類取」和「有諸己不非諸人」的原則（同一律、矛盾律），對方就不應該反對我這樣推論，應該接受我的結論。

就「是而不然」的侔式推論說，世人贊成「彼」組論式：「讀書，非書也；好讀書，好書也。鬥雞，非雞也；好鬥雞，好雞也。且入井，非入井也；止且入井，止入井也。且出門，非出門也；止且出門，止出門也。」我就可以援引世人贊成的「彼」組論式，類比論證我所贊成的「此」組論式：「且夭，非夭也；壽且夭，壽夭也。有命，非命也；非執有命，非命也。」根據「以類取」和「有諸己不非諸人」的原則（同一律、矛盾律），對方就不應該反對我這樣推論，應該接受我的結論。援式論證實例，見表五。

表五　援式論證實例

	援：子然：援彼		我奚獨不可以然也：證此	
	是	而不然	是	而不然
是而不然	獲之親，人也	獲事其親，非事人也	盜，人也	愛盜，非愛人也
	其弟，美人也	愛弟，非愛美人也		不愛盜，非不愛人也
	車，木也	乘車，非乘木也		殺盜，非殺人也

	不是而然	規則
船，木也 盜，人也	讀書，非書也 鬥雞，非雞也 且入井，非入井也 且出門，非出門也	有諸己
入船，非入木也 多盜，非多人也 無盜，非無人也 惡多盜，非惡多人也 欲無盜，非欲無人也	好讀書，好書也 好鬥雞，好雞也 止且入井，止入井也 止且出門，止出門也	
	且夭，非夭也 有命，非命也	不非諸人
	壽且夭，壽夭也 非執有命，非命也	

五、止：綜合論證

《墨經》中的「止」是一種綜合論證，包含歸納及其反駁、演繹及其反駁，有定義、步驟、規則和實例，很有價值，值得發揮，發揚光大。

在《經上》末尾和《經下》開頭，墨家論述「止」的論證方式，我把它叫做止式論證。「止」的本意，是停止、停住、中斷進程，這裡借用來指反駁，即「止住」論敵的論證，不叫論敵那麼說。從《墨經》論述的內容看，包括駁倒論敵歸納推理的結論、反駁論敵演繹推理的前提、質疑論敵演繹推理的結論等，總之，包含歸納和演繹的論證與反駁，所以我把「止」式推論的性質，確定為綜合論證，即不是某一種單純的論證方式。

墨家對止式論證的理論總結，附帶有一個典型事例：「若聖人有非而不非。」這個典型事例，涉及從孔子、墨子開始的一個複雜辯論。這一辯論，與當時社會的宗法制、私有制相聯繫，關係到是非觀、毀譽觀和批評、表揚的社會機制。它牽涉到許多具體的爭論，如孔子說的「父為子隱，子為父隱，直在其中」是否正確？儒家規定的「為尊者諱，為親者諱，為賢者諱」是否正確？聖人見他人有非，是否應該指斥其非？在這些問題上，儒墨學者有不同的觀點。這種爭論一直持續到現在，還沒有得到完全的解決。

《墨經》論述方式的特殊和長期流傳中的訛誤，導致目前研究的困難。首先，《墨經》

論述的文字簡略，濃縮。墨家對「止」這種重要論證方式的理論總結，涉及三個條目，即《經上》九十八、九十九條，《經下》一〇一條，總計一〇三個漢字，但內容特別重要。其次，流傳近兩千年，到明正統十年（西元一四四五年）刊《道藏》本《墨經》的表達狀況，是連文書寫，不分條段，無任何標點符號。有鑑於此，使得像高亨這樣著名的文字學家、校勘家，也不免犯了許多錯誤。第一個錯誤，把「止，因以別道」這一「止」式論證定義中的「道」字，強分在下一條。第二個錯誤，把原本沒有錯的「因」字，錯改爲「同」，對本條做出牽強附會的錯誤解釋。第三個錯誤，把「若聖人有非而不非」這個典型事例，錯分在下一條，因而不能對本條做出完整準確的解釋。再次，由於長期傳抄，出現多處錯字。如「止，類以行之」，其中「之」字錯成「人」。終生研究《墨經》的譚戒甫，對本條做出完全風馬牛不相及的解釋，與原意相差十萬八千里，完全無關。

《非攻上》說：

今有一人，入人園圃，竊其桃李，眾聞則非之，上為政者得則罰之。此何也？以虧人自利也。至攘人犬豕雞豚者，其不義，又甚入人園圃竊桃李。是何故也？以虧人愈多，其不仁茲甚，罪益厚。至入人欄廄，取人馬牛者，其不仁義，又甚攘人犬豕雞豚。此何故也？以其虧人愈多。苟虧人愈多，其不仁茲甚，罪益厚。當此，天下之君子皆知而非之，謂之不義。

墨子認為，偷竊別人的財產，是損人利己、不仁義的過失行為，應該受到非難和懲罰。《經上》說：「誹，明惡也。」「誹」是用語言指出別人的錯誤，即批評。「惡」是罪錯過失，與善良美好的概念相對。《經下》說：「誹之可否，說在可非。」即批評的正確與否，在於對方確有可非之處。《經說下》說：「誹之可不可以理。」即批評以是否合乎道理為原則。《經下》說：「非誹者悖。」認為反對一切批評的人，會陷入自相矛盾，因為「反對一切批評」本身，也是一種批評。「反對一切批評」的論點，把自身這種批評也否定了。《經說下》說：「不非誹，非可非也。」即不「反對一切批評」，那麼有錯誤就可以批評了。《經說上》批評儒家的觀點「聖人有非而不非」，即認為聖人見他人有非，而不指斥其非。

《春秋．閔西元年》說：「春秋為尊者諱，為親者諱，為賢者諱。」儒家經典規定的這種「三忌諱」原則，是孔子「父為子隱，子為父隱，直在其中」觀點的引申、擴展，即把父子相互隱瞞過失就等於正直的觀點，引申、擴展到夫婦、兄弟、君臣等封建宗法和等級關係的所有方面。如果訂下一個原則，在這所有方面相互隱瞞過失，都等於正直，那麼整個社會的是非眞假，就會處於混淆顛倒的局面，這就像一個人頭朝下，腳朝上倒懸，是很不正常的現象。

《墨經》中有相鄰的幾條，論述「止」的論證方式：

法異則觀其宜。（《經上》）

取此擇彼，問故觀宜。以「人之有黑者」、「有不黑者」也，止「黑人」；與以

> 「有愛於人」、「有不愛於人」，止「愛人」：是孰宜？（《經說上》）
>
> 止，因以別道。（《經上》）
>
> 彼舉然者，以為此其然也，則舉不然者而問之。若「聖人有非而不非」。（《經說上》）
>
> 止，類以行之，說在同。（《經下》）
>
> 彼以此其然也，說是其然也。我以此其不然也，疑是其然也。（《經說下》）

《墨經》中「止」的論證方式，是一種綜合論證，其中包括歸納和演繹的證明與反駁，其中有純理論的論述，也有結合實際的三個典型案例。以下分別講解「止」的意義、步驟（歸納和演繹的證明與反駁）和規則（同一律）。

從墨子到後期墨家，始終堅持「有非而非」，即有錯誤就應該批評。墨家主張的命題是：「聖人有非而非。」即聖人見別人有錯誤就批評。「有非而非」，第一個「非」，是指「是非」的「非」，即錯誤；第二個「非」，是指非難、批評和指責。

「聖人有非而不非」，即「聖人見他人有非，而不指斥其非」，也就是「聖人見他人有錯誤，而不批評其錯誤」，如父親偷了別人的羊，在私有制的社會，是侵犯別人的財產，是「非」（錯誤），但由於偷羊的人是父親，做兒子的明知這是「非」（錯誤），根據孔子和歷來儒家的主張，要堅持「子爲父隱」，不要非難、批評、指責和舉證父親偷羊。

在上引《墨經》「止黑人」、「止愛人」、「止，因以別道」、「止，類以行之」等表達中，所謂「止」的意義是指一種辯論方式，即你用歸納或演繹的證明，提出一個論點，我不贊成，反駁你，「止」住你，不許你那麼說。「止」這種反駁的邏輯意義，是由「停止」、「靜止」、「阻止」、「禁止」等物理和行爲、動作意義，經由抽象、概括的方法，引申、演變而來的。抽象的邏輯概念和範疇，不是從天而降，是由具體到抽象的思維加工過程而產生的。如「推」，先有「用手推」、「推移」、「推廣」、「推舉」、「推行」等具體意義，後有「推求」、「推究」、「推理」、「推論」的思維、認識和邏輯意義。「止」作反駁解釋這種邏輯的意義，是由「止」作爲「停止」、「靜止」、「阻止」、「禁止」解釋的物理、行爲和動作意義，經由抽象、概括的思維活動升華而來。抽象由具體升華而來，邏輯借由物理和行爲、動作的素材改制、演變而來。

《經上》說：「止，因以別道。」這是「止」式推論的定義。原意爲：「止」這種推論方式，是用來區別和限制一般性道理的，即用特稱否定命題（反例）來反駁全稱肯定命題（道）。「因以」是用來，「別」是區別和限制，「道」是一般性道理，用全稱肯定命題表示。如用「有聖人不是見人有非而不非」（有聖人不是見人有錯誤不批評），反駁「所有聖人都是見人有非而不非」（所有聖人都是見人有錯誤不批評）。用「有人不是黑的」，反駁「所有人是黑的」。用「有人不是可人愛的」，反駁「所有人是可人愛的」。止式論證定義，見表六。

表六 止式論證定義

定義	止因以別道	被區別的一般道理	用什麼區別一般道理
解釋	止用來區別一般道理	全稱肯定命題	用特稱否定命題（反例）
實例一	以「人有不黑者」止「黑人」	「黑人」	以「人有不黑者」
解釋	用「有人不是黑的」反駁「所有人是黑的」	「所有人是黑的」	用「有人不是黑的」
實例二	以「人有不愛於人」止「愛人」	「愛人」	以「人有不愛於人」
解釋	用「有人不是可人愛的」反駁「所有人是可人愛的」	「所有人是可人愛的」	用「有人不是可人愛的」
實例三	以「有聖人不是見人有非而不非」止「所有聖人都是見人有非而不非」	「所有聖人都是見人有非而不非」	「有聖人不是見人有非而不非」
解釋	用「有聖人不是見人有錯誤不批評」反駁「所有聖人都是見人有錯誤不批評」	「所有聖人都是見人有錯誤不批評」	用「有聖人不是見人有錯誤不批評」

以下是「止」式推論的步驟和過程，分為兩個部分：第一部分，歸納證明及其反駁；第二部分，演繹證明及其反駁。先講第一部分，歸納證明及其反駁。《經說上》：「彼舉然者，以為此其然也，則舉不然者而問之，若聖人有非而不非。」「彼」，指辯論的對方。「舉」，列舉。「然者」，指如此這般的正面事例。「彼舉然者」，指對方列舉若干正面事例。「以為」，指推論出。「此其然也」，指「所有此類事物都是這樣」。「彼舉然者，以為此其然也」，指對方列舉若干正面事例，用簡單枚舉歸納推理，推論出全稱命題「所有此類事物都是這樣」。如對方說：「甲聖人是見人有非而不非。乙聖人是見人有非而不非。所以，所有聖人都是見人有非而不非。」其公式是：M一是P，M二是P，∴所有M都是P。「不然者」，指有不是這樣的反面情況，即反例。「問」，是問難、反駁。「則舉不然者而問之」，指用反例反駁全稱命題，用特稱否定命題反駁全稱肯定命題。如用「有聖人不是見人有非而不非」（有聖人不是見人有錯誤不批評），反駁「所有聖人都是見人有非而不非」（所有聖人都是見人有錯誤不批評）。其公式是：∴有M不是P，∴並非所有M都是P。歸納與反駁，見表七。

表七　歸納與反駁

原文	解釋
彼舉然者	對方列舉一類中「有若干個別事物是這樣」的正面事例
以為此其然也	推論「所有此類事物都是這樣」的全稱命題
則舉不然者而問之	用「有不是這樣」的特稱否定命題（反例）反駁

實例一	甲是黑的，乙是黑的	所以，所有人是黑的	用「有人不是黑的」反駁
實例二	甲是可人愛的，乙是可人愛的	所以，所有人是可人愛的	用「有人不是可人愛的」反駁
實例三	甲聖人是見人有非而不非，乙聖人是見人有非而不非	所以，所有聖人都是見人有非而不非	用「有聖人不是見人有非而不非」反駁
公式	M一是P，M二是P	∴所有M都是P。	用「有M不是P」反駁

再講第二部分，演繹證明及其反駁。《經說下》說：「彼以此其然也，說是其然也。我以此其不然也，疑是其然也。」即對方用「所有此類事物都是這樣」的整體斷定，推論「此類事物中有部分是這樣」的斷定。也就是對方用不正確的全稱命題，演繹個別結論。我則用並非「所有此類事物都是這樣」的矛盾命題，質疑、問難、反駁「此類事物中有部分是這樣」的斷定。疑，是可疑，非必然，非有效。如對方說：「所有聖人見人有非而不非。墨家的聖人是聖人。∴墨家的聖人見人有非而不非。」公式是：所有M是P，所有S是M，∴所有S是P。我則用與對方演繹推論的大前提相矛盾的命題，懷疑對方演繹推理的結論。如用「並非所有聖人都是見人有非而不非」（等值於「有聖人不是見人有非而不非」），質疑、問難、反駁對方演繹推理的結論「墨家聖人是見人有非而不非」。公式是：並非所有M是P（等值於「有M不是P」），所有S是M，∴「所有S是P」可疑。演繹與反駁，見表八。

表八　演繹與反駁

	原文	解釋	公式	案例
1	彼以此其然也	演繹推論前提	所有M是P 所有S是M	所有聖人都是見人有非而不非，墨家的聖人是聖人
2	說是其然也	演繹推論結論	∴所有S是P	墨家的聖人是見人有非而不非
3	我以此其不然也	與對方演繹推論前提相矛盾的命題	並非所有M是P（等值於「有M不是P」）	並非所有聖人都是見人有非而不非（等值於「有聖人不是見人有非而不非」）
4	疑是其然也	懷疑對方演繹推論的結論	「所有S是P」可疑	「墨家的聖人是見人有非而不非」可疑

止式論證的規則，是同一律應用。《經下》說：「止，類以行之，說在同。」即「止」的步驟和過程，要根據事物的類別來進行，論證的理由在於辯論雙方證明和反駁的是同一論題。《經上》說：「法異則觀其宜。」《經說上》說：「取此擇彼，問故觀宜。以人之有黑者、有不黑者也，止黑人，與以有愛於人、有不愛於人，止愛人，是孰宜？」「法」是論證的公式。證明和反駁有不同的公式可供選擇。要觀察所選取公式，與所使用的前提（論據），是否適宜。《經說上》列有如下兩個反駁：

反駁一，因為「有人不是黑的」，所以並非「所有人是黑的」。

反駁二，因為「有人不是可人愛的」，所以，並非「所有人應該愛所有人」。

反駁一是合宜（有效、正確）的，因爲符合同類相推的規則（同一律）。其前提，即用來反駁的論據「有人不是黑的」和結論，即被反駁論題並非「所有人是黑的」，都是關乎事實的，都是屬於眞值的邏輯。

反駁二不是合宜（有效、正確）的，因爲不符合同類相推的規則（同一律）。其前提，即用來反駁的論據「有人不是可人愛的」是關乎事實的，是屬於眞值邏輯的範疇。而結論，即被反駁論題並非「一切人應該愛一切人」，是關乎道德理想、目標、義務的，是屬於規範模態邏輯，道義邏輯的範疇。

以上兩個反駁，其推論公式不同（法異），屬於不同的邏輯領域、分支、範圍和語境。墨家的兼愛理想，不考慮種族、階級貴賤區別，只要是人，都應該一視同仁相互關愛。這個理想可以成立一個命題：所有人應該愛所有人。有人不可人愛，是一種事實狀況，並不能反駁「所有人應該愛所有人」的理想。正因爲現實狀況並非所有人都愛所有人，也有人不可人愛，墨家才要追求「所有人應該愛所有人」的理想。反駁正誤，見表九。

表九 反駁正誤

序號	反駁	是否合宜	原因
一	前提：因爲有人不是黑的 結論：所以，並非所有人是黑的	宜	合規則，前提結論都關乎事實
二	前提：有人不是可人愛的 結論：所以，並非所有人應該愛所有人	不宜	不合規則，前提關事實，結論關理想

陰陽五行家用簡單枚舉歸納推理，列舉若干正面事例，概括「火克金、金克木、木克土、土克水、水克火」五行常勝的論題。陰陽五行家認爲這是不可逆的僵化公式，墨家認爲這樣的公式不是固定的，列舉反例證明有「金克火」等反例，歸納「五行無常勝」的論題，認爲一種元素勝另一種元素，是因爲在具體情況下占了優勢的緣故。《經說下》說：「火鑠金，火多也；金靡炭，金多也。」有時火能銷爍金屬，是因爲火占優勢。有時金屬能壓滅火，是因爲金屬占優勢。「若識麋與魚之數惟所利」，某山麋鹿多，某淵魚鱉盛，都是由於具體情況對其生長有利。

《經下》說：「無不讓也，不可，說在酤。」《經說下》說：「讓者酒，未讓酤也，不可讓也，若酤於城門，與於臧也。」說「所有事情都要讓」不可。宴請賓客，喝酒可讓，酤酒（買酒）不可讓人。到城門內買酒，要派家中僕人臧去，不能讓賓客去。《論語．里仁》載孔子主張「以禮讓爲國」，《學而》載子貢說「夫子溫、良、恭、儉、讓以得之」。儒家有人提倡「所有事情都要讓」，墨家認爲不可，以反例進行反駁。

六、推論性質

由於類比推論可視爲以個別事例爲論據的簡單歸納，屬於歸納一類，因此，墨家推論的特質，可簡單概括爲歸納和演繹的綜合論證與樸素結合。「譬」、「侔」、「援」，是各有特點的類比論證，是以類比推論爲主，輔之以分析和講道理的演繹成分。

第一，強調運用規則「以類取，以類予」和「有諸己不非諸人，無諸己不求諸人」，相當於遵守同一律和矛盾律，是其中分析和講道理的演繹成分。

第二，強調防止謬誤：「夫物有以同，而不率遂同。辭之侔也，有所至而正。其然也，有所以然也；其然也同，其所以然不必同。其取之也，有所以取之；其取之也同，其所以取之不必同。是故辟、侔、援、推之辭，行而異，轉而詭，遠而失，流而離本，則不可不審也，不可常用也。故言多方、殊類、異故，則不可偏觀也。」也是其中分析和講道理的演繹成分。這些分析和講道理的演繹成分，是最大限度發揮「譬」、「侔」、「援」、「推」（狹義）論證效能的可靠保證。墨家推論特質，見表十。

表十　墨家推論特質

層級	推論範疇	推論特質
一級	推（廣義），推類，類推，推理，推故	類比、歸納和演繹的綜合論證
二級	止	歸納和演繹的綜合論證
	譬	譬喻式類比推論，含演繹成分（以類取）
	侔	比詞式類比推論，含演繹成分（以類取）
	援	援例式類比推論，含演繹成分（以類取）
	推（狹義）	歸謬式類比推論，含演繹成分（以類予）

墨家推論，沒有把類比、歸納和演繹不同推論形式明確區畫，分門別類。傳統邏輯從先秦至清，沒有超越用古漢語表達的古代素樸形態，進而蛻變爲近現代科學體系，從而落後於發達完善的西方邏輯。西方邏輯在人類知識系統中，擁有基礎性和工具性的地位，是全人類的思維工具和世界性的同一邏輯。墨家邏輯經過創造性詮釋、現代性轉型，可以跟現代世界同一邏輯融會貫通，作爲其特殊分支和成分。

第四節　規律論：術語特殊有意涵，思維規律人類同

一、同一律

同一律、矛盾律、排中律和充足理由律，是邏輯思維的基本規律，簡稱思維規律。這些規律，適用於概念、命題和推論等各種思維形式，是全人類都必須遵守的思維規範，是有效交際的必要條件。

古人總結邏輯規範，表達爲古漢語的特殊稱謂。比較西方邏輯，對古人總結的古漢語特殊稱謂，可進行創造性詮釋，發揚光大，改造轉型爲今人普遍可用的思維規範。以下講解古人關於思維規律的論述和應用，發揮古人關於思維規律的特殊表達，並與西方邏輯相比較。

(一)「謂而固是」：稱謂有固定所指

墨家說：

謂而固是也，說在因。（《經下》）

有之實也，而後謂之。無之實也，無謂也。不若假。舉「美」謂是，則是固「美」也，謂也。則是「非美」，無謂，則假也。（《經說下》）

釋文：稱謂有固定所指，稱謂以對象爲轉移。有這樣的對象，才這樣稱謂；沒有這樣的對象，就不這樣稱謂。這不像說假話。列舉「美」的名稱，稱謂這種狀況，是因爲這種狀況本來「美」，這叫眞實稱謂。這種狀況本來「不美」，不能用「美」稱謂，如果這樣，則是虛假稱謂。

「謂而固是」，是墨家用古漢語總結的與同一律相當的第一個名詞、術語和表達方式，意思是稱謂、陳述要保持其固定的所指。《經說上》第八一條說：「所以謂，名也。」即用來稱謂的，是名。名即語詞、概念。《廣韻》說：「謂，言也。」言即辭，指語句、命題。《廣雅》說：「謂，說也。」說，指解說、推論。廣義地理解，中國古代邏輯概括的思維表達形式「名辭說」，都是「謂」，我把「謂」翻譯爲稱謂、陳述。「固」，即固定、同一。「是」，指這個，是用古漢語指示代詞，充當變項，指代任一對象。

「謂而固是」的名詞、術語和表達方式，要求保持語詞含義即概念的確定性，是邏輯語義同一律的一種表達。無獨有偶，令人感到奇妙的是，墨家學派著作《墨經》總結同一律的提法「謂而固是」所舉的「美」和「非美」的實例，正好與名家學派著作《尹文子》所載齊國黃公「以美爲非美」的故事暗合。

《尹文子》說：齊有黃公者，好謙卑。有二女，皆國色。以其美也，常謙辭毀之，以爲

「醜惡」。「醜惡」之名遠布，年過而一國無聘者。衛有鰥夫，時冒娶之，果國色。然後曰：「黃公好謙，故毀其子，妹必美。」於是爭禮之，亦國色也。國色，實也；「醜惡」，名也：此違名而得實矣。

即齊國黃公，有一個毛病，過分謙卑。謙卑本是人的長處，但過分謙卑，則變爲缺陷。他有兩個女兒，都有國色之姿。正因爲黃公兩個女兒長得美，他就經常用過分謙卑的言辭，詆毀女兒，說兩個女兒長得「醜惡」。兩個女兒長得「醜惡」的壞名聲，四處遠揚，於是過了適於結婚的年齡，遍齊國都沒有人敢娶。衛有位「老而無妻」的鰥夫，冒著妻子長得「醜惡」的壞名聲，娶黃公大女兒爲妻，一看竟是國色，於是就跟別人說：「我岳父黃公有過分謙卑的毛病，所以他故意詆毀自己女兒，說女兒長得『醜惡』，那麼黃公二女兒一定也很美。」於是人們都爭著娶黃公的小女兒，果然也是國色。「國色」是反映實際狀況的眞實名稱，「醜惡」是故意歪曲實際狀況的虛假名稱。這是違反「醜惡」的虛假名稱，卻得到「國色」的眞正實際。

齊國黃公偷換概念，以「美」爲「醜」，爲「非美」，違反「謂而固是」的邏輯語義同一律。《墨經》講述邏輯語義同一律的條文，以「美」和「非美」爲例，與齊國黃公「以美爲非美」的故事用詞相同，寓意相通，由此可以窺見中國古代邏輯產生發展的機理，從具體的思維藝術，升華概括爲抽象的邏輯知識。

廣義的邏輯學，對應於指號學的三個領域：第一，語義學，研究指號與對象的關係，是語言意義指謂作用的理論；第二，語用學，研究指號與使用者的關係，是語言實際應用的理論；

第三，語法學，研究符號與符號的關係，是語言邏輯結構的理論。

古代邏輯是廣義的邏輯，是指號學意義上的語義邏輯。古聖先哲熱烈討論名實關係，是廣義的邏輯語義學的論爭。古代邏輯沿語義學的方向發展，用名實關係、言詞與對象關係的形式表現出來。古代邏輯的語義學方向，是由語言的結構決定的。以名即語詞概念為中心，用漢字固定概念，關注言詞指示對象的關係，必然沿語義學的方向發展。狹義邏輯，是亞里斯多德開創的語法學方向。亞里斯多德使用以主項為中心的希臘語，探索主謂式命題構成的三段論，走上以三段論為中心的邏輯。名家著作《尹文子》所載齊國黃公「以美為非美」的故事和墨家「謂而固是」的理論總結，都是圍繞名實關係，從語義學的角度，體現邏輯同一律的要求。

(二)「通意後對」：弄通對方意思再回答

墨家說：

通意後對，說在不知其孰謂也。（《經下》）問者曰：子知「羈」乎？應之曰：羈何謂也？彼曰：「羈，旅。」則知之。若不問「羈何謂？」徑應以「弗知」，則過。（《經說下》）

釋文：弄通對方意思再回答，論證的理由在於，不通意就不知道對方究竟說什麼。例如對方問：

「你知道『羈』嗎？」我應該先回：「你說的『羈』是什麼意思？」對方進一步說：「我說的『羈』，是旅居在外的意思。」即暫時羈留他鄉。這樣我就知道了。如果不問「你說的『羈』是什麼意思？」就直接回答說「不知道」，這是交流不充分的過錯。

一詞多義，是常見的現象。「羈」是多義詞。第一指「馬籠頭」。《說文》：「羈，馬絡頭也。從網、從馬、從革。」曹植《白馬篇》說：「白馬飾金羈。」「羈」又指將馬籠頭套在馬頭上。司馬遷《報任安書》說：「僕少負不羈之才。」成語有「放蕩不羈」。「羈縻」指拘留、束縛。文天祥《指南錄後序》說：「予羈縻不得還。」「羈」還指籠絡。《史記．武帝本紀》說：「天子益怠厭方士之怪語矣，然終羈縻弗絕。」第二，指寄居在外。《史記．陳杞世家》說：「羈旅之臣，幸得免負擔。」或指寄居在外的人。《左傳．昭公七年》說：「單獻公棄親用羈。」這裡用「羈」作爲典型案例分析，能夠代表語言交流交際中的一般情況。

因一詞多義導致語言交流障礙的典型事例，還有「周鄭異璞」的故事。《尹文子》說：「鄭人謂玉未理者爲『璞』，周人謂鼠未臘者爲『璞』。周人懷『璞』謂鄭賈曰：欲買『璞』乎？」鄭賈曰：「欲之。出其『璞』視之，乃鼠也，因謝不取。」

即鄭國人把未加工的玉石叫做「璞」，周國人把未臘制的老鼠肉叫做「璞」。在市場上，周國人懷揣新鮮老鼠肉，問鄭國商人說：「想買璞嗎？」鄭國商人以爲周國人說的「璞」是玉石，立即說：「想買！」周國人掏出懷揣的新鮮老鼠肉，遞給鄭國商人說：「給你！」鄭國商人不想買老鼠肉，但已經承諾要買周國人的「璞」，又單方撕毀協議，只好向周國人道歉說：「對不起，我只想買玉石的『璞』，不想買老鼠肉的『璞』。」他們雙方對於什麼是「璞」的定義和看法不同，最後商人拿出來的東西和買方所想的不同，所以買方就失諾了。這是對語詞概念理解不一致造成的誤會。

針對「以鼠爲璞」之類的誤會，爲解決語言交際中概念混淆的問題，墨家提出「通意後對」的原則。墨家對「通意後對」交際原則的解釋，涉及語言的多義性。事物存在和社會生活的複雜多樣性，決定語言的複雜多義性。在對話、辯論中如果不先「通意」，會出現「答非所問」的現象，妨礙成功、有效的交流，導致無謂的紛爭。當時常見用語言的多義性玩弄詭辯的現象，墨家提出「通意後對」原則，予以矯正。墨家提出的「通意後對」原則，是同一律在語言交際中的應用，是「謂而固是」之外的又一次概括。

劉向《別錄》載鄒衍（前三〇五～前二四〇）說：「辯者別殊類使不相害，序異端使不相亂，抒意通指，明其所謂，使人與知焉，不務相迷也。」詭辯家「引入聲使不得及其意」的詭辯現象，有害「大道」，是「繳言紛爭」的根源。鄒衍這一番話，從思維規律的角度，揭示辯論的實質，是針對公孫龍「白馬非馬」的詭辯而發，也有一般反詭辯的意義。

(三)「彼止於彼」：A是A

《墨經》以古漢語爲元語言工具，對同一律做出元理論概括，說「彼止於彼」，相當於「A是A」。墨家《經說下》一六九條概括「正名」，即矯正概念的規律是：

正名者：彼彼此此可：彼彼止於彼，此此止於此。彼此不可彼且此也。彼此亦可：彼此止於彼此。若是而彼此也，則彼亦且此此也。（《經說下》）

釋文：「正名」（矯正概念）的規律，有三種情況。第一，「彼彼此此可」：那個「彼」之名，要確定地指稱「彼」之實；這個「此」之名，要確定地指稱「此」之實。第二，「彼此不可」：「彼此」的集合概念，不能僅單獨地指稱「彼」之實或「此」之實。第三，「彼此亦可」：「彼此」的集合概念，要確定地指稱「彼此」的集合體。如果「是」與「彼此」的不同概念可以混同，那麼「彼」與「此此」的不同概念也可以混同，這當然是不對的。

其中關鍵的公式是：

彼止於彼。

此止於此。

彼此止於彼此。

這裡用古漢語指示代詞「彼」、「此」和「彼此」，充當元語言的邏輯變項，指代任意概念，把它替換爲元語言的英文字母A、B和AB，意思不變。以古漢語詞「止於」作元語言的邏輯常項，意思是專指、等同，將其替換爲數學符號「＝」，意思不變。於是，《墨經》對同一律的元邏輯概括，可以替換爲如下運算式：

A＝A

B＝B

AB＝AB

《經說下》一六八條所舉的實例是，「牛不非牛，馬不非馬」，即「牛是牛」，「馬是馬」。同理可以說「牛馬不非牛馬」，即「牛馬是牛馬」。可以替換爲如下運算式：

牛＝牛

馬＝馬

牛馬＝牛馬

同一律的規定是，在同一思維過程中，每一思想（概念或命題）與自身同一，保持一貫性、一致性、確定性。其公式是：A是A，或A＝A。A指任一概念或命題，對前面所舉的例子而言，如「美女是美女」，「醜女是醜女」，二者不能混同。「玉石之璞是玉石之璞」，「鼠肉之璞是鼠肉之璞」，二者不能混同。

墨家把「彼止於彼」等類似同一律的規定，叫「正名」，即矯正概念的規律。「正名」是孔子率先提出的正確運用語言的口號，戰國諸子百家就此進行長期爭辯。《經說下》第一六九條用古漢語的元語言工具，把「正名」的元邏輯規律概括為「彼止於彼，此止於此，彼此止於彼此」，相當於用自然語言說「彼是彼，此是此，彼此是彼此」，或用數學語言說「彼＝彼，此＝此，彼此＝彼此」。

戰國後期名家學派的著名代表公孫龍，也有類似概括。《公孫龍子．名實論》說：「以其所正，正其所不正。不以其所不正，疑其所正。其正者，正其所實也。正其所實者，正其名也。其名正，則唯乎其彼此焉。謂彼而彼不唯乎彼，則彼謂不行。謂此而此不唯乎此，則此謂不行。其以當，不當也。不當而當，亂也。故彼彼當乎彼，則唯乎彼，其謂行彼。此此當乎此，則唯乎此，其謂行此。其以當，而當也。以當而當，正也。故彼彼止於彼，此此止於此，可。彼此而彼且此，此彼而此且彼，不可。」

即以「正」為標準，糾正不合標準。不以不合標準，懷疑合標準。「正」是矯正實。矯正實，是「正名」。名正確，那麼彼此的名，就確定地指謂彼此的對象。說「彼」的名，而不專指彼的對象，則「彼」的稱謂就行不通。說「此」的名，而不專指此的對象，則「此」的稱謂就行不通。如果認爲這樣恰當，就不恰當。不恰當而認爲恰當，是混亂。所以那個「彼」的名，就要恰當地指謂彼的實，而專指彼的實，這樣「彼」的稱謂就行得通。這個「此」的名，就要恰當地指謂此的實，而專指此的實，這樣「此」的稱謂就行得通。如果認爲這樣恰當，就恰當。以恰當爲恰當，是正確。所以，那個「彼」的名要專指「彼」的實，這個「此」的名要專指「此」的實，這是成立的。如果「彼此」的名（集合概念），單獨地指稱「彼」的名（元素概念），或單獨地指稱「此」的名（元素概念）、「此彼」的名（集合概念），單獨地指稱「此」的名（元素概念），或單獨地指稱「彼」的名（元素概念），這是不成立的。同一律比較，見表十一。

表十一　同一律比較

墨經	彼止於彼	此止於此	彼此止於彼此
公孫龍	彼止於彼	此止於此	彼此止於彼此
邏輯	A＝A	B＝B	AB＝AB
實例	牛＝牛	馬＝馬	牛馬＝牛馬

《經說下》一六九條說：「彼此不可彼且此也。」可以替換爲如下運算式：AB≠A，並且

AB≠B。例如：牛馬≠牛，並且牛馬≠馬。《經說下》一六八條說：「若是而彼此也，則彼亦且此此也。」可以替換爲如下運算式：若C=AB，則A=BB。例如：若羊=牛馬，則牛=馬馬。這是用歸謬法論證同一律的正確性。

同一律歸謬論證，見表十二。

表十二 同一律歸謬論證

《墨經》表達	彼此不可彼且此也	若是而彼此也，則彼亦且此此也
邏輯表達	AB≠A，並且AB≠B	若C=AB，則A=BB
實例	牛馬≠牛，並且牛馬≠馬	若羊=牛馬，則牛=馬馬

二、矛盾律

《墨經》對矛盾律的元概括，是「不俱當」：

辯，爭彼也。（《經上》）

或謂之牛，謂之非牛，是爭彼也。是不俱當。不俱當，必或不當。（《經說上》）

釋文：辯論是針對同一對象（彼）所發生的一對矛盾命題的爭論。如一人說：「這個動物是牛。」另一人說：「這個動物不是牛。」這是針對同一物件（彼）所發生的一對矛盾命題的爭論。一對矛盾命題，不能同眞。既然不能同眞，則必有一假。

《墨經》用元語言的語法概念，包括否定詞「不」、全稱量詞「俱」、特稱量詞「或」、模態詞或必然推出關係「必」、語義概念「當」和「不當」（相當於眞、假），對矛盾律做出理論概括。這是《墨經》用古漢語的元語言工具，對當時辯論實踐的第一層次元理論概括。

我們進一步，把「這個動物是牛」和「這個動物不是牛」兩個矛盾命題，分別表示為P和$\neg P$，讀爲P和非P。把「不俱當，必或不當」，表示爲：$\neg(P \wedge \neg P) \rightarrow (P \vee \neg P)$，讀爲：並非「P」和「非P」同眞，則或「P」眞，或「非P」眞，即「P」或「非P」必有一假。這是用現代科學語言，對墨家辯學的第二層次元理論分析。

《墨經》用「這個動物是牛」和「這個動物不是牛」兩個矛盾命題「不俱當」的方式表示矛盾律。矛盾律的公式是：$\neg(P \wedge \neg P)$。讀作：並非P並且非P。對矛盾命題「P」和「非P」不能同時都肯定。

矛盾律的意思是，對任一命題P，不能既肯定又否定；不能同時斷定一對矛盾命題或反對命題；任一語言運算式，不能既具有又不具有語義P。違反矛盾律的規定，思維表達會陷於混亂，發生邏輯錯誤。違反矛盾律的邏輯錯誤，是自相矛盾，即同時肯定一對矛盾或反對命題。其形式是：$P \wedge \neg P$ 讀作：P並且非P。這是矛盾式、永假式。

墨家表述的矛盾律，同亞里斯多德是一致的。亞氏認爲，矛盾律是「一切原理中最確實的原理」，「一切原理中最無可爭議的原理」，是「不證自明」的「眞理」。他把矛盾律表述爲：「對立的陳述不能同時爲眞」，或「相反論斷不能同時爲眞」。《墨經》舉例「這個動物是牛」和「這個動物不是牛」，就是亞里斯多德說的「對立的陳述」、「相反論斷」。《墨經》概括的矛盾命題眞價值規律「不俱當」，就是亞里斯多德說的「不能同時爲眞」。

《墨經》通過實例分析，把矛盾律理解爲兩個矛盾命題、判斷或語句的關係。亞氏除了有時理解爲兩個「對立的敘述」或「相反論斷」的關係，確認爲思維、認識、表達的規律之外，在更多場合，主要是把矛盾律理解爲事物的規律，本體論、存在論的規律，導致把邏輯的具體科學規律與哲學世界觀的普遍規律混爲一談。墨家對矛盾律的概括，是思維論辯的規律，不是事物的規律，本體論、存在論的規律。這是墨辯矛盾律表述的特點。

矛盾命題「a是牛」和「a不是牛」（＝「a是非牛」）的謂項「牛」和「非牛」，是其鄰近屬概念「動物」下屬的一對矛盾概念，它們內涵不同，外延互相排斥。一個動物a「是牛」就不能又「是非牛」，「是非牛」就不能又「是牛」。矛盾命題「a是牛」和「a是非牛」的眞值規律，必然是「不俱當」，即不能同眞。

矛盾律適用於反對命題，反對命題的眞值規律是不能同眞。同時肯定一對反對命題，違反矛盾律。如《經說下》第一三六條說：「或謂之牛，其或謂之馬也，俱無勝。」反對命題「a是牛」和「a是馬」的謂項「牛」和「馬」，是其鄰近屬概念「動物」下屬的一對反對概念，它們內涵不同，外延互相排斥。一個動物a「是牛」就不能同時又「是馬」，「是馬」就不能同時又「是牛」。反對命題「a是牛」和「a是馬」的眞值規律，必然是「不俱當」，即不能同眞。

不同的是，矛盾命題是必有一假，反對命題是至少有一假，也可以同假。「俱無勝」指可以同假，如事實上動物a是狗，則說「a是牛」和「a是馬」同假。矛盾律適用於反對命題的另外一個理由，是從反對命題中可引申出矛盾命題。例如說「a是馬」，等於說「a不是牛」，與「a是牛」構成矛盾。說「a是牛」，等於說「a不是馬」，與「a是馬」構成矛盾。

同一律與矛盾律，是從不同側面要求保持思維的確定性、一貫性。同一律是從正面、積極的一面，要求保持思維的確定性，其公式是：「P是P」、「非P是非P」。就這裡所說的例子而言，即「牛是牛」、「非牛是非牛」。矛盾律是從反面、消極的一面，即從排除矛盾的方面，要求保持思維的確定性，其公式是：「P不是非P」、「非P不是P」。就這裡所說的例子而言，即「牛不是非牛」、「非牛不是牛」。

三、排中律

《墨經》對排中律的元概括，是「或是或非」，展開說，即「或謂之是，或謂之非」。用現在的話解釋，即對任一個體x而言，或者說「x是y」，或者說「x非y」（等於說「x不是y」）。如果既肯定「x是y」又肯定「x非y」，這是「自相矛盾」，是違反矛盾律。如果既否定「x是y」又否定「x非y」，這是「矛盾兩不可」，是違反排中律。

下面解釋「或謂之是，或謂之非」這句話在《墨經》中出現的整個語境，即上下文：

> 謂辯無勝，必不當，說在辯。（《經下》）
>
> 所謂非同也，則異也。同則或謂之狗，其或謂之犬也。異則或謂之牛，其或謂之馬也。俱無勝。是不辯也。辯也者，或謂之是，或謂之非，當者勝也。（《經說下》）

釋文：辯論必須是雙方針對同一主項x，一方說x是y，另一方說x不是y，其中正確的一方是勝利的一方，不正確的一方是失敗的一方。如果爭論的論題都不成立，「俱無勝」，這不叫辯論。

如甲說「x是牛」，乙說「x是馬」，這是關於同一主項的反對命題之爭，「牛」和

「馬」是同一概念「動物」下屬的一對反對概念，二者沒有窮盡「動物」概念的外延，在反對概念「牛」和「馬」之外，還有其他許多中間的可能，如是羊、是狗等。墨家說：「辯，爭彼也。」（《經上》）「或謂之牛，或謂之非牛，是爭彼也。是不俱當。不俱當，必或不當。」（《經說上》）辯論的一方說「x是牛」，另一方說「x非牛」，這種爭論，是關於同一對象「一是一非」的矛盾命題之爭，這才是辯論。

《墨經》指出，矛盾命題的眞値規律，分爲兩個方面。第一，矛盾命題不能同眞，必有一假，即《墨經》說「不俱當，必或不當」，這是關於矛盾律的規定；第二，矛盾命題不能同假，必有一眞，即《墨經》說「謂辯無勝，必不當」，「俱無勝，是不辯也，辯也者，或謂之是，或謂之非，當者勝也」，這是關於排中律的規定。

排中律的表達，可以有許多種。第一種，《墨經》的說法，「或是或非」，展開說，即「或謂之是，或謂之非」。第二種，是我剛才的解釋，即對任一個體x而言，或者說「x是y」，或者說「x非y」。這是一元謂詞邏輯的解釋。第三種，令「x是y」爲命題「P」，「x不是y」爲命題「¬P」（讀爲「非P」），則把排中律表示爲$P \lor \neg P$，讀爲P或非P。這是命題邏輯的解釋。第四種，矛盾命題不能同假，必有一眞，這是自然語言的解釋。排中律，見表十三。

表十三　排中律

排中律公式	或是或非
謂詞邏輯解釋	x是y，或x不是y
命題邏輯解釋	$P \vee \neg P$（讀爲P或非P）
自然語言解釋	矛盾命題不能同假，必有一眞
實例	這個動物是牛，或不是牛
邏輯錯誤	矛盾兩不可

排中律的規定，即內容，是「矛盾命題不能同假，必有一眞」。比如，這是桌子，這不是桌子，這是一對矛盾命題，不能同假，必有一眞。這叫二值邏輯。

就一個動物個體而言，要麼是牛，要麼不是牛，必然在這個範圍之內。這個範圍叫做論域，這個論域把所有的「眞」都列舉窮盡了。除了牛、非牛，沒有第三種可能性。所謂排中律的「排中」，指排除第三種可能。或者是牛是眞的，或者不是牛是眞的。「眞」，就是一種斷定，或叫「眞值」，是從數學上借用的概念，「值」就在牛與非牛這兩個當中。以上述爲例，是牛的話，這個非牛就是假的；是非牛的話，這個牛就是假的。眞只存在於這兩種可能性當中，這就是「排中」的意思。因此公式爲$P \vee \neg P$，讀作P或非P。

《墨經》解釋排中律時，批判一種論點，就是莊子的「辯無勝」，意思是「辯論沒有勝負可言」。在矛盾命題當中，都不表態，這違反排中律。這個動物是牛，這個動物不是牛，認爲二者都不對，就是辯無勝，也就是爭論、辯論，兩種矛盾見解都沒有眞理可言，沒有眞值可言。《墨經》說「必不當」，指矛盾命題的爭論沒有勝利，沒有眞理可言，必然不恰當。而「說在辯」，即論證的理由在於，要清楚「辯論」本身，辯論的本質是什麼。辯論的本質，就是指辯論的矛盾命題，哪個爲眞。不能兩個都眞，如果兩個都爲眞，就是自相矛盾。也不能兩個都不眞，如果兩個都不眞，就是在迴避矛盾命題的明確斷定，是違反排中律的。這段話，就是在批評「辯無勝」，也是批判違反排中律的見解。而「辯也者，或謂之是，或謂之非，當者勝也」，是說辯論的結果，必然在矛盾命題當中，要麼是，要麼非，只有是非兩種可能。以一個動物的個體來說，要麼是牛，要麼不是牛，沒有第三種可能性。

就簡單直言命題而言，排中律的「排中」，即排除對同一主項肯定和否定之外的任何中間可能。亞里斯多德說：「在兩個互相矛盾的謂項之間，沒有第三者，我們必須或者肯定或者否定某個主項有某個謂項。」如「或謂之牛，或謂之非牛」關於同一主項的矛盾命題，不能同時都否定，必須肯定其中之一。針對同一動物x，甲說「x是牛」，乙說「x不是牛」，「牛」和「非牛」是同一概念「動物」下屬的一對矛盾概念，二者窮盡了「動物」概念的外延，x不在「牛」中，就在「非牛」中，不在「非牛」中，就在「牛」中，排除矛盾概念「牛」和「非牛」之外的任何中間可能。

排中律不適用於反對命題，因爲反對命題可以同假，允許對二者都否定，不肯定其中之一。排中律只適用於矛盾命題，因為矛盾命題不能同時都否定，必須肯定其中之一。排中律從要求思維的明確性方面，保證思維的確定性。對矛盾命題P和非P，不能同時都否定，必須肯定其中之一。在只有真和假的二值邏輯系統中，排中律無條件成立。排中律的作用，是保證在二值邏輯系統中，畫定真命題所存在的範圍。

就簡單直言命題而言，真命題存在於對同一主項肯定或否定同一謂項的矛盾命題中。根據排中律，對同一主項肯定或否定同一謂項的兩個矛盾命題，不能同假，必有一真。不能二者都否定，必須肯定其中之一。排中律畫定真命題存在的範圍，就在矛盾命題中。

違反排中律的邏輯錯誤，是「矛盾兩不可」，即認為命題P「不可」，矛盾命題非P「亦不可」。對矛盾命題P和非P都否定，而不肯定其中之一。其形式如$\neg P \wedge \neg P$，讀為非P並且非非P。如《墨經》中有一段辯論說：「『牛馬非牛也』未可，『牛馬牛也』未可。」（以上為引辯論對方語）則或可或不可。而曰「『牛馬非牛也』未可，『牛馬牛也』未可」亦不可」，則是墨家否定的違反排中律的「矛盾兩不可」的邏輯錯誤。墨家認為，「牛馬」是一集合概念，集合不等於元素，所以「牛馬非牛」的命題是正確的。「牛馬牛也」的命題，把集合與元素等同，是不正確的。而對方對「牛馬非牛也」和「牛馬牛也」一對矛盾命題，都說「未可」，都否定，而不肯定其中之一，則違反排中律，犯「矛盾命題模棱兩不可」的邏輯錯誤。

同一律保證思維的確定性。x「是牛」，就「是牛」，是確定性。矛盾律保證思維的一貫性。一會兒說「x是牛」，馬上又說「x不是牛」，思維沒有保持一貫性，自相矛盾。排中律保證思維的明確性。要麼「x是牛」，要麼「x不是牛」，其中必有一個是眞的，這就是明確性。明確確定「眞」存在於矛盾命題裡的一個，矛盾命題裡的一個必然爲「眞」。不能兩個都是假的，要明確斷定矛盾命題中一個是眞的。

同一律保證思維確定性，是從正面說。矛盾律保證思維一貫性，是從反面說。而排中律與矛盾律，也爲一正一反。矛盾律從正面說，肯定牛和非牛是「自相矛盾」。排中律從反面說，否定牛和非牛是「矛盾兩不可」。從正面肯定兩個矛盾命題，違反矛盾律，是自相矛盾；從反面否定兩個矛盾命題，就是在矛盾命題裡的兩方都反對，違反排中律，是不明確斷定矛盾命題的一個。

《明史》卷二百三十五說：「今言者不論是非，被言者不論邪正，模棱兩可。」明高攀龍《高子遺書》卷十一說：「是曰是，非曰非，不爲模棱也。」即說話要論是非，如果不論是非，不論邪正，就是模棱兩可，就是違反排中律。「是」就是「是」，「非」就是「非」，在「是」與「非」當中，不能模棱兩可，這也是在說排中律。矛盾命題一定要肯定一個，不能兩個都否定。如就一動物個體x來說，「是牛」就「是牛」，「非牛」就「非牛」，這是同一律。而「模棱」（模棱兩可），是對「是非」二者都否定，就一動物個體x來說，說「是牛」否定，說「非牛」也否定，這是「矛盾兩不可」，違反排中律的規定。

同一律、矛盾律和排中律三者是一致的，是同一件事情的不同方面，是對同一事件從不同角度看。在「牛」與「非牛」這對矛盾命題中，同一律是說，牛就是牛；矛盾律是說，牛是牛，就不能又是「非牛」，不能兩個都肯定；排中律是說，或者是牛，或者不是牛，只有這兩種可能性，不能兩個都否定，必須斷定一個。

「模棱兩可」，是在矛盾見解中，「這個也可，那個也可」，或者「這個也不可，那個也不可」，二者是等值的，可以互相推出。「模棱兩可」，也即「兩不可」，就是對矛盾的見解，兩個都不表態。「模棱兩可」或「兩不可」，是違反排中律要求邏輯錯誤的代表性術語。

四、充足理由律

《大取》說：

> 語經：三物必具，然後足以生。夫辭以故生，以理長，以類行也者。立辭而不明於其所生，妄也。今人非道無所行，雖有強股肱，而不明於道，其困也，可立而待也。夫辭以類行者也。立辭而不明於其類，則必困矣。

孫詒讓注：「語經者，言語之常經也。」「語經」即思維表達的基本規律。沈有鼎說：「『辭以故生，以理長，以類行』十個字替邏輯學的原理作了經典性的總括。」「辭以故生，以理長，以類行」，三者齊備，論題才能必然推出，這是充足理由律的古漢語表述。《荀子．非十二子》有「持之有故，言之成理」的慣用語，堅持論題有理由，推論過程有條理，這是對充足理由律更簡明的規定。

㈠辭以故生：持之有故

論題憑藉充足理由而產生，無充足理由是虛妄。作爲充分條件的「故」，具有必然推出論題的性質。《經說上》第七十八條說：「溼，故也，必待所爲之成也。」如說「因爲天下雨了，所以地溼了」，「天下雨」的「故」（原因、理由、根據），必然推出「地溼」的結論。作爲充分必要條件的「故」，具有「有之必然，無之必不然」的必然性。如說「由於不具備見物的條件，所以不能見物」，作爲必要條件的「故」（部分原因），就「無之必不然」，或「非彼必不有」說，也具有必然性。又如說「只有對象在眼前，才能看見」，可以改說爲「因爲對象沒有在眼前，所以不能看見」，這是把必要條件的運算式，改寫爲充分條件的運算式，其必然性顯然。分析事物的因果關係，列出論題之所以成立的充足理由，是推論的實質和功能。做到這一點，論題的成立，就有必然性，毋庸置疑。《經說上》第八四條說：「必也者可勿疑。」

《經下》第一三三條說：「無說而懼，說在弗必。」《經說下》舉例解釋說：「子在軍，不必其死生。聞戰，亦不必其死生。前也不懼，今也懼。」即沒有論證解的充分理由就恐懼，論證的理由缺乏必然性。例如，兒子在軍隊，不能必然斷定他的生死。聽到戰鬥的消息，也不能必然斷定他的生死。從前不恐懼，現在卻恐懼，這是不合道理、沒有必要的。

與「辭以故生」類似的說法，還有幾種。如「辯其故」（《墨子．兼愛中》），即辨明理由；「明其故」（《墨子．非攻下》），即辨明理由；「無故從有故」（《墨子．非儒》），即沒有理由的服從有理由的；「辯則盡故」（《荀子．正名》），即證明、反駁全面列舉理由；「問其故」（《呂氏春秋．察今》），即問明理由。

(二)辭以理長：言之成理

推論過程有條理，順理成章，推理形式正確。《大取》用「道」（人走的路）來比喻「理」。人走路，不知「道」在哪裡，即使腿腳強勁，也會立刻遭到困難。宋朱熹詠《道》詩：「如何率性名爲道，隨事如由大路行。欲說道中條理具，又將理字別其名。」

「道」如大路，道中有理，「道理」即條理、規律。《墨經》中道理、方法、法則、效法等詞意近，可互相解釋。《大取》以「故、理、類」三範疇相提並論，《小取》以「故、方、類」三概念相提並論，說明「理」（道理）與「方」（方法）可互相替換。《經上》第七一條說：「法，所若而然也。」法則是遵循著它就可以得到預期結果的東西。用「圓，一中同長也」的法則，用「規寫交」（用圓規畫閉曲線）的方式，可以畫出標準的圓形。《小取》說：「效者，爲之法也。所效者，所以爲之法也。故中效則是也，不中效則非也。此效也。」「效」就是提供標準的法式、形式、方法、方式，以作爲效法、模仿的對象。這種效法、模仿，即「套公式」。在數學計算和邏輯推演中，「套公式」是基本操作模式。正確「套公式」，就是進行正確的演繹推理。《大取》談到「強」（牽強論證，強詞奪理）的邏輯錯誤。

(三)辭以類行

推論過程符合類別關係。類是事物性質決定的同異界限範圍。《經說上》第八十七條說：「有以同，類同也。」第八十八條說：「不有同，不類也。」「辭以類行」，即同類相推。推論過程混淆事物類別，立即會遭到困難。《小取》提出「以類取，以類予」，即尋找例證進行證明、反駁，要符合事物類別關係。

《莊子．天下》載辯者有「白狗黑」的詭辯論題，違反「辭以類行」（同類相推）的規則。晉司馬彪解釋「白狗黑」的詭辯說：「狗之目眇，謂之眇狗。狗之目大，不曰大狗。此乃一是一非。然則白狗黑目，亦可爲黑狗。」狗的眼睛瞎，叫做瞎狗。狗的眼睛大，不叫大狗。因爲瞎指眼而言，大指形體而言。而白狗的眼睛黑，同樣指眼而言，而非指形體。所以，與「狗之目大，不曰大狗」相類比，說「白狗黑目，不曰黑狗」，是正確的。因爲「目大」、

「黑目」均指眼睛而言，「大狗」、「黑狗」均指形體而言。而與「狗之目眇，謂之眇狗」相類比，說「白狗黑目，亦可爲黑狗」，是錯誤的。因爲「眇狗」（瞎狗）特指眼睛而言，而「黑狗」卻是泛指形體而言。「白狗黑」是強詞奪理的牽強論證。

與「辭以類行」類似的說法，還有：「知類」（《墨子·公輸》），即知道類別；「異類不比」（《墨子·經說下》），即不同類不相比；「察其類」（《呂氏春秋·審分》），即審查類別；「推類而不悖」（《荀子·正名》），即以類相推不矛盾；「負類反倫」（《列子·仲尼》），即混淆類別，違反常理。

東漢王充《論衡·薄葬》說，「論莫定於有證」、「空言虛詞」、「人猶不信」。《知實》說，「凡論事者，違實不引效驗」，「衆不見信」。《奇怪》說：「言之有頭足，故人信其說。」宋呂祖謙《左氏博議》卷十說：「持之有故也，舉之有證也，辯之有理也，無惑乎傾天下而從之也。」論證符合充足理由律，必然能獲得天下人的信從。這些論述已經普及流傳於今天，對思維表達起著普遍的規範制約作用。

充足理由律規定，論證論題的成立，必須有充足理由。所謂充足理由，第一，論據要眞實。這是對論證內容的要求。違反這一要求的錯誤，叫「理由虛假」。第二，從論據能必然推出論題。這是對論證形式的要求。違反這一要求的錯誤，叫「推不出來」。

第四章　科學精神：求故明法重理性，求眞務實重實證

引言：科學之意義

科學是用範疇和定理的形式，反映事物本質與規律的知識體系。「科學」一詞的英文Science，來源於拉丁文Scientia，即知識、學問。科學理論是實踐經驗和應用技術的總結，其精確性、系統性和嚴密性有一個由少到多、由量變到質變的積累發展過程。古代科學多經驗、技術性描述，理論形態是樸素、初步的，不夠精確、系統和嚴密。

一五世紀，以義大利爲中心的文藝復興運動，爲近代科學的發展開闢了道路。波蘭天文學家哥白尼（一四七三～一五四三）首先舉起科學的大旗，在一五一〇至一五一四年撰寫手稿，創立日心說，認爲太陽位於太陽系的中心，地球和其他行星圍繞太陽運轉，地球圍繞自轉軸自轉，月球圍繞地球運轉。

經過多年精心測算，哥白尼之說更趨完善。他的手稿在友人中流傳。經友人多方勸說，他在一五四三年彌留之際，同意出版不朽名著《天體運行論》。它衝破中世紀的神學教條，徹底改變了人類的宇宙觀，標誌近代科學的創立，被稱爲「哥白尼革命」。從此，科學從神學中解放，大踏步前進。

一七世紀科學迅速發展，分門別類，分學科合作研究，把技術能力和學術知識綜合起來，形成一系列有嚴密系統理論的獨立學科。二〇世紀以來科學發展更爲迅速，在各個領域形成龐大的學科群。

「科學」一詞從日本借來。一八七四年，曾留學荷蘭萊頓大學的日本學者西周（一八二九～一八九七），在《明六雜誌》用漢字把Science譯爲「科學」，即分科之學。一八九八年王國維在上海羅振玉創辦的東文學社，向日本人藤田豐八和田岡佐代學習日文、英文和西方科學知識。一八九九年王國維爲樊炳清譯、日本人著《東洋史要》作序說：「自近世歷史爲一科學，故事實之間，不可無系統。抑無論何學，苟無系統之知識者，不可謂之科學。」「余尤願讀是書者，就歷史上諸般之關係，以解釋東方諸國現時之社會狀態，使毋失爲科學之研究，乃可貴耳。」一九〇〇年王國維爲徐有成等譯、日本人著的《歐羅巴通史》作序說：「凡學問之事，其可稱科學以上者，必不可無系統。」王國維在中國最早明確使用「科學」一詞，指出有系統的知識爲科學。

英文Science通常指自然科學，強調在感官經驗基礎上的知識和判斷能力。科學一詞的德文Wissenschaft指一切有系統的學問，除自然科學外，還包括哲學、歷史學、語言學等。狹義的科學，指在實驗基礎上通過嚴密推理獲得的自然科學。廣義的科學指以特定範圍的事物爲研究對象獲得的系統知識，除自然科學外，還包括人文社會科學。

法國《百科全書》說，科學不同於常識。科學通過分類，尋求事物的條理。通過揭示事物的規律，說明事物。日本《世界大百科詞典》說，科學是認識的形態，是人們在漫長的社會生活中，所獲得和積累起來的現在還在繼續積累的認識成果，是知識的總體和持續不斷的認識活動本身。

科學是人類活動的範疇，其職能是總結人類知識，使之系統化，包含獲得新知的活動與活動的結果。《墨經》的科學智慧，概括萬象，濃縮已知，是中國古代一部微型的百科全書，體現了豐富深刻的科學精神。

《墨經》用精煉的語言，表達古代哲學、邏輯學、自然科學和人文社會科學的範疇、定理，加以簡單解釋、說明和論證。《經上》一〇〇條，是各門科學的範疇和簡單命題，《經說上》是對應的解釋和說明。《經下》八十三條，是各門科學定理和論證關鍵的提示。《經說下》是對應的說明和論證。

《墨經》科學智慧，是手工業技術的升華和生產經驗的總結。《墨經》把當時各種科學知識整合薈萃，但沒有如近代這樣分門別類。我按現代知識系統，把《墨經》一八三條知識內容分爲兩個層級：第一層級分爲「哲學和社會科學」與「自然科學」二類；第二層級把「哲學和社會科學」分爲「世界觀」、「認識論」、「邏輯學」、「方法論」、「歷史觀」、「經濟學」、「政治學」和「倫理學」八類，把「自然科學」分爲「數學」、「力學、物理學和簡單機械學」、「光學」和「心理學」四類。

在先秦諸子中，墨家最重視生產經驗、應用技術的理論總結和科學研究。由手工業工匠上升的墨家學者，有條件把當時的手工業生產經驗、應用技術，上升到科學理論。墨家的科學智慧以實踐經驗爲基礎，以邏輯論證爲手段，是實踐性和理論性的統一，是技術經驗和科學理論的結合。

墨家學者一身兼具經驗家、技術家、工匠和科學理論家的素質與品格。墨子熟悉當時的各種手工業生產技藝，會造車，善造守城器械。《韓非子．外儲說左上》載，墨子用三年時間做成「木鳶」，即木製老鷹，能使它飛到天上。他能做木製大車，「致遠力多，久於歲數」。《墨子》的《公輸》和《備城門》等十多篇文章記載，墨子教弟子造「守禦之器」，即守城器械，種類繁多，無奇不有，能供應全部守城的需要。墨家注意在生產中觀察實驗，如小孔成像實驗，光學投影實驗，罌聽聲學實驗等。墨家從世代相傳的手工技巧中探明原因，總結規律，提煉數學、力學、光學和簡單機械學知識，在中國科技史上留下光輝一頁。《魯問》載墨子說：「故所爲功，利於人謂之巧，不利於人謂之拙。」《經上》三十五條說：「功，利民也。」墨家主張從有利於人民生產和生活的目的出發，利用法則，製造器械。墨家從桔槔、轆轤、車梯等簡單機械中總結杠杆、斜面原理，設計製造各種器械，減輕勞動，提高效率。

英國學者李約瑟評價說：「墨家絕不猜疑人類理性，並且明白訂定可以成爲亞洲的自然科學之主要基本概念」；「墨家關於『規範思維』的論辯，可與當代科學模型（models）的邏輯討論正在進展的見解，具有強烈的類似。」他肯定《墨經》的界說，「具有奇特的現代氣味」，「這確已由現代科學的哲學家爲之重新發現與發展了」。[1]

胡適評價說：墨家「實有科學的精神」，「試看《墨辯》所記各種科學的議論，可以想見這種科學的方法應用」，「墨家論知識，注重經驗，注重推論。看《墨辯》中論光學和力學的諸條，可見墨家學者眞能做許多實地試驗。這是眞正科學的精神。」[2]梁啓超評價說：「在吾國古籍中，欲求與今世所謂科學精神相懸契者，《墨經》而已矣，《墨經》而已矣。」[3]

墨家科學智慧的第一要義是科學精神。墨家的科學精神，是貫穿在自然知識中的觀點和方法，是自然知識的統帥與靈魂。

第一節　求故明法重理性，因果規律探分明

一、求故：探求原因

「求故」是《墨經》的原話，就是探求原因。《經上》第九十六條說：「巧傳則求其故。」即對於代代相傳的手工業技巧，要探求其原故。這句話透露出《墨經》科學智慧形成的機理。什麼是「巧傳」？就是代代相傳的手工業技巧。墨家要求對世代相傳累積的手工業技術要「求其故」，探求原因，把握因果聯繫，不僅要「知其然」，確定事實、結果，還要「知其

所以然」，深刻認識原因、本質和規律。

《小取》說：「其然也，有所以然也。」「然」是現象、事實、結果、目的、宗旨。「然」在古漢語中用作指示代詞。楊樹達《詞詮》釋「然」的義項之一是：「指示代名詞，如此也。」《辭海》釋「然」的義項之一是：「如是；這樣。如：所以然；不儘然。」《論語·憲問》說：「其然，豈其然乎？」即是如此的嗎？難道眞是如此的嗎？

「所以然」，是原因、理由、根據、方法、途徑。《經下》一〇九條說：「物之所以然，與所以知之，與所以使人知之，不必同，說在病。」《經說下》說：「或傷之，（所以）然也。見之，（所以）知也。告之，（所以）使（人）知也。」萬物之「然」和「所以然」即結果和原因，是認知對象。「物之所以然」，在《經說下》被簡化爲「然」。「所以知之」是認識的途徑、方式、方法。「見」即觀察，是一種認識的途徑、方式、方法。「所以使人知之」，是思想交流、語言交際的媒介、手段。「告」即告訴，是一種交流、交際的媒介、手段。

確定「然」，即事實，要靠準確的觀察。對確定的事實，要用實然命題的形式表達。察知「所以然」，要借助聯想和分析。對因果的必然聯繫與規律性，要用必然命題的形式表達。「然」與「所以然」是兩件事，不是一件事。理性思維和科學認識的目的，是探求事物的因果必然聯繫和規律性。

《墨經》要求全面認識事物的「然」和「所以然」。知事物之「然」，即確認事實如何，用實然命題形式「P」表達。知事物之「所以然」，即確認原因、本質和規律如何，用必然命題形式「必然P」表達。把「然」和「所以然」，即前件和後件，用語言表達出來，就構成標誌事物因果規律的命題。如《墨經》的舉例說：「傷之，所以然也」，「溼，故也，必待所爲之成也。」即「受傷必然生病」、「有雨必然使地溼」。

二、明法：明確法則

「明法」也是《墨經》的原話，就是明確法則，知道規律。「法」本義是標準，引申爲方法、法則和規律。《法儀》載墨子說：「百工爲方以矩，爲圓以規，直以繩，正以縣，平以水。無巧工不巧工，皆以此五者爲法。巧者能中之，不巧者雖不能中，放依以從事，猶逾已。故百工從事，皆有法所度。」各種工匠製作方形器物要用矩尺，製作圓形器物要用圓規，畫直線要用拉緊的繩子，測定垂直要用懸垂，測定水準要用水平儀。無論工匠技術的巧拙，都要用這五種標準。靈巧的工匠能符合標準，笨拙的工匠雖不能完全符合標準，但依照這些標準做事，還是比隨心所欲辦事強得多。所以各種工匠做事，都有標準衡量。

《經說上》第九十七條說：「法取同，觀巧傳。」即概括共同法則的事例，可從代代相傳的各類手工業技術、技巧中觀察到。墨子從自身熟悉的各類手工業技術、技巧中，領悟到法則的概念。墨子率先使用「法則」、「方法」的語詞。《天志中》載墨子解釋《詩．大雅》「順帝之則」的「則」爲「法則」，並說：「匠人亦操其矩，將以量度天下之方與不方也，曰：中吾規者，謂之方，不中吾矩者，謂之不方。是以方與不方，皆可得而知之。此其故何？則方法明也。」「方法」一詞最初的含義是「爲方之法」。這是《墨經》自覺方法思想的實踐來源和資料前提。

《經上》第七十一至七十三條說：「法，所若而然也。循，所然也。說，所以明也。」《經說上》解釋說：「意、規、圓三也，俱可以爲法。然也者，民若法也。」即法則、規律，是人們遵循著它，而能得到確定結果的。

《墨經》用人的實踐行爲來定義「法」即「法則」的概念，這是發人深省的哲學思路。人類認識法則，貫穿於行動，能夠實現改造世界的目的，使客觀事物適合人的需要，按照人的意圖取得預期效果。《墨經》用人的實踐行爲來定義「法」的概念，說明科學認識的來源、實質、功用、趨向和檢驗標準，包括人類認識世界和改造世界的兩大任務。

法則、規律的概念很難定義，《墨經》用自己獨特的方式、簡練的語言，給出清楚、明白的定義。在《墨經》對「法」的定義中，主體是人，關鍵字是人的活動、行動、行爲、實踐。

「所若」，是指人順著、遵循著。《廣雅．釋言》：「若，順也。」《釋名．釋言語》：「順，循也。」「若」即遵循，指自覺實踐。《經說上》第八十一條定義說：「志行，爲也。」有意識的行動，叫自覺的實踐。然指結果，此處特指人遵循一定的法則行動所得到的結果、效果、產品。人按照、遵循著法則的規定「而然」，就是用生產勞動得出結果、製成品，就是行爲、勞動、生產有結果，這叫做「法」。就是人遵照規律辦事，達到預期結果，所遵照的這個東西，叫做「法」。這等於現在說的「規律」的定義。

《墨經》舉例解釋說，工匠畫圓，製作圓形器物，有三種方法。第一種方法，按照「意」，即圓的定義：「圓，一中同長也。」符合「一個圓心，同長半徑」的標準，就是圓。第二種方法，是用「圓規」儀器、工具畫圓。第三種方法，是模仿圓形實物畫圓，如模仿一個新臺幣五十元的金屬幣畫圓。按照圓的定義、用圓規、模仿圓形實物三種方法，都可以作爲畫圓的法則、規律，成功繪製標準的圓形。結果、製成品、生產的標準件，都是按照標準做出來的。

「然也者，民若法也」，「民」是人民，是生產活動的主體。「若」是順著、遵照、按照，按照規律辦事，做出結果。行動順著法則，遵循法則，就可以得到預期結果，做成合乎理想的產品。各種產品就是人民遵照法則、規律製作成的。

我們用這麼多話才把《墨經》用不多幾個字表達的三個條目講明白，說明《墨經》語言具有極端精煉濃縮的性質，《墨經》智慧具有可持續開發、永續研發的性質。

「方法」一詞希臘文的原意是「沿著道路」，《墨經》的定義是「所若而然」，即遵循法則，達到預期結果。二者含義相通，學理一致。《墨經》中「道」、「理」、「方」、「法」、「效」幾個詞可以互訓、互相解釋。

《大取》以「道」比喻解釋「理」。《大取》說「立辭三物」（建立論點的三範疇）是「故、理、類」，《小取》說「言多方、殊類、異故」，「方」即「理」。又說：「效者，為之法也。所效者，所以為之法也。故中效則是也，不中效則非也。此效也。」從當時百家爭鳴辯論和思維認識活動中概括出一系列方法、法則，可供效法、模仿、參照。「效」與「法」相關，是後世「效法」連用的肇始。

有效的方法，符合對象的客觀實際和固有性質，在實踐中能夠產生預期的結果，達到預期的目的。方法是把「自在存在」轉變為「自為存在」，把「非我之物」轉變為「為我之物」，把「非人工自然」轉變為「人工自然」，創造燦爛物質文明與精神文明的仲介和橋梁。《墨經》「所若而然」的方法思想，是其科學精神的重要表現，是極其寶貴的知識遺產。

三、重理性

墨子的認識論偏向經驗論，但墨子是傑出的學者、教育家和科學家，也提出了某些有深刻理性論意義的認識原則和方法，如「察類」、「知類」、「辯故」、「明故」。《非攻中》載墨子引「古語」發揮說：「謀而不得，則以往知來，以見知隱。謀若此，可得而知矣。」「以往知來」，是通過總結歷史，預知未來。「以見知隱」，是通過分析外在表現出來的現象，深入認知隱藏在現象內部的本質。

但墨子認識論的主要傾向是經驗論。他推崇「百姓耳目之實」，即勞動者的感官經驗。對感官經驗不加分析，盲目相信，會得出錯誤結論。《明鬼下》載墨子說：「天下之所以察知有與無之道者，必以衆之耳目之實，知有與亡爲儀者也，誠或聞之見之，則必以爲有，莫聞莫見，則必以爲無。若是，何不嘗入一鄉一裡而問之，自古以及今，生民以來者，亦有嘗見鬼神之物，聞鬼神之聲，則鬼神可謂無乎？」這是藉口「百姓耳目之實」，來論證有鬼存在。墨子還從歷史上找根據，論證有鬼存在。他說他讀過百國《春秋》，即每一個諸侯國的歷史書。他引證齊、燕國等國《春秋》記載的鬼神故事，把虛擬的鬼故事描寫成人人可聽可見的現實事實，實際上是歷史的錯誤記載，以訛傳訛。這是誇大感官經驗，輕視理性分析的結果。

《墨經》繼承墨子認識論中的理性論因素，建立了感性和理性、經驗與理論並重的認識論，表現了崇尚理論、智慧和知識的理性論特質。《墨經》認識論，是對墨子認識論的一場革命。

墨子論證，動輒搬神弄鬼。狹義《墨經》一八三條，五千七百餘字，無一字句談神論鬼，與墨子判若天壤。《墨經》重視感性認識，認爲接觸事物，「過物貌之」，是認識的基礎；但更重視理性認識，認爲「以其知論物」，用認識能力分析事物，取得深切顯明的科學知識，是認識的更高階段。

《墨經》的全部內容架構，《經上》一〇〇條範疇定義、分類和簡單命題，《經下》

八十三條定理及其論證，既包含其科學認識方法論的綱領，也包含其科學認識的成果。如《墨經》第一條講「故」，即因果聯繫的概念，第二條講「兼」、「體」，即整體和部分的方法論概念，自第三條起講感性認識和理性認識的關係，定義思慮、思維的概念，體現墨家科學智慧的特色。

墨家爲表示「理性認識」的特點，專門創造了特殊文字。《墨經》是千古奇書，奇怪得很，居然自己造字。它造了什麼字？就是「知識」的「知」，下面加上一個「心臟」的「心」，用這個字表達「理性認識」。因爲理性認識是知識的一種，是認識的高級階段，其特點是通過心智思維而得到。

古人認爲「心」是思維器官。《孟子．告子上》說：「心之官則思。」清代王清任（一七六八～一八三一）通過觀察、解剖，在所著《醫林改錯》第二卷說：「靈機記性不在心，在腦。」孟子「心之官則思」的名言，應改爲「腦之官則思」。大腦才是思維的器官，通過大腦的認識叫做「理性認識」。

《墨經》創造這個特殊的字，用了好多次，歷來字典沒有收入，也許有一天字典會把它收進去。《墨經》用「知識」的「知」下面加「心」表示「理性認識」，《經上》第六條對這個「知」定義說：「知，明也。」《經說上》解釋說：「知也者，以其知論物，而其知之也著，若明。」即「理性認識」這個「知」，是用人的認識器官、認識能力去「論」。「論」在古文裡是分析、整理的意思。漢劉熙《釋名》卷六說：「論，倫也。有倫理也。」就是整理雜亂的感性認識，使它有條理。

「知之也著」，「著」是「顯著」的「著」，就是通常說的深切顯明，認識深入到事物的內在本質。這種理性認識是深刻的。如人用眼睛看東西，只是把表面看清楚明白。「理性認識」的清楚明白，是因爲認識到事物的本質。這是《墨經》對理性認識的定義。

《墨經》講過一種器械桔槔，就是利用槓桿原理來取水，在春秋戰國時期很多。《墨經》對桔槔機的結構和作用原理，有正面的描述和總結。《經下》第一二六條說：「負而不翹，說在勝。」《經說下》解釋說：「衡木加重焉，而（標端）不翹，極勝重也。右校交繩，無加焉而翹，極不勝重也。」

「負」指桔槔機本端負重。「勝」是勝過、大於，指槓桿標端重力距大於本端和重物的重力合力距。「校」是調節校準。「交繩」是立柱和橫杆用繩交結相連。即使用桔槔機提取重物時，本端負重，而標端不會翹起來，論證的理由在於，標端的重力距勝過本端與重物的重力合力距。橫杆本端加上重物以後，標端不會翹起來，那是由於標端的重力距勝過本端和重物的重力合力距。如果從右邊調節立柱與橫杆的連結之處，交點過於靠近標端，那麼即使本端沒有加上重物，標端也會翹起來，那是由於標端的重力距沒有勝過本端的重力距的緣故。

墨儒道相互比較，可知墨家重科技，儒道輕科技。儒家有什麼傾向呢？儒家把勞動看做是「小人」之事，不屑一爲。《論語》、《孟子》都是這樣。農業和手工藝，在儒家看來是不屑一問的。因爲他們讀書是要做官，叫「學而優則仕」。韓愈在《師說》有一句話說：「百工之人，君子不齒。」儒家大師鄙視「百工之人」，不願意說到他們，提到他們。可是《墨經》正是由這些「百工之人」的知識分子寫的，思想觀念自然與儒家不同，他們從正面描寫、提升技術爲科學。

《禮記．王制》說：「奇技奇器以疑衆，殺。」即對使用奇怪的技巧、器物迷惑群衆的人，要用殺戮的殘忍手段處置。漢代經學家鄭玄注釋說，魯班就是一個典型，要殺就殺魯班這樣的人。魯班是中國古代最著名的工匠，有「奇技」，會造出「奇器」，這種人要被殺掉，中國古代科學能夠發展嗎？

道家《老子》第十九章說：「絕巧棄利。」即根絕技巧，拋棄功利。第二十章說：「絕學無憂。」即不要學習，不要文化，就沒有憂愁。第五十七章說：「民多利器，國家滋昏。人多技巧，奇物滋起。」即老百姓有很多銳利的器械，國家就會混亂；技巧發達，各種奇怪的東西就會出來。

《莊子．天地》用故事，爲《老子》這種擯棄技術、技巧和器械的思想提供形象說明。其中說，有一老人，「鑿隧而入井，抱甕而出灌」，即挖地道到井中，用瓦罐背水澆菜。「用力甚多，而見功寡。」即費力氣，效率低，一天才澆一畦。有人告訴他：「鑿木爲機，後重前輕，挈水若抽，數如溢湯。」即砍鑿木頭，製成機械桔槔，後頭重前頭輕，提水就像抽水，快得就像滾水滿溢出來。「用力甚寡，而見功多。」即用槓桿原理提水的簡單機械，用力少，效率高，一天可以澆一百畦，可以提高一百倍。問他願不願意用。老頭回答說：「吾聞之吾師：

有機械者，必有機事。有機事者，必有機心。……吾非不知，羞而不為也。」他聽道家老師說，運用機械，必定會做投機取巧的事。做投機取巧的事，必定會滋長投機取巧的心。他不是不知道有這種機械，而是恥於用機械，認為臉上無光。《莊子》裡的這個故事，大家可以看看。他說有機械的人，必會做投機取巧的事，而做投機取巧的事，必有投機取巧的心，於是就要避免接觸機械。

古代科技不能突飛猛進，長足發展，儒道兩家這種消極保守科學技術觀的流行，是一個原因。重視科技的思想，是《墨經》的靈魂。《墨經》是由很多手工藝知識分子寫的。《墨經》所列舉的手工藝工種很多，古代手工業工種差不多都舉到了，從中概括規律，形成科學。

《墨經》提出「巧傳則求其故」，探索各種手工業技巧的原因，成立各門自然科學知識。《墨經》第一條就講原因的概念和因果聯繫的類型，《經下》和《經說下》配合，以自然現象的因果聯繫為論據，論證各門科學的命題、定理和規律。墨家重視科技，相似於古希臘人探求自然的奧祕。

亞里斯多德說：「技術家較之經驗家更聰明；前者知其原因，後者則不知。憑經驗的，知事物之所然而不知其所以然，技術家則兼知其所以然之故。」「大匠師應更受尊敬，他們比之一般工匠知道得更深切，也更聰明。」「我們說他們較聰明，並不是因為他們敏於動作，而是因為他們具有理論，懂得原因。」「而理論部門的知識比之生產部門，更應是較高的智慧。」因為墨子既是經驗家又是技術家，既是工匠又是大匠師。他不是一般工匠，是大匠師、工匠頭兒，不只是一般工匠頭兒，還總結理論，是理論家，所以他更有智慧。

我們比較《墨經》和亞里斯多德的講法，就知道《墨經》的科學智慧到什麼程度。按照亞里斯多德對智慧分等級的思想，可以知道墨家的思想是最高等級的智慧。爲什麼呢？因爲技術家較經驗家聰明。技術家知道原因，經驗家只知道技術，不知道原因。大匠師比一般工匠知道得更深切。而哲學家知道世界的原因，所以哲學是最高的智慧。

美國科學哲學家羅伯特·瓦爾托夫斯基說：「從古到今的能工巧匠中，向來就存在著許多不可言傳的知識。科學應該承認這些知識，總結它們，提高它們，不應把它們拒之門外。」[4]《墨經》從各種能工巧匠技術中總結知識，形成科學，墨家兼大匠師、技術家的經驗技術和科學家的理論科學知識，是智慧的最高層級。

第二節　求眞務實重實證，實事求是科學性

什麼是「求眞務實重實證」？求是研究。眞是眞實。實是事實，是科學知識的來源。「務實」是把事實分辨清楚。「證」是論證，是形成科學的手段。「實證」是用事實來證明。「求

眞務實」，即實事求是。「實事」，就是客觀存在著的一切事物。「是」，就是客觀事物的內部聯繫，即規律性。

《小取》說：「夫辯者將以明是非之分……決嫌疑焉：摹略萬物之然，論求群言之比。」「辯」包括「辯論」、「辨別」、「分析」，邏輯和認識論都包括在內，目的是分清是非。「決嫌疑」是分清假象和眞相。「摹略萬物之然」，是反映世界的本來面目，是科學世界觀的基本原則。「摹略萬物之然，論求群言之比」，就是反映世界的本來面目，探求各種言論的是非得失。這個對偶句像對聯一樣，可作爲科學家的座右銘，是指導一切科研工作的認識論和邏輯原則。

《墨經》「摹略萬物之然」的實證原則，繼承墨子認識論的經驗論因素，擯棄墨子「天志」、「明鬼」的神祕信仰，是墨家學說歷經二五〇年百家爭鳴磨煉所引起的質變，是墨家學派內外砦應辯論、切磋琢磨的成果，是墨家思想從有神到無神、從信仰到科學的轉向，是中國邏輯史、哲學史、思想史、文化史上的重要事實。科學總結這一轉變歷程，以科學精神教育今人，啓迪後人，促進中華民族科學素質的提高，具有重要現實意義。

墨子的認識論，偏向經驗論，並因襲殷周以來的傳統信仰，用工匠的工具意識，改造、重鑄傳統信仰，使之成爲推行兼愛等政治倫理思想的實用工具。《天志上》載墨子說：「我有天志，譬若輪人之有規，匠人之有矩。」墨子「天志」、「明鬼」思想的積極一面，是滲透「兼相愛，交相利」的人文精神，但把「天」視爲「有意志」的人格神，認爲「鬼神能賞善罰暴」，畢竟是軟弱消極的神祕信仰。在科學和信仰問題上，墨子的思想複雜多樣。從整體來看，在墨子思想中，科學和信仰混雜交錯，遊移不定。墨子在論證其「兼愛」、「非攻」等十大論題時，援引「天志」、「明鬼」的信仰，作爲其論證薄弱性、力量軟弱性的塡充。但當墨子的「天志」、「明鬼」信仰與實際生活發生矛盾時，他也會毫不猶豫地服從「摹略萬物之然」的實證原則。

《經下》第一○九條說：「假必悖，說在不然。」《經說下》說：「假必非也，而後假。」這是對「假」這一概念的定義。「假」必然有悖於事實，違反事實。「說在不然」即因爲事實不是如此。「假」也就是「非」。是非眞假要分清。

《經上》和《經說上》一○○條，每一個概念和命題的解釋，都列舉實例，根據事實建立學說。《經下》和《經說下》用事實和道理，論證八十三個科學命題。《墨經》的體例，就是「求眞務實重實證」的模範，始終貫穿著求眞務實、實事求是的科學精神。

《墨經》的科學知識，是遵循實證原則的典範。《經上》和《經說上》用一○○個條目，解釋各門科學的概念、範疇和簡單命題，多據事實、實例立說。第一條解釋「故」（原因）範疇，區分必要條件和充分必要條件等，以數學上的點、線關係和生理、物理學上的「見之成見」爲例。第二條解釋「體」和「兼」（部分和整體）的範疇，以數學上的二和一、尺（線段）和端（點）爲例。第三至六條解釋認識能力、活動和過程，以「明」、「睨」、「見」等眼睛視物的認識現象爲喻。第五十一條解釋靜止的物理學範疇，以「矢過楹」（飛行的箭穿越一根柱子）、「人過梁」（人走過一座橋梁）爲例。第七十一條解釋法則的範疇，以幾何學上的制圓作圖爲例。第七十五條解釋「辯」的範疇，以「或謂之牛，謂之非牛」的辯論爲例。第七十九條解釋「名」的分類，以「物」、「馬」、「臧」三概念爲例。第八十九條解釋「同異交得」的辯證法，更據「中央，旁也」（中央又可作旁邊）等十多個實例立說。

《經下》和《經說下》論證八十三條各門科學的複雜命題和定律，如從「影不徙，說在改爲」到「鑑團影一」等論幾何光學的八條，以及論槓桿、滑輪、斜面原理的各條，無不用實證方法，從觀察、實驗中選取事實例證。《墨經》科學知識，貫穿重事實、重歸納的實證原則和科學精神。

一八三條《墨經》總結科學知識，一依實證原則爲歸，絕無一條引用和遵循墨子的「天志」、「明鬼」神祕信仰。學生徹底屏棄老師思想中的消極因素，是墨學發展史、思想發展史中的確鑿事實。《小取》說：「效者，爲之法也。所效者，所以爲之法也。故中效則是也，不中效則非也。」墨學研究者稱其爲「純邏輯」語言，絲毫沒有墨子「天志」、「明鬼」神祕信仰的痕跡。沈有鼎解釋「效」這一論證方式「意味著演繹推論」。莫紹揆解釋《小取》的「效法」即公式法，是建立和代入公式的方法，「是科學尤其數學上一貫大量使用的方法」。

《大取》說：「智與意異。」「智」是智慧，是眞切確實的知識，用實然和必然命題表達。「實然」即事實是如此。如「地球圍繞太陽旋轉」，是表示事實的實然命題。「必然」是一定如此，必定如此，不得不如此，是一類事物的全部個體始終貫穿一種趨勢，即規律。如

「根據萬有引力規律，地球必然圍繞太陽旋轉」，是表示規律的必然命題。「意」是多義字，這裡和「智慧」相對比，是指臆測、猜測、假說和想像，是或然、可能。這是把知識與猜想的概念區分開來。「假說」也是認識的形態，眞正的知識，即智慧，是眞切確實的認識，跟「假說」這種臆測、猜測和想像，不是一回事。

假如我猜想這房子的柱子是圓柱形的，這只是我的猜想，並沒有親自看見，這就是「意」，不算是知識。但若是我看見了圓柱形的柱子，而反映在腦裡，這是不會改變的，所以叫做「智」。

《經說上》說：「必也者可勿疑。」《經下》說：「擢慮不疑，說在有無。」《經說下》說：「疑無謂也。」必然是一個論域中全部個體的一貫趨勢，等值於「不能不」。必然性知識毋庸置疑。

《經說下》說：「知與？以已爲然也與？過也。」「知與」是問話，意思是：「眞正的知道嗎？」「以已爲然也與」也是問話，意思是：「能夠僅僅因爲過去已經如此，而推論現在也如此嗎？」這是經驗主義的錯誤邏輯。「已」是已經，是過去。「然」是如此，指現在。推論要有充分根據，不能僅僅根據過去已經怎樣，就推論現在也怎樣。猜測是可以的，但如果把猜測當做確實知識，則是錯誤的。

我用一個順口溜，總結以上內容：寒暑勞苦是病因，臉黑不被黑龍殺。求眞務實辨假相，探求眞知無偏差。重視實證重歸納，分清是非與眞假。反映萬物眞面貌，論究群言比百家。

第五章　人文精神：脫胎神文入人文，勞動人民墨所重

引言：何謂人文

人文，指人類社會的文化現象。人文精神是人類文化的精神。人類脫離動物界，有自身特殊的文化現象和文化精神。人文精神又叫人道精神、人道主義和人文主義。「人道」是爲人之道，與「天道」相對。人道精神、人道主義爲人所獨有。

人道主義源出拉丁文humanus，又譯作人文主義。「人文」和「神文」相對。人文主義是人的文化，提倡關懷、尊重人，以「人」爲中心，人是服務對象和目標。神文主義是神的文化，提倡以神爲中心，服務於神。在西方中世紀，「神文」的意識形態占統治地位。

作爲「神文」的意識形態，《墨子》有《天志》、《明鬼》，認爲天有意志，鬼神存在，屬於「神文」的意識形態。但墨子用「神文」爲「人文」服務，用鬼神作爲實行「兼愛」、「非攻」政治倫理主張的工具。墨子說他利用鬼神，猶如木匠利用手中的規矩，來量度王公大人是否做到「兼愛」、「非攻」。

人文、人道精神、人道主義、人文主義，是人本主義，以人爲本，即以人爲根本、根據、出發點和歸宿，爲人興利，爲人造福。自然科學是研究自然現象的科學，是認知的體系，目標是求眞。與自然科學相對，人文科學是研究人類社會文化現象的科學，是認知、價值和倫理的體系，目標是求善。

人文精神的要義，是重視人生、人格、人性和人權。重視人生，是重視、愛護人的生命，重視人生的價值、意義。人生就是人要生存、生活。人要生存、生活，先要有吃喝穿住、衣食住行，這是經濟基礎。首先滿足最大多數勞動人民的基本生活需要，讓人民生存、生活，然後才能談上層建築、意識形態、文化娛樂和休閒安適。

重視人格，是尊重作爲人的資格和標準。重視人性，是承認人有不同於動物的性質和特質。重視人權是尊重人的權利，不能任意剝奪。人生、人格、人性和人權，是人類普世倫理最基本的合理思想，應充分利用這些傳統文化的資源，豐富現代人文思想的寶庫。

從縱剖面說，墨學有一個從神文到人文的蛻變，即質變過程。從橫剖面說，歸納墨學人文觀，有下文說的七大要義，說明墨學在當前有值得弘揚的積極現實意義。墨子活動於前五世紀的，代表作是《尚賢》至《非命》十論，表現神文和人文思想的雜糅。

墨子神文思想的核心，是《天志》、《明鬼》，認爲「天」是有意志的人格神，錯誤證明有鬼存在。墨子論證的缺點，是時而搬神弄鬼，企圖借鬼神迷信嚇唬論敵，實際是爲其相對薄弱的論證幫倒忙。

墨子人文思想的要點，是崇尚賢人，主張統一；宣導兼愛，反對侵略；主張節約，反對浪費；否認命定，宣導人爲。墨子後學活動於前三世紀，代表作是狹義《墨經》，剔除墨子神文思想的雜質，隻字未提墨子常說的「鬼神」，提出論證「兼愛」的新角度，把墨子人文思想推進到新階段，突出發展古代科學和邏輯，在哲學史上具有至關重要的意義，是至今尚未被充分研究的古代哲學重鎮。

墨家在哲學史上的特殊貢獻，是從工匠理論家的視野，以改造社會爲宗旨，獨創涵蓋自然人文的應用哲學系統，創見囊括當時社會政治、經濟、文化、倫理、科學、邏輯和軍事諸多領域。繼先秦老莊創始道家哲學，孔孟荀創始儒家哲學後，墨家顯學獨樹一幟，創始精闢獨到的墨家哲學，給後人留下仍需繼續探索的許多重要課題。相對而言，墨學研究，是哲學、國學和傳統文化研究中，至今仍稱薄弱的領域，亟需吸引更多學者關照，參與討論。

墨家的人文精神有個發展過程。墨子思想是神文和人文的雜糅。墨子的神文思想，集中表現爲《天志》和《明鬼》兩個論題。《天志》把天塑造爲有意志的人格神，《明鬼》用訛傳和錯誤記載，活靈活現地證明有鬼存在。

墨子遊說四方，學生魏越問他：「您看見四方的君主，將先說什麼呢？」墨子說：「凡入國，必擇務而從事焉。國家昏亂，則語之尙賢、尙同。國家貧，則語之節用、節葬。國家喜音沉湎，則語之非樂、非命。國家淫僻無禮，則語之尊天、事鬼。國家務奪侵淩，即語之兼愛、非攻。故曰：擇務而從事焉。」

墨子從戰國時代課題，總結十個論題。其中「尊天、事鬼」，即「天志」、「明鬼」。「天志」，是說「天」有意志，是人格神。「明鬼」，是說可以證明有鬼存在。這兩個論題是神文思想。

「尙賢」是主張賢人治國。「尙同」是主張國家統一。「兼愛」是主張整體、平等、無差別的愛。「非攻」是反對侵略，主張用正義的防禦戰，制止非正義的進攻戰。「節用」是主張節約開支。「節葬」是主張節省喪葬費。「非樂」是批判統治者不顧人民疾苦，大辦樂舞。「非命」是反對儒家命定論，主張充分發揮人力作用。這八個論題是人文思想。

墨子人文與神文論題的比例，是五：一，反映墨子思想是人文與神文的雜糅。墨子神文與人文論題，見表十四。

表十四　墨子神文與人文論題

墨子論題	神文	人文
論題名稱	天志，明鬼	尚賢，尚同，兼愛，非攻，節用，節葬，非樂，非命
論題個數	二	八
所占比例	$\frac{1}{5}$	$\frac{4}{5}$

第一看墨子說天。墨子說神化意義的「天」，共二百六十七次，意指天神。天本來是屬於自然界，沒有意志。墨子卻給天賦予人格意志，是有神論觀點。《天志中》說：「天爲貴，天爲智。」他引經據典說：「明哲維天。」即天有最高的智慧、聰明。《天志上》說，「天」有超人的觀察力，即使對於「林谷幽間」隱蔽處的一切，「明必見之」。

墨子說：「天之爲寒熱也，節四時，調陰陽雨露也，時五穀熟，六畜遂。」「爲日月星辰」，「制爲四時春秋冬夏，以紀綱之。降雪霜雨露，以長遂五穀麻絲，使民得而財利之。列爲山川溪谷，播賦百事。」這是把「天」說成世界萬物的創造與主宰者。

《天志上》說：「我有天志，譬若輪人之有規，匠人之有矩。」「順天意者，兼相愛，交相利，必得賞，反天意者，別相惡，交相賊，必得罰。」墨子認爲天有意志、人格、意欲、感覺、情操和行爲，假託「天志」天意，表達自己主張，推行兼愛，等於替天行道。

梁啓超《子墨子學說》解釋說：「人格者，謂有人之資格，可當作一人觀也。」墨子把自然界的天空天候，神化、人格化爲超人間權威，是萬物主宰，能決定人間禍福，賞善罰暴。

墨子人文與神文思想用詞，見表十五。

表十五　墨子人文與神文思想用詞

墨子思想	人文	神文		
用詞	人	神	鬼	天
頻次	四百六十三	一百一十六	一百八十一	二百六十七
總計	四百六十三	五百六十四		

墨子神文思想用詞，多於人文用思想用詞一百零一次，墨子神文思想分量驚人。

第二看墨子說鬼神。墨子說「神」共一百一十六次，指神靈；說「鬼」共一百八十一次，指鬼魂。《明鬼下》說：「有山水鬼神者，亦有人死而爲鬼者。」「故鬼神之明，不可爲幽間廣澤，山林深谷，鬼神之明必知之。鬼神之罰，不可爲富貴衆強，勇力強武，堅甲利兵，鬼神之罰必勝之。」

《公孟》載墨子說：「古聖王皆以鬼神爲神明，而爲禍福，執有祥與不祥，是以政治而國安也。」認爲鬼神靈驗，神奇明察，神通廣大，力大無邊。墨子說鬼神，與他說人格神「天」一樣，是超人間權威，能明察秋毫，賞善罰惡，爲民興利除弊，表現墨子的迷信、信仰和善良幼稚的政治願望。

第三看墨子說人。《墨子》共出現「人」的詞語、概念和範疇共八百二十一次。其中總指衆人、人們、世人、人民、任意個人共四百六十三次。如《兼愛中》說：「人與人相愛。」與「己」、「我」相對的他人，別人共二百五十九次。

把「人」作爲生物學、動物學、人類學意義上的特殊類別，涉及人類的性質、行爲和動作共六十九次。如《非樂上》說：「今人固與禽獸麋鹿蜚鳥貞蟲異者也。」「今人與此異者也，賴其力者生，不賴其力者不生。」

用作狀語的人人、每人共十二次。人口、人數共八次。人才、德才出衆者共九次。「人」通「仁」，即仁人、仁愛之人一次。又如「人民」、「民人」、「衆人」、「庶人」、「匠人」、「商人」、「哲人」、「智人」、「人情」等語詞近百個。

這說明整體看來，墨家關注人，人是墨學的出發點和歸宿點。墨子的神文思想「天神鬼」，也是被借來爲人服務的工具，就像工匠手中的規矩。

成書於戰國後期的狹義《墨經》，共一百八十三條，五千七百餘字，言簡意賅，論證嚴謹，系統表述樸素科學世界觀，理性認識論，辯證方法論，談辯邏輯學，無一字一句談神論鬼，完全屏棄墨子「天志」、「明鬼」論題，把墨子「天鬼神」的迷信臆說，拋到九霄雲外。這標誌墨學在發展中，剔除墨子神文思想的雜質，完成由神文到人文的蛻變，即質變過程，大踏步邁進純人文的佳境。

《尚書．五子之歌》說：「民惟邦本，本固邦寧。」「民惟邦本」，即只有人民，才是國家的根本。「民惟邦本」，可以簡縮爲「民本」。「民本」，是以民爲本，民本主義、人本主義，以人爲本。「本固邦寧」，即人民這個根本鞏固，國家才能安定。相傳這是夏禹的訓誡之詞。墨子稱道夏禹，把禹作爲墨家效法的典範，把「禹之道」（夏禹的道理），作爲墨學提倡「民本」的淵源和依據。

《莊子．天下》說：「墨子稱道曰：『昔者禹之湮洪水，決江河，而通四夷九州也。名川三百，支川三千，小者無數。禹親自操橐耜，而九雜天下之川。腓無胈，脛無毛，沐甚雨，櫛疾風，置萬國。禹，大聖也，而形勞天下也如此！』使後世之墨者，多以裘褐爲衣，以跂蹻爲服，日夜不休，以自苦爲極，曰：不能如此，非禹之道也，不足謂墨！」

墨子推崇夏禹治理洪水，疏通江河，溝通四夷九州。大河三百，支流三千，小溪無數。夏禹親自拿畚箕鋤頭，匯合天下河川，直累得腿肚沒肉，小腿沒毛，大雨澆身，狂風吹髮，安頓萬國。禹是大聖人，爲天下如此勞苦！於是叫後代墨者，多穿粗皮麻衣，木屐草鞋，白天黑夜不休息，把自討苦吃作爲最高原則，說做不到這樣，就不合夏禹的道理，不配做墨者！

夏禹治水公而忘私，爲民服務的精神和以民爲本的思想，是墨家效法榜樣，影響延續至今。晚出的狹義《墨經》四篇，即《經》和《經說》上下，全部論述科學和人文思想，隻字不提墨子常說的天、鬼、神三個根本觀念，標誌墨學在發展過程中，超越神文，邁向人文的重大轉變。

下面以《墨經》的人文思想爲主軸，追溯創始人墨子的人文思想，統稱爲墨家的人文學說，歸結爲「勞動生產、勞動本位、勞動人權、群衆智慧、人力能動、人民價值和兼愛平等」等七個基本觀點。

第一節 勞動生產觀：不賴其力不得生，進步史觀初發萌

《非樂上》：「今人固與禽獸麋鹿蜚鳥貞虫異者也，今之禽獸麋鹿蜚鳥貞虫，因其羽毛，以爲衣裘。因其蹄蚤，以爲絝屨。因其水草，以爲飲食。故唯使雄不耕稼樹藝，雌亦不紡績織

紝，衣食之財，固已具也。今人與此異者也，賴其力者生，不賴其力者不生。」即人類和禽獸、麋鹿、蜚鳥、昆蟲相比，有什麼不同呢？禽獸、麋鹿、蜚鳥、昆蟲，是用它們的羽毛，作爲衣服，用它們的蹄爪，作爲褲子、鞋子，用自然界水草等現成條件，作爲飲食，所以它們雄性不耕地、種果樹、種菜，雌性不紡紗、織布，吃穿都有。

人類的不同點是：「賴其力者生，不賴其力者不生。」這是墨子原創的命題，意爲人類發揮自己的力量，勞動生產，才能生存；不發揮自己的力量，勞動生產，就不能生存。

「力」是很抽象的概念，《墨經》居然給出了定義。《經上》說：「力，形之所以奮也。」以人而言，「形」是人的形體、身體。《廣雅．釋詁》說：「奮，動也。」「奮」是「動」，是改變運動狀態。人吃飽飯，鼓起勁來，振作勞動，搬運舉起重物，由靜止變爲運動和加速度運動，就是「力」。《經說上》以「舉重」爲例，解釋說：「重之謂。下舉重，奮也。」比如說舉重，從下往上，克服重力的阻抗，就是奮和力。現代物理學解釋，物體重量，是地心對物體的吸引力。人體克服重力，地心對物體的吸引力，舉起重物，這種形體動作，就是勞動，形體之所以能動作的原因，就是力。

近代義大利物理學家伽利略（一五六四～一六四二）和英國物理學家牛頓（一六四二～一七二七）研究認爲，力是物體運動狀態改變的原因。墨家運用觀察和抽象理論思維，分析人類勞動現象，樸素地接近於伽利略和牛頓的認識。我在五〇年代，讀高中《物理學》課本，上面引用《墨經》「力，形之所以奮也」的定義，對比解釋牛頓力學定律，至今記憶猶新。

墨子肯定人生的本質是勞動，是對人類勞動本質的自覺認識。人文精神、人類文化精神的物質前提和第一要素，是生產勞動。動物僅僅利用外部自然界，單純地以自己的存在來使自然界改變；而人則通過他所做出的改變來使自然界為自己的目的服務，來支配自然界。這便是人同其他動物的最後的本質的區別，而造成這一區別的還是勞動。

墨子教育學生有三種科目，一種是能談辯的談辯，因為諸子百家要辯論、遊說，要能說善道，相當於現在講邏輯。能說書的說書，「說書」就是講古代的傳統文化——讀書。能從事的從事，「從事」就是勞動生產。《墨經》把知識分成七類，非常特別，也非常正確，其中有一種知識，叫「為知」，即自覺實踐的知識。

《墨經》列舉幾種重要的實踐知識：根據植物生長規律種植農作物，養殖青蛙、鵪鶉，這是農牧業生產實踐的知識。買賣貨物，這是市場交易實踐的知識。造鎧甲，築高臺，平叛亂，這是軍事實踐的知識。治病，這是醫療實踐的知識。「為知」，即自覺實踐知識，定義是「志行」。「志」是意志、意識、思想、動機。「行」是行為、動作。「志行」是有意識的行為、動作。

自覺實踐，首先是生產勞動。墨學生產一線穿。《墨子》幾乎所有篇章都講生產勞動。為什麼尚賢？因為賢人重視生產。為什麼非攻？因為攻伐掠奪，破壞生產。小國稻麥熟了，大國趁機攻打，把稻麥收走，把年輕男女用繩子捆束，帶回本國做奴隸。主張薄葬，批判厚葬，因為厚葬久喪，破壞生產。非樂，是批判國君大辦音樂歌舞，破壞生產。非儒，批判儒家，因為儒家信命背本（指農業生產），破壞生產，這是墨家的勞動生產觀。

第二節　勞動人權觀：生爲甚欲民有權，爲賢之道安生生

《尙賢中》說：「民生爲甚欲。」人民的第一願望是生存。現在世界人權對話，應承認人民的溫飽生存權，是最基本、最重要的人權。《墨子》爲這一論點提供範本。《非樂上》說：「民有三患：飢者不得食，寒者不得衣，勞者不得息，三者民之巨患也。」《非命下》：「必使飢者得食，寒者得衣，勞者得息。」這是現代社會福利、勞動保險思想的萌芽。

《兼愛下》說：「萬民飢即食之，寒即衣之，疾病侍養之，死喪葬埋之，老而無妻子者，有所侍養以終其壽。幼弱孤童之無父母者，有所放依以長其身。」儒家「大同」說從中汲取素材。《禮記．禮運》說：「使老有所終，壯有所用，幼有所長，矜寡孤獨廢疾者皆有所養。」與墨家相同。

《尙賢中》說：「爲政乎天下也，兼而愛之，從而利之。」《尙賢下》說：「爲賢之道，有力者疾以助人，有財者勉以分人，有道者勸以教人，若此則饑者得食，寒者得衣，亂者得

治。此安生生。」墨家「安生生」的理想，反映人民願望。人民希望世代安生，生生不息。墨子批判統治者奢侈縱欲，「暴奪民衣食之財」。《辭過》有一副對聯：「富貴者奢侈，孤寡者凍餒。」這都是強調最大多數勞動人民的生存權，是勞動人權觀。

第三節　勞動本位觀：民富國家好治理，勞動本位國之重

《辭過》說：「民富國治。」即人民富足，國家才好治理。《史記．太史公自序》引其父司馬談《論六家之要指》評論說，墨者「強本節用，不可廢也」。「強本節用，則人給家足之道也，此墨子之所長，雖百家弗能廢也。」

《尚賢上》說：「農與工肆之人，有能則舉之。民無終賤，有能則舉之。」人民，包括農民、手工業者和商人，並不總是卑賤，有能力就推舉，讓他們管理國家。墨家把「農與工肆之人」，看作國家管理服務的對象、方向和目的，把勞動者看作國家的本位與基礎，發揚夏禹「民惟邦本」的古訓。

第四節 群眾智慧觀：使人之心助己慮，謀度速得舉事成

《尚同中》：「夫唯能使人之耳目，助己視聽，使人之吻，助己言談，使人之心，助己思慮，使人之股肱，助己動作。助之視聽者衆，則其所聞見者遠矣。助之言談者衆，則其德音之所撫循者博矣。助之思慮者衆，則其談謀度速得矣。助之動作者衆，即其舉事速成矣。」

「使人之耳目，助己視聽。使人之吻，助己言談。使人之心，助己思慮。使人之股肱，助己動作。」主張吸取衆人智慧，讓衆人幫助自己視聽言動，謀畫就能迅速周到，辦事就能迅速成功。這是集中群衆智慧，群衆路線的思想萌芽。

第五節 人力能動觀：不信天命信人力，民眾改俗上變政

墨家認爲，國家的安危治亂，不是期盼天命的賜予，而是依靠充分發揮人民的力量。只要上級當政者把政策改變調整好，人民就會迅速改變矯正不良的風俗。提倡充分發揮人力的積極

能動作用，批判儒家消極的命定論。

《非命》載墨子說：「昔桀之所亂，湯治之。紂之所亂，武王治之。當此之時，世不渝，而民不易，上變政，而民改俗。存乎桀紂，而天下亂。存乎湯武，而天下治。天下之治也，湯武之力也。天下之亂也，桀紂之罪也。若以此觀之，夫安危治亂，存乎上之爲政也，則夫豈可謂有命哉？「故以爲其力也。」即世界和人民未變，桀紂當政天下亂，湯武變政天下治，可見國家安危治亂，是人力的作用，不是命定的原因。這是求異法的科學歸納證明。

墨子由歷史上著名暴王夏桀、商紂、周幽、厲王皆執有命，概括出命者暴王所作、懶人所述，應該拋棄，代之以「強力而爲」的人力論，才能富強康樂。這是求同法的科學歸納證明。

《公孟》載，墨子跟儒者程繁辯論，墨子說，命定論的「儒之道足以喪天下」，儒家「以命爲有，貧富壽夭、治亂安危有極矣（命有定數），不可損益也。爲上者行之必不聽治矣，爲下者行之必不從事矣，此足以喪天下。」《非儒》載，墨家對儒家的反駁詞，說儒家「強執有命以說議曰：壽夭貧富、安危治亂，固有天命，不可損益。窮達、賞罰、幸否有極，人之智力不能爲焉。群吏信之，則怠於分職。庶人信之，則怠於從事。吏不治則亂，農事緩則貧，貧且亂政之本。而儒者以爲道教，是賊天下之人者也。」儒家堅持「有命」論，說長壽和短命、貧窮和富貴、安定和危難、治理和混亂，都由天命決定，不能改變。窮困和通達、受賞和遭罰、吉祥和災禍，都由天命決定，人的智慧和力量無所作爲。官吏相信，會懈怠職守。平民相信，會荒廢事業。官吏不理政事，會混亂，農業生產耽誤，會貧窮，貧窮是混亂政治的根本。儒家把「有命」說，作爲教化的道理，是毒害天下人。

儒家所謂「命」，是人的智慧能力無可奈何的先天必然性。儒家宣揚人的現實遭遇，由命預先安排好，非人力所能改變。墨家認爲，儒家宣揚命定論，足以懈怠人的意志，使人放棄奮鬥，安於貧窮，導致天下淪喪。墨家主張在認識世界的基礎上，運用自身力量頑強奮鬥，改變現狀，達到理想目標。

墨子運用邏輯矛盾律，揭露儒家的矛盾。儒家宣揚命定論，認爲貧富壽夭，全在天命安排，非人力所能改變，同時又提倡學習，等於承認學習可以改變命運，這是自相矛盾。墨子說：「教人學而執有命，是猶命人包而去其冠也。」教人學習，又堅持命定論，就像叫人用帽子包裹頭髮，卻又要人把包裹頭髮的帽子取下來一樣荒謬。

《小取》列舉「不是而然」推論形式一例：

且夭，非夭也。壽且夭：壽夭也。

有命，非「命」也。非「執有命」，「非命」也。

釋文：將要夭折，不等於事實上夭折。採取措施，讓將夭折的人有壽，就等於將夭折的人事實上有壽。儒家宣揚有命論，不等於事實上眞有「命」這回事。墨家反對儒家堅持有命論，卻等於「非命」（反對命定論）的論題成立。

《墨經》對人的疾病、死亡，看作人力可以認識和有所作為的自然現象，把治病除掉病根，作爲人類的基本實踐活動和可達到預期目的的例子，不承認命定論的因素。某人因受傷而生病，是「物之所以然」。我親眼看見，是「所以知之」。我親口告訴你知道這件事，是「所以使人知之」。男僕臧得不治之症死，女僕春染病，死而埋葬，我不能用手指指著說，卻能用語言表達。

《非儒》載，墨家嘲諷儒家說：「其親死，列屍弗斂，登屋窺井，挑鼠穴，探滌器，而求其人矣。以爲實在則贛愚甚矣。知其亡也必求焉，僞亦大矣。」雙親死，屍體陳放不入棺，爲招魂爬屋頂，看水井，掘鼠洞，查器具，尋找死者，以爲死者眞在，是愚蠢至極。明知死者已不在人世，還一定尋找，眞是虛僞至極。

墨家認爲，在認識規律的基礎上，可以有計畫運作，達到預期目的，如工匠認識方圓規律，可據以製作方圓之器。《經下》說：「且然不可止，而不害用功，說在宜。」《經說下》解釋說：「宜，猶是也。且然必然，且已必已。且用功而後然者，必用功而後然。且用功而後己者，必用功而後已。」論述必然性和人力的關係，認爲在事物發展過程一定如此的必然趨勢面前，不妨礙人力做功，關鍵在於人力運作應該把握分寸，合乎法則。這樣做的意圖在於控制事物的發展過程，使之對人的利益增至更大，害處減到最小。如使用桔槔、轆轤、車梯等簡單機械，提高操作效益，築堤攔河，減免洪水肆虐。

第三節 人民價值觀：三表之一是民利，功效全由民利定

墨子在中國哲學史上，首次提出檢驗言論眞理標準的「三表法」之一，是要求「下原察百姓耳目之實」、「觀其中百姓人民之利」，即眼睛向下，到社會基層，考察百姓聽到、看到什麼，參考人民的經驗，觀察言論是否符合百姓人民的利益。

墨家認爲「功效」概念的定義和本質特徵，是考察是否對人民有利。把符合人民利益的程度，作爲判定言論正確性的價值標準。《魯問》說：「所爲功，利於人。」《經上》說：「功，利民也。」「功效」概念的定義和本質特徵，是「利民」，即考察是否對人民有利。

《貴義》載，墨子自稱學說是「賤人之所爲」，比喻爲農民生產的糧食和採集的草藥。《荀子．王霸》比較儒墨之道的本質特徵，認爲「墨子之說」是「役夫之道」，儒家學說是「君子之道」、「聖王之道」。「役夫之道」是勞動者的道理。儒家學說是君子、帝王、聖王等封建貴族的道理。《孟子．滕文公上》說：「勞心者治人，勞力者治於人。」

墨學和儒學有不同的社會基礎，代表不同社會階層的利益和價值取向。墨學有人民性，墨子是勞動者的聖人。儒學在長期封建社會，有「非人民性」，而是統治性，是代表統治者、貴族和剝削者的利益。孔子看不起勞動者。《論語．子路》載，樊遲希望向孔子學習種莊稼、種菜，孔子訓斥說：「小人哉，樊須也！」希望學習種莊稼、種菜，是「小人」，小人指勞動

者。《論語．子張》說：「學而優則仕。」學習目的、目標，不是做勞動者，是當官，做君子，行帝王之道。

第四節　兼愛平等觀：墨者理想是兼愛，兼愛交利倡平等

墨家的兼愛平等觀，強調愛的整體性、普遍性、交互性和平等性，是墨家的理想與奮鬥目標。墨家的兼愛平等觀，可用現代邏輯的分支，即模態邏輯的方法分析。

模態邏輯中有「道義邏輯」，即道德倫理的邏輯。其中有一個高級的模態斷定詞必須、應該，其含義是道德、義務和理想，用模態詞「必須」構造「必須肯定命題」，意即必須這樣做，才最合乎道德、義務和理想。墨家的兼愛，相當於模態邏輯、道義邏輯的「必須肯定命題」：「所有人應該愛所有人。」這是墨家兼愛的現代解釋、整理和翻譯。「所有人應該愛所有人。」這個命題有兩層意思。

一層意思是：「所有人愛所有人。」這是關於現實（當前事實）的一種斷定。但是現在世界上的現實，並不是「所有人愛所有人」。「有的人」不愛「所有人」，「所有人」也不愛

「有的人」等等。

另一層意思是：「所有人應該愛所有人。」即在「所有人愛所有人」中關係詞「愛」的前面，再加上一個模態詞「應該」，與模態詞「必須」等值、同質。

第一層意思「所有人愛所有人」，是一個事實、眞值命題，這個命題對現實事實的斷定是不正確的，現在顯然還沒有做到「所有人愛所有人」，如現實世界上有盜賊、攻國者等，他們的盜竊和攻國行爲，表明他們不愛被盜竊者和被攻打者。

第二層意思「所有人應該愛所有人」命題，不是一個事實、眞値命題，是一個模態、道義命題。這是墨家的道德、義務和理想，是墨家的奮鬥目標。這是墨家「兼愛平等觀」的含義。

從墨子創立墨學直到墨家後學的《墨經》，始終堅持兼愛平等觀的理想，從十幾個角度，反復論證。《說文》：「兼，持二禾。」「兼」這個字，根據東漢許愼《說文解字》的解釋，是一隻手握著兩根稻穀。墨家申述「兼愛」即盡愛、俱愛、周愛，不分民族、階級、階層、等級、親疏、住地、人己、主僕等差別，包括過去、現在和未來的一切人，是最爲普遍、深刻的人文精神、人道主義。

兼愛有整體性。兼即整體，兼愛是遍愛人類整體。《經下》第一七四條說：「無窮不害兼，說在盈否。」《經說下》說：「人若不盈無窮，則人有窮也，盡有窮無難。盈無窮，則無窮盡也，盡無窮無難。」世界是無窮的，人是無窮的，不妨礙墨家提倡兼愛的理想，這是從邏輯上論證。

兼愛有周遍性。《小取》說：「愛人，待周愛人而後爲愛人。不愛人，不待周不愛人。失周愛：因謂不愛人矣。」《經上》第四十三條說：「盡，莫不然也。」愛人一定要愛所有的人，才叫做標準的愛人。如果有一部分人不愛，就不叫標準的、周遍的愛人。

不知人數不妨害兼愛。《經下》第一七五條說：「不知其數而知其盡也，說在問者。」《經說下》說：「盡問人，則盡愛其所問。若不知其數，而知愛之盡之也，無難。」不知道人類有多少個數，不妨礙兼愛。不知人處何方，不妨害兼愛。《經下》第一七六條說：「不知其所處，不害愛之，說在喪子者。」不知道人住在哪裡，不妨礙兼愛。比如兒子丟了，不知道現在住哪裡，不妨礙對兒子的愛。

兼愛包含愛己。《大取》說：「愛人不外己，己在所愛之中。己在所愛，愛加於己。倫列之：己，人也；愛己，愛人也。」《大取》說：「愛衆世與愛寡世相若，兼愛之又相若。」兼愛及於過去、現在和未來。《大取》說：「愛上世與愛後世，一若今之世人也。」

兼愛有一貫性。《大取》說：「昔者之愛人也，非今之愛人也。」意謂兼愛不容割裂。《大取》說：「兼愛相若，一愛相若，一愛相若，其類在死蛇。」愛人包含愛奴隸臧獲，男女奴隸及臧獲是兼愛整體不可分割的部分。《小取》說：「獲，人也；愛獲，愛人也。臧，人也；愛臧，愛人也。此乃是而然者也。」

愛人和打擊犯罪一樣，不能有省籍、地區的歧視。凡是人，不分裡藉，應施予同等程度的愛。《耕柱》記載，儒者巫馬子跟墨子辯論說：「我與子異，我不能兼愛。我愛鄒人於越人，愛魯人於鄒人，愛我鄉人於魯人，愛我家人於鄉人，愛我親人於我家人，愛我身於吾親。」

即我跟你不同，我愛鄒國人勝過愛越國人，因爲越國離我更遠。愛魯國人勝過愛鄒國人，愛家鄉人勝過愛魯國人，愛家人勝過愛鄉人，愛父母勝過愛家人，愛自身勝過愛父母。儒者巫馬子的「別愛」論，是一個有無數層次的同心圓。個人處於圓心，以下從父母到全人類，以血緣親疏和地域遠近爲區分標準，愛自己的程度最高，然後從父母到全人類，施愛的程度愈來愈遞減。這是極端的個人利己主義，以自我爲中心的「偏愛」論，反「兼愛」論。

《孟子．滕文公下》說：「墨氏兼愛」，「墨者夷之愛無差等。」《孟子．告子下》說：「墨子兼愛，摩頂放踵利天下爲之。」宋張栻《癸巳孟子說》說：「摩其頂，以至於踵。一身之間，凡可以利天下者，皆不惜也。」《莊子．天下》說：「墨子泛愛兼利。」《尸子．廣澤》說：「墨子貴兼。」

儒家強調愛的差等性。《墨子．非儒》批判儒家「親親有殺，尊賢有等，親疏尊卑之異。」，批判其強調愛有血緣親疏、宗法等級的差異。《荀子．天論》說：「墨子有見於齊，無見於畸。」齊指平等，畸指不平等。說墨子只看到平等的一面，沒有看到不平等的一面。儒家堅持不平等的一面，是儒家的基本立場。墨家強調平等的一面，是墨家的基本立場。

兼愛平等觀是墨家的理想和奮鬥目標。孫中山《三民主義》說：「古時最講愛字的莫過於墨子。」梁啓超《墨子學案》說：「墨學所標綱領，其實只從一個根本觀念出來，就是兼愛。」

墨家的兼愛平等觀，是墨家的理想和奮鬥目標，並不是說當時已經做到了。墨家分得很清楚，一個是理想，一個是現實。現實是有強盜，有強大國家攻伐、掠奪弱小國家，那些掠奪者或強盜不值得愛，可以殺。

《墨經》論證「殺盜非殺人」的命題，即殺強盜不是殺好人，不犯殺人罪，是正當防衛。這個命題，代表獨立經商的商人利益。經商辦貨，路過深山老林，強盜土匪，聚眾結夥，搶劫掠奪，殺人越貨，搶劫財物，謀害人命，必須組織正當防衛。與強盜生死拼殺，你死我活，在這種情況下，「殺盜」不犯殺人罪。

當時是戰國時代，社會秩序不安定，獨立經商的商人被迫這樣做。小國小城人民，團結拚殺，把攻國掠奪的大國軍隊趕回去，追擊窮寇，除暴安良，有正義性。這也是當時的現實、事實。到了漢代，國家統一，中央集權，「殺強盜」應該是政府行爲，即使是「盜」，個人也不能隨便殺。這時，有俠義精神、用武力助人的墨家集團，就會被禁絕。

墨家的理想是兼相愛，交相利。現實事實和理想不矛盾，是兩回事，是兩個領域的問題。就現代邏輯來說，一個是道義的最高理想，一個是目前的現實事實，這是兩個不同的問題，分屬於兩個不同的道義範圍。

第二篇　墨學的普世價值

第六章　義利合一濟助社會正義之實現

第一節 義利合一論概述

中國哲學思想最具創造精神的年代，首推以先秦時期的百家爭鳴、九流十家獨領風騷，群雄並起之際，儒、墨、道、法、名、陰陽諸學派各自提出其安身立命之論，構成了中國哲學思想的活水源頭，他們的主張不僅豐富了時代的心靈，而且開啓了文化發展歷程，從「天道、神道、人道」[1]的過程，確立了主體性的價值、意義以及人道思想的開展。諸子從各種不同的角度探討生命的根本問題，這個根本問題即是「生命存在之價值何在？」的嚴肅問題，它也正是哲學本源的問題。

因爲周文的崩潰，戰爭與死亡導致生命的尊嚴喪失，悲天憫人的哲人嚴肅地探討人的價值意義，儒家和墨家便是由變動的環境中，從根本上去思考這本源的命題。《韓非子．顯學》所言：「世之顯學，儒墨也。儒之所至，孔丘也；墨之所至，墨翟也。」而儒墨彼此的互相攻詰，最有名的是如下這段話：

> 儒之道足以喪天下者四政焉，儒天以為不明，以鬼為不神，天鬼不說，此足以喪天下。又厚葬久喪，重為棺槨，多為衣衾，送死若徙，三年哭泣，扶後起，杖後行，耳無聞，目無見，此足以喪天下。又弦歌鼓舞，習為聲樂，此足以喪天下。又以命

為有貧富壽夭治亂安危有極矣，不可損益也。為上者行之，必不聽治矣，為下者行之，必不從事矣，此足以喪天下。《墨子．公孟》

是以傳承孔子志業爲使命的孟子，對墨家亦有相當嚴厲的批評：

聖王不作，諸侯放恣，處士橫義，楊朱、墨翟之言盈天下；天下之言，不歸楊，則歸墨。楊氏為我，是無君也；墨氏兼愛，是無父也；無父無君是禽獸也。……楊墨之道不息，孔子之道不著，是邪說誣民，充塞仁義也。仁義充塞，則率獸食人，人將相食。吾為此懼，閑先聖之道，距楊墨，放淫辭，邪說者不得作。《孟子．滕文公下》

這樣截然不同互相攻訐的言論，其根本問題即在於各自的人生洞察及生命識見差異，而在人生價值的顯現上形成對立。在生命識見上乃是儒墨二家哲學思想中最爲歧義之處，名同實異的「義」與「利」衝突的觀念，墨家的「義利一元」及儒家的「義利分殊」之觀念，厥爲首要問題。在道德哲學上，墨子徹底反對孔子及所代表之儒家「重義輕利」之觀點，倡導「義利合一」之思想，以及「兼愛非攻」之實踐精神，乃至棄己利以成就社會大利的觀念，此種思想確爲先秦哲學特色之一，此種「義利一元」之觀點，對於開啓尊重生命和成就社會整體利益來說，亦有不同價值的思考及反省。

墨家所關心的人間秩序的重建乃是透過天志的主宰義之觀念，切入及引導人際關係之建構，同時也自覺到應有一套如何做人的規範，以及追尋生命的價值，並且打破儒家所言，義利是互為衝突、對立的價值判斷，重新詮釋義與利的觀念，這不能不說是哲學上的一大創見與突破。墨子更以其理教人，墨子對道德教育及人與人互存關係亦甚重視，如「有道者勸以教人」〈尚賢〉、「有道相教」〈天志中〉、「尊賢良之人而教之為善」〈非命下〉、「天下之所生先者，以先王之道教也」〈耕柱〉、「而教天下以義者功亦多」〈魯問〉等的說法極為顯明。墨學中的「義」觀念有如下之內涵。

一、義之價值典範為人人必須之法儀。

以墨子之思維邏輯而言，它以天之意志來要求人不可做不義的事，其道德勸諭的主張與行為典範之實踐有其形上之依據，因此以天志為依據和判準人之行為對錯，義也就是天志的化身，互為主體之你我，則必須回歸到天志之範疇，若人人行義，則天下即能不亂；人人心中存在著「義」之典範及約束，才能彰顯義之超越性與普遍性。能行義者在人，因此實行十務即是行義，行義即是法天，人人行為有其依據，依天志之義而行，則義即具有普遍性，義即成為社會人我主體之價值，由最下層之庶民以至天子而達於天便成爲同一體系。因此墨子對「義」之強調及重視，便成爲其思想特色之一，吾人試歸納出其義之思維推演如下：

㈠義之依據：天志或天意。

㈡本質：兼相愛、交相利及其他之務。

㈢行義之具體事例：以「三表法」（有本之者，有原之者、有用者）來說明歷史上之聖王與暴王之例，並用此例闡明義之效用。

㈣行義之具體事蹟：

1. 天賞之以天德，人若實踐天德，上利乎天，中利乎鬼，下利乎人。
2. 人行義，天賞之有天下。
3. 書於竹帛，鏤於金石，琢於槃盂，傳於後世子孫。
4. 天下美名加以其上，仁也，義也。[2]

義具有的道德原則，透過天志之導引，使得人在行爲中能充分體現天志之價值，當吾人深入思考墨子所言：「天下有義則生，無義則死，天欲其生，而惡其死。」《墨子・天志上》即可看出「義」即是天的好生之德與造化之功。因此，吾人認爲「義」本是墨子從天志觀念中直接引伸出來的一個道德觀念，「義」不僅是法儀，而且還規範了社會的各個身分階層，並且是人我互動互利的可能基礎，義既是人之所當行，而人又怎麼知道何者當行，何者不當行，墨子哲學中的「法天」即是答案，行天之言，爲天之義，即是人之正途。

俗云：「人同此心，心同此理」，動機起念處化約爲義，化約爲理，此義此理不從主體思辯入手，因若從主體思辯則違反墨子義理原則，主體思辯之矛盾爲自利心掌控個體心靈，無從開出社會公義，益加證明人間的災難來自利心之驅使，唯有尋找超越主體的客觀權威再造價值社會，故須法天。因此一切人間之既存制度及對象均不可法，自王公大人以迄天子，皆不可法，墨子言：莫若法天，法天即將客觀存在的典範之理，直接引入吾心，人同此理是指透過此一客觀存在的「義理」及「原則」，普化而成共同的道德基礎，人之生命方能有所安頓，社會所面臨的現實苦痛方能徹底解決，否則所有的人爲造作或道德教說皆屬緩不濟急，無助於解決社會之問題，只有法「天」之義，「義理」直接落於吾人行爲上，人人把握天志之義理，依道而行，依理而言，此社會方有可能轉變，以達成墨子兼愛非攻的和平世界早日到來。因此將義擴爲天下之公理及價值規範，同步實踐起而行，墨子身先士卒，赴火蹈刃，而弟子又能追隨其後，鉅子之行爲在墨子書中斑斑可考。

墨子對「天」的尊崇是其思想的一大特色，因爲「天之行廣而無私，其施厚而不德，其明久而不衰，故聖王法之」《墨子．法儀》，因此人間社會之倫理道德皆源自於天、法於天。李紹崑教授將此內容稱之爲「客觀的倫理觀」[3]，此「客觀的倫理觀」即以法天爲基礎。天之三種特性：即廣泛性、深厚性和持久性，墨子的倫理原則都以這三種特性爲基礎，一切的倫理及價值規範，皆從「天志」演繹而來，從肯定「法天」之效果面而言，把「天之理」轉化爲義，爲人倫世界之價值，爲人人所共同接受及實踐的標準，義不僅是客觀之理，由內化而內在，進而構成人我互動的內在道德基礎。

二、利為實現社會公義的外在事功

墨子向統治者提出他的主張，由於其出身卑微，故能站在平民立場，以平凡、平實的主張而能與儒家分庭抗禮，無士大夫文謅謅之言詞，直指人心之貪婪，言人所不敢言，並且以其身教帶領弟子奔走於各國之間，嚴正剖析「自利心」之弊，在思想上及行動上，他都做了表率。〈法儀〉篇中，他剖析人在現實世界之作爲：

既以天為法，動作有為，必度於天；天之所欲則為之，天之所不欲則止。然則天何欲何惡者也？天必欲人之相愛相利，而不欲人之相惡相賊也。奚以知天之欲人相愛相利，而不欲人之相惡相賊也？以其兼愛而愛之，兼而利之也。《墨子．法儀》

墨子以天之所欲所惡爲其評判行爲對錯之準據，天之欲者爲利，天之惡者爲害，以利爲價值取向，在〈貴義〉篇他說：「凡言凡動，利於天鬼百姓者，爲之；凡言凡動，害於天鬼百姓者，舍之。凡言凡動，合於三代聖王堯舜禹湯文武者，爲之；凡言凡動，合於三代暴王桀紂幽厲，舍之。」「利」字成爲墨學在現實世界，人我和諧的共同條件，因著彼此的互利與互不傷害對方爲前提，墨子把「利」之內涵發揮到極致。從文獻上「利」字之涵意，蘊涵墨子試圖告訴當時之統治者與人民，人間的美好世界是可待追求的，是有可能實現的，在〈兼愛〉篇他說：「仁人之所以爲事者，必興天下之利，除去天下之害，以此爲事者也。」「夫愛人者，人必從而愛之，利人者，人必從而利之。」「仁人之事者，必務求興天下之利，除天下之害。今吾本原兼之所生，天下之大利者也，吾本原別之所生，天下之大害者也。」已可大概看出他思想中的著眼處，即一切是站在大公無私，爲天下蒼生請命之立場，透過人與人彼此的兼愛，才會有大利。利爲實現社會公義的外在事功，其思維過程及探究如下。

(一)利爲社會公利，且爲義之俗世意涵。

把義與利並舉，且合爲一說，以指陳義利之價值，此種「義利一元」的觀點獨墨子敢言。在《墨經》中的解釋引述如下：

經上：義，利也。

說：義，志以天下為芬，而能能利之，不必用。

墨家以利說義，義利一元之說，顯示墨子正視人間社會之現實條件及道德實踐之入門，他以社會公利取代人們私利之觀念。從義的實踐面而言，即在尋找人人皆可接受之利，此利即爲社會公利，不偏一己之私利。對於經說上之語，梁啓超認爲：「此經直以利訓義，是墨家根本精神。」[4]一語點出其因，王冬珍在其所著《墨學新解》認爲：

按墨子書恆言「兼相愛，交相利。」兼相愛，仁也。交相利，義也。義者，志以天下為己分，乃能利之，而不以酬報為鵠，若必求酬報，因欲用之而利之，則利非出真心，而以利為餌也。[5]

先秦諸子中以儒、墨二家最重視倫理道德，是社會的基礎道德，孔子提出「正名」以定社會倫常，以「仁」爲諸德之總稱來說明主體道德的發展歷程，以「君子」作爲現實社會完美人格的代表，以「聖人」之修德成就爲人生之目標。對於「利」則是以「義」導之。但儒墨二者理念不盡相同，學者稱此「利」是「利他之功利主義」[6]。在《墨經》對於「利」之價值指導性可說是擴及人倫生活的各個層面，也是人與人彼此互動的關係即在建構出共同之利，從《經》上可以看出「利」的道德意涵：

忠：以為利而強君也。

孝：利親也。

義：利也。

功：利民也。

利：所得而喜也。

再者，對照其他在道德目的見解，也可以看到「利」的影響層面，茲引《經說》之後更能明白：

《經》仁：體愛也。

《說》仁：愛己也，非為用己也，不若愛馬者。

《經》義：仁也。

《說》義：志以天下為愛而能能利之，不必用。

《經》禮：敬也。

《說》禮：貴者公賤者名而俱有敬僈焉，等異倫也。

《經》行：為也。

《說》行：所為不善名，行也。所以為善名，巧也，若為盜。

《經》孝：利親也。

《說》孝：以親為愛而能能利親，不必得。
《經》信：言合於意也。
《說》信：必以其言之當也，使人視，誠得金。
《經》任：士損己而益所為。
《說》任：為身之所惡，以成人之所急。
《經》勇：志所以敢也。
《說》勇：以其敢於是也，命之，不以其不敢於彼此，害之。
《經》利：所得而喜也。
《說》利：得是而喜，則是利也，其害也，非是也。

從上述的定義及內涵不難發現：墨辯對於「利」的觀念給予深入及強化。首先從基本德行的部分來看，舉凡忠、孝、義、仁、禮、信等道德價值，墨辯繼承墨子「利天下而爲之」的觀念皆予肯定其倫理價值功用，將人與人之間互助的美德概以「利」作爲優先考量及判準，即如陳癸淼的看法：

經以「利而強君」為「忠」，「利親」為「孝」，「利民」為「功」，經說上云：「愛民者，非為用己。」「義：志以天下為分，而能善利之。」「孝：以親為分，而能善利親，不必得。」由此可見，墨家雖是十足之功利主義者，然其功利，非求一己之功利，乃是利他之功利主義。而且是不求報，不求得，不求於己有用之利他主義。同時又主盡愛天下人（《經下》七十二條）以使天下人得利而喜（《經上》：「利：所得而喜也。」）故墨家之功利主義比邊沁「最大多數之最大幸福」更為徹頭徹尾且到家，利他的功利主義是墨家道德思想之本質所在，與儒家理性的理想主義相映成趣。[7]

利之提出是基於社會之公義的要求，人若能實踐此道德，則此利即非一己私利，亦惟人拋棄相對條件之對待與交換，利之道德價值才能彰顯，由此可看出，利有二種，一為自私自利，二為公利，通觀墨子書上所言，他無法完全漠視人之自利心的存在，但他主張建立公利與正義的社會，行義見利，人人互利，則義之價值顯現，社會公利即可成人人謹守與追求之社會正義。就道德使命感而言，不得不佩服墨子有此寬闊之胸襟，批判人之自利心，為紛擾之社會尋覓良方。

推而廣之，墨子在〈魯問篇〉中所提出的「十務」，除了是要達成撥亂反治之目的外，更以實踐十務而能興天下之利，除天下之害，故以十務為用，力言尊天事鬼、尚賢尚同、節用節葬、非樂非命，兼愛非攻等積極作為來救人世之混亂與周文之弊，故主張興天下之利造福百姓為首要。此點雖有荀子在《非十二子》所批評「上功用，大儉約而僈差等」；在《解蔽篇》批評墨子「蔽於用而不知文」等語，但實無損於其主張「社會公利」之價值與追求正義之理念，由義之具體化入手，人應拋棄自私自利，損人利己之心，而成就社會之正義與公利。

(二)利從何而起？利當先言兼愛，有愛方有利。

梁啓超對「愛」解釋爲：「愛也者，出於天賦本性之同然，凡人類所莫能外者也。」[8]人群社會之「利」其所由產生，是來自於彼此的兼愛方能創造「利」，故有「兼相愛，交相利」之語。無愛則無利，墨子在〈兼愛〉篇，開宗明義即指出是人類的不相愛，而有戰爭、篡奪、乖逆、盜竊及詐欺等無時無刻發生，從〈兼愛〉篇之敘述可看出其梗概。

> 聖人以治天下為事者也，必知亂之所自起，焉能治之，不知亂之所自起，則不能治。……當察亂何自起，起不相愛。臣子之不孝君父，所謂亂也。子自愛而不愛父，故虧父而自利。弟自愛，而不愛兄，故虧兄而自利。臣自愛，不愛君，故虧君而自利，此所謂亂也。雖父之不慈子，兄之不慈弟，君之不慈臣，此亦天下之所謂亂也。父自愛也，不愛子，故虧子而自利，兄自愛也，不愛弟，故虧弟而自利，君自愛也，不愛臣，故虧臣而自利，是何也？皆起不相愛。《墨子．兼愛上》

墨子在此篇中，分析人間社會秩序之解體及倫理價值之崩潰，究其原因是起源不相愛，人們不相愛的原因又是來自「別愛」，別愛即非兼愛，是自私自利，虧他人之愛，那如何改變此事實呢？他直接以兼愛互利來要求，則君臣的關係可爲惠忠，父子關係可爲慈孝，兄友相愛可爲和調，天下人皆相愛則天下之禍篡怨恨可使毋起，以愛相生，這是何等偉大之道德情操及呼籲。人透過彼此平等及相互的關懷，在五倫的人際關係結構中，用愛來化解各個階層的衝突，用兼愛來維持社會秩序之不二法門，在墨子〈兼愛篇〉中，讓我們又發現另一寶藏，他對「慈」的重視，以慈來貫通你我的彼此之心靈世界，因此「慈」的表現，化解了許多的衝突與矛盾，因爲「慈」是「愛」的化身，社會如果無心、無慈、無愛，社會之亂即四處紛起。

在〈兼愛篇〉之上中下三篇中，墨子率直地說明其理念，因此人與人彼此的不相愛，互虧對方，所產生的結果即是賊他人而利己身，墨子的救世之方即強烈主張「兼愛」，兼愛是不分階級、身分，是發自內心的動力，視對方爲一主體，視對方爲目的，而非僅是個人成功之踏腳石或工具，它是無私無我的全德，是社會倫理關係的凝著劑，要改變社會的混亂與文化的失調，必須人人發現並保有兼愛之心。墨子在〈兼愛下〉篇曰：「子墨子曰：非人者必有以易之，若非人而無以易之，譬之猶以水救火也。」如何易之？墨子在〈兼愛中〉篇所言的以兼愛來取代別愛：

凡天下禍篡怨恨，其所以起者，以不相愛生之，是以行者非之，既以非之，所以易

> 之。子墨子言曰，以兼相愛交相利之法易之。然則兼相愛交相利之法，將奈何哉。子墨子言，視人之國若視其國，視人之家，若是其家，視人之身，若視其身。是故諸侯相愛，則不野戰，家主相愛，則不相篡，人與人相愛，則不相賊，君臣相愛，則惠忠，父子相愛，則慈孝，兄弟相愛，則和調，天下之人皆相愛，強不執弱，眾不劫寡，富不侮貧，貴不敖賤，詐不欺愚，凡天下禍篡怨恨，可使毋起者，以相愛生也。是以仁者譽之。《墨子．兼愛中》

依墨子之理論推演與歷史事實之陳述（如晉文公、楚靈王、越王句踐等），墨子進而提出他的結論：「夫愛人者，人亦從而愛之，利人者，人亦從而利之，惡人者人亦從而惡之，害人者，人亦從而害之。」《墨子．兼愛中》因此，人我之間無愛即無利可言，透過人之愛心，愛爲動力，化解人我之間的矛盾，消除人際間的隔閡，透過愛把倫理關係推向穩定的建構，人間秩序之協調亦由此而獲得安排，此乃聖王之法，又爲天下之治道，墨子直言，無兼愛則無任何事功可言，亦無利可言。

> 故兼者聖王之道，王公大人之所以安也。萬民衣食之所以足也，故君子莫若審兼而務行之。《墨子．兼愛下》

透過兼愛，使得人我之界線與隔閡不再，如果仍然存在著親疏之分，等差之愛，墨子即批評為「別愛」，因此兼愛方能產生公共之利，全體之利。「別愛」無法達成天下之利，墨子要人拋棄自私自利的心，共同建立社會之責任心，其道德勇氣實值可佩，尤其是他登高一呼，以身作則，冀圖為混沌之世，另開光明之窗，「義利一元」讓我們看到在他的學說中並不是互相衝突的，而且還可開出另一價值取向，而為人間之法。

三、義利一元論之理據

㈠仁愛義利的新思維

「兼愛」是墨子的社會實踐之鑰，他秉持理想，其根本目的是為了救天下蒼生，治天下於正軌。莊子就對墨子之言行提出「真天下之好」的美譽。墨子找到了社會問題的病根，這個病根是來自人的不相愛，只視我自己的存在而無視於他人的存在，墨子點醒人與人彼此皆是社會性的動物，人不能離群獨居，因此必須將不相愛之心徹底揚棄，方有人間淨土。因此要批判別愛之說，亦有如下之論：

> 墨子把社會混亂的根源歸結為人與人之間的不相愛，主張不遺餘力宣傳「兼愛」，以代替流行的「偏愛」弊端，使社會由亂到治。這雖然未必是抓住了社會混亂的最深層次的原因，但至少是道出了人與人關係上所普遍存在的流弊，意識到道德的巨大社會作用。[9]

墨子所批判的事實如下：統治者不能從事於道德的實踐，人民的痛苦與苦難，統治者又怎能感同身受，既無感同身受，必然地會以照顧自我利益爲優先，因此要求統治者屏棄私念以百姓爲先，這是極其困難之事，是故攻伐兼併之事發生，那是自私之愛，是自利的行爲。墨子說這絕不是仁人之所當爲，他常說的人生事業是「仁人之事者，必務求興天下之利，除天下之害」的事業，因此爲天下興利除害，是墨子及其門徒生活的目的及努力的目標。以此標準而言，就必須跳脫以個人本位的思考，進入社會本位，當人失去了這份同情共感的體貼與感受，對於他人苦難視而不見，這豈是仁人之所當爲？墨子對此問題稱之爲「巨患」，在〈非樂〉篇他主張：「民有三患，飢者不得食，寒者不得衣，勞者不得息。三者民之巨患也。」因此仁人之所應做之事是「有力者疾以助人，有財者勉以分人，有道者勸以教人」的社會關懷，如此才能使得「飢者得食，寒者得衣，亂者得治。」這個希望純粹是基於站在平民階層出發的立論，亦無高調，只要統治者或他人能予改變所忽略的另一層面，則社會大利之實現才有可能。

從《墨子》一書的案例與《墨經》闡述的自然科學思想，其目的皆是在實踐社會的大利，他所主張的方法與工具皆在改善大衆的生活，實現平等的社會。在墨子與公輸子的對話中可以得到充分的證明，《墨子．魯問》曰：

公輸子削竹木以為鵲，成而飛之，三日不下，公輸子自以為至巧。子墨子謂公輸子曰：「子之為鵲也，不如所之為車轄。須臾斫三寸之木，而任五十石之重。故所謂功，利於人謂之巧；不利於人，謂之拙。」

由此段敘述得知，工藝技巧的目的是在利民，不能利民雖有工藝之巧，如削竹木爲鵲，成而飛之，有三日不下之巧，誠可謂之極盡巧妙，但是卻無利於人民之利，即無社會大利，則此巧藝不足以稱之兼愛利民；反觀須臾三寸之木而能負五十石之重，則其價值更高。三寸之木亦是巧，而其價值不僅是巧更是功，產生社會大利，因而有其價值顯用。這是從社會本位之觀點反思人性之私，當思予以改之。

因此，當以兼愛及仁義爲基礎考量，著眼於社會群體利益所產生的「義利一元」說出現時，即有別於儒家對利的不同認知，在《經說下》即明白提出這樣的看法：「仁，愛也。義，利也」，有愛必然有利。」《大取》：「有愛而無利，乃客之言也」，更何況墨子並沒有排斥自愛，在《大取》篇他說：「愛人不外己，己在所愛之中。己在所愛，愛加於己。倫列之，愛己，愛人也。」以這樣的命題主張及墨子事蹟來說，墨子的道德實踐絕非僅以自愛爲滿足，而是必須做出兼善天下的社會關懷。

㈡「義利一元」開出人我之間的互補與肯定

墨子在〈耕柱〉說：「今用義為政於國家，人民必衆，刑政必治，社稷必安。所為貴良寶者，可以利民也，而義可以利人，故曰義天下之良寶也」，在〈非攻下〉他說：「故古之知者為天下度也，必愼慮其義，而後為之行。是以動則不疑，遠邇咸行其所欲，而順天鬼百姓之利，則知者之道也。」墨子告訴我們為義即可獲利，因為義是從天志而來，是公義而非私義，如果義不是公義，則將如墨子在〈尚同〉所說的情形，一人一義，二人二義，十人十義，最後的結果為「是以人是其義，以非人之義，故交相非也。」墨子也從來不諱言利，但是他所說的「利」，是義的化身，愛人即能利人，能愛人即能利人，它不僅是主觀的情感與倫理要求，更是實踐義的具體行動。因此，在墨子的思想與行動中，墨子所給予追隨者的信念不是唯利是圖，而是唯利是愛的舉動，也是「愛人利人」的互利，是公利，是利他的道德實踐，唯有通過人與人彼此間的互助互利，個人利益才會有保障，個人利益一旦獲得保障，而創造社會利益之規約也被衆人所共同遵守及肯定，如此，自我生命才有肯定和立足，全體生命亦當隨著每個人的自我肯定而得到最適的安頓。

㈢從公利與公義開出公民意識的文化

公民意識的觀念是傳統中國文化中欠缺的重要內涵，俗云：「各人自掃門前雪，莫管他人瓦上霜」的觀念根深柢固，尤其是在傳統文化中的五倫僅僅建構在以血緣關係為基礎的範疇中，「群己倫理」的觀念與制度在二千年來並未建立，於是「人情之國與差序格局」的特色表露無遺，於是人與人關係的建立是依據彼此人情的情面，如黃光國所說的人我互動即呈現如下三種模式：「1.家人：親情與需求法則。2.外人：冷漠與公平法則。3.熟人：人情與人情法則。」[10]這樣的認知與處世態度構成了傳統文化的現實面，但卻讓我們看不到屬於全體存有者該當共同關切的文化價值面，於是在人我疏離的情境下，發展不出以溝通為道德，以社會大多數人利益為考量的社會意識，為社會進步的思考模式，也無法在心中培養起大公無私，不以私害公的觀念，現代化社會所需的公民意識很難建立。對「利」的認知往往流於負面的評判，如「君子」與「小人」之區分，在行為上每個人又是如此的自私自利，因此導致理想與現實脫節。

余英時說「內傾的文化」是中國文化的特色，講求「內聖」的文化固然是要「返求諸己」而向內探求，向內探求是個體對至善的要求與追尋，「外王」則是向外的探求，是對於政治至善的要求，二者應該合一而不可偏廢。中國傳統哲學所開發出來的智慧是確立一種由自身本性出發，然後再向人性返本歸真的模式，但是一旦忽略向外探求的精神，則人人所要求的「社會秩序合理性」及「個體權利的內容保障」二個重要觀念便會落空。亦即是如果忽略了「社會秩序合理性」的存在必要性，則墨子所說的「一人一義」、「十人十義」的混亂社會將再出現，「社會秩序的合理性」是要求實現社會正義，何者該予限制，何者應予保障，亦即是一個講求平等原則的公義社會是文化發展或社會機制運作的目標。

其次「個體權利內容的保障」，本質上個體是指每個活生生、有血有肉、有感情有理性的個人，無論其爲治人或是治於人，身分是社會菁英或平民大衆，每個人皆應是知識、價值與權利的主體，「互爲主體」的觀念建基於平等的價值，一個公義社會的形成，必予重視的這兩項內涵。近代社會的公民意識是大家共同遵守具有普遍客觀並且相互同意的規範，在公義的原則下，達成自我的實現。每個公民有其發展與表現的自我目標，這個自我的目標與社會的公義價值彼此應是相容而不衝突的。

以儒家倫理觀所發展出來的「差序格局」理念，是以個人爲基礎，以家族血緣爲主幹，有其人情與倫理上的必然發展步驟，這正是中國人的生活文化中，重人情與自利而少了社會群體意識的一種文化，一個只強調「私」、「個人」、「感情」、「關係」的文化，充其量僅止於家族倫理的範圍，是無法提升至公義與公利的社會倫理範疇，一個具備公平與正義的社會，應是一個符合「義」的規範的道德社會，更是強調人是理性主體的社會，走向現代化的社會，公利與公義觀念確屬需要，建立人我與社會群體之共識的途徑，開發出屬之於群體社會所需的公民意識，墨子將「義」與「利」作聯結，是墨家政治哲學的貢獻。在社會建立起如下之觀念：

權力分配的原則、公義社會的內涵解釋、公共利益的可確定性；如此藉著公民意識的啓蒙，不否定人確實存在著自我利益的考量，道德境界可以是團體利益的共同追求，若兼愛而至於其極，則視人如己，泯人我之界限，如此焉還有彼此之分，這即是仁、即是義，亦是愛、亦是利，即是功。苟能如此，既滿足自我自利之營求，同時兼具公平與正義的社會倫理之欲求亦應當時別地被提出，人與他人、個人與團體、企業與國家在「義利之間的關係」才能明確規範。

墨子在道德要求上對義利觀念的強調，及在人格理型上的實踐，使他獨樹一格，正如孟子所說的墨子「摩頂放踵」之評價，實具有道德功利主義的傾向。從「義利一元」之論點來說，義與利擺在同樣的位置，主張以「兼」、「利」爲義，所謂「上利乎天、中利乎鬼、下利乎人，三利無所不利，是謂天得。」〈天志下〉導出「義、利也」的結論，這種觀點即有學者稱之爲「道德功利主義」[三]，並且認爲此種思想影響知識分子的價值取向，墨子這種以義爲利的價值取向，義利一統，對於理想與現實有較持平的看法，不會偏於道德的空想與教條，而其義之基礎，則是來自於追求私利之時，更要維護社會公共之利益，將「自利心」轉化而成「公利心」，雖然沒有開出外在形式之規範與限制，但實又蘊含公民意識普遍化與社會機制制度化的概念，他對於俗世生活的價值觀採取務實的態度，主要原因是墨家生活於相對的世界裡，從現象世界出發，尋找人倫之弊與社會之病，從外在的經驗上及天志權威二方面解決人心之安頓，因此義利一元絕非是境界的體驗，而是內在理則外在經驗的法則，是人與他人互動的原則，以此原則構成社會進步，因而才有天下大利之預測及追求。

從「義利一元」論亦可看出它在當代社會仍有不同的意義，在公民社會中，進一步實現此價值取向，使得「社會公利」能成爲自我實現的追求目標，人的道德理性告訴我們，「自利心僅是人性初發之弊，藉由陶成及培養，形成另一團體意識」，人會隨著此脈動作自我修正，道德之理念更能深入淺出指點迷津。在墨子身上，吾人看出其對生命之熱誠，對人間秩序重整的苦口婆心，對撥亂反正的執著和繼承傳統卻又能開出處世之智慧，「義利一元」說雖未能形成中國哲學道德人格理型之主流，但能提出跳出傳統，另創他類思考。尤其是在今日社會面對工業文明所帶來的道德失落及無力感，這種正視人性，接納人性發展之過程，勸人拋棄自利心開出實現公利心，而能開出不高談道德之絕對性，務實地來點醒人心之共同歸向與社會群體利益，實有其值得借鏡及啓發之處。

第二節　社會正義之內涵與實踐

在墨子哲學中，「兼愛」與「非攻」這兩個觀念，是最能充分表現他所希望實現之社會倫理，吾人試著先從這兩個主張中來抽絲剝繭，以建構墨子的社會正義觀。首先就內涵而言，有如下二義：

一、以「政」說社會正義

〈天志〉篇對於「政」有如下之描述，並且將「政」釋為「正」的意思，第一層的意義是政治的本質即是實現善政。

義者，善政也。何以知義之為善政也。曰天下有義則治，無義則亂，是以知義之為善政也。（《天志中》）

子墨子曰，天之意不欲大國之攻小國也，大家之亂小家也，強之暴寡，詐之謀愚，貴之傲賤，此天之所不欲也，不止此而已，欲人之有力相營，有道相教，有財相分也，又欲上之強聽治也，下之強從事也。上強聽治，則國家治矣，下強從事，則財用足矣。若國家治，財用足，則內有以絜為酒醴粢盛，以祭祀天鬼，外有以為環璧珠玉，以聘撓四鄰，諸侯之冤不興矣，邊境兵甲不作矣。（《天志中》）義者正也，何以知義之為正也，天下有義則治，無義則亂，我以此知義之為正也。然而正者，無自下正上者，必自上正下。（《天志上》）

墨子把「義」釋為「正」，此「正」是實踐善政，善政的內涵是實踐天志之意，走尙同之路，並且能以「有力相營，有道相教，有財相分」之方法，將眾人的地位與價值作一合理的安排，不因人之身分不同而有差別待遇。在實施義政的最高假設上，墨子以三代聖王行義政而能獲天之垂賞，他說：「且今天下之士君子中實將欲為仁義，求為上士，上欲中聖王之道，下欲中國家百姓之利者，當天之志，而不可不察也，天之志者，義之經也。」《墨子・天志上》同時這種義政的實施是配合尙同的政治，為善政的層次依庶人、士、大夫、諸公、三公、天子而至天為一整體的政治尙同體系，最高位階的主宰之天，是為所有層級義政的價值根源，此種理論不脫封建政體的制度，人民服從諸侯國君的統治，天下服從天子的統治，天子又服從於天的統治，因此「天」是義政的價值根源，人間的各級統治者的施政不能背離天之意志，天之意志即是在實現義政，即如前述之「有力相營，有道相教，有財相分」的平等共享互惠的政治型態，如上之強聽治，能廣納言論，虛心聆聽人民之聲音，以為遷善改過，才稱之為義政；而下之強從事也，社會上各階層的份子戮力從公，人人依本分而行，於各自崗位盡自己職分作為，如此之實踐即是在〈非樂上〉篇所說實際的政治世界：

王公大人蚤朝晏退，聽獄治政，此其分事也。士君子竭股肱之力，亶其思慮之智，內治官府，外收斂關市山林澤梁之利，以實倉廩府庫，此其分事也。農夫蚤出暮入，耕稼樹藝，多聚菽粟，此其分事也。婦人夙興夜寐，紡績織紝，多治麻絲葛緒綑布縿。此其分事也。

由〈非樂〉篇所述社會上各個階層的人皆能盡其本分，做其本事，依義政所規定的職責與範圍而從事，如此一來，每個人之功能充分發揮，如果社會上之人人皆能如此，則社會上總體的社會利益才能產生，利的價值顯用於此充分展現，這才是一個平等的社會，幾近於：「人盡其才，地盡其利，物盡其用，貨暢其流」的大同理想社會價值之實踐。因此從「分事」之觀點來看社會正義，則人人的地位與階級所被賦予的職責是無可逃避與替代的，而且也是不應該逃避的責任。這種實踐社會正義的典範代人物，墨家極力推崇大禹，《大取》言：「爲天下厚禹，爲禹也；爲天下厚愛禹，乃爲禹之人愛也；厚禹之加於天下，而厚禹不加於天下，若惡盜之爲加於天下，而惡盜不加於天下。」此言禹實踐了社會正義厚愛民眾，而成政治上之典範，禹之爲義政與實踐的結果是天下人皆厚愛禹，由此可見墨家最尊崇禹之作爲，禹之爲天下厚天下之實踐，天下之厚愛集於禹一身，勉墨徒當法禹之所爲。

二、以「仁」說社會正義

社會正義所實現的社會是一個怎麼樣的社會呢？墨子以「兼愛」爲「仁人之所以爲事」，

人與我同出於一體，故愛人如愛己，愛己非爲用己。在《經》曰：「仁：體愛也。」《經說》：「仁：愛己者，非爲用己也，不若愛馬，著若明。」依《說文》「體，總十二屬也。」體爲全身之總稱，故「體」有「全」、「兼」之意，故體愛即兼愛之意。如下之引述，可見墨子之聖人胸襟與仁者風範：

> 兼愛為墨子之基本學說，而「仁者」為墨子之理想人格，故仁者，必兼愛全人類（兼愛中．下篇均開宗名義以兼愛為仁人之事。）故曰：「仁，體愛也。」[12]

從墨子的各篇著作中，亦可了解「釋義爲仁」是他一生的志業，仁之意義即在於社會正義的永恆價值。

> 今人獨知愛其身，不愛人之身，是以不憚舉其身以賊人之身。人與人不相愛，則必相賊。凡天下禍簒怨恨其所以起者，以不相愛生也。是以仁者非之。（〈兼愛中〉）

> 今天下王公大人士君子，中誠將欲為仁義，求為上士，……當尚同之說不可不察。（〈尚同〉）

以仁釋義最具體的一段話，當是《經說》之解釋「仁，愛民者，非為用民也，不若愛馬」。換言之，統治者（人君）愛民的動機絕對不是為了要用民才愛民，如此則是不仁之事。從〈兼愛〉諸篇中可理出一個很清楚的思維：仁人之所從事者即是行兼愛之事，是求利天下之事，而不求利己，思、言、行的動機皆出於為天下蒼生百姓設想，統治者之愛民絕非是要御用人民百姓，所以才愛民，如此將視人民為手段，而非目的。《大取》曰：「天之愛人也，博於聖人之愛人也；其利人也，厚於聖人之利人也。大人之愛小人也，博於小人之愛大人也；其利小人也，厚於小人之利大人也。」此段言人應法天之偉大胸襟以兼愛利人。當然亦可由其他篇章看出在仁人身上實踐之各種仁事，其最終之終極關極，即是「聖人」人格氣象與襟度，「聖人」之人格為先秦諸子心目中的一種理想人格與典範，墨家哲學所關心者是人之價值的終極關懷，不僅是現實世界道德修養之典範，更是道德人格的完型，《大取》曰：

> 聖人惡疾病，不惡危難；正體不動，欲人之利也，非欲人之害也。聖人不為其室臧之故，在於臧。聖人不得為子事，聖人之法；死忘親，為天下也。厚親，分也，以死忘之，體渴興利。有厚薄而毋倫列之興利為己。……聖人有愛而無利。

吾人觀察自墨子本人以至於其門徒，皆有赴火蹈刃、死不旋踵之高度道德情操，表現出大無畏及仁者無敵之氣概，此皆由於踐履篤行仁者風範，由此亦可看出墨家之聖人，其生命是兼愛的發揮，一切以關照全民之利害為唯一考量，是故惡疾病非為己而惡，乃是因恐疾病而害其「為天下興利」之大事業；聖人不為一己之私而謀利謀財，亦不為其子之事而煩心，因為這是聖人之法。為親厚，乃人子之本分也，聖人因渴於興天下之利，親死而忘之，是故聖人心中有對全社會百姓之愛，棄私利存公理與公義，全民普受其愛而得利，可稱得上是聖人仁者生命的終極關懷與目的。而其仁者風範—無己、無家、無子等，唯以全民普受其愛而得利，確實為先秦其他學派在道德實踐上之所不及，雖有孟子「無父無君」之批評，但切勿因片斷取舍之問題，而忽視了墨家仁者聖人之胸襟氣度確實存在著對於道德實踐的執著。

三、實現社會正義之機制

墨子重建人間社會秩序的原則既經確立，往下開出實踐的進路，因此若僅停留在理論領域而不能轉化成為生命事業開發，則學理僅是理想而已，因此必須導出社會機制的運轉與流行，社會正義才能為人群所接受。在《呂氏春秋》中，將墨子與孔子稱為「二士」，「無爵位以顯人，無賞祿以利人，舉天下之顯榮者，必稱此二士也。皆死久矣，從屬彌豐，充滿天下。」[13]因此，項退結將墨子譽之為「維護道統」[14]的代表，既與孔子並稱二士，面對崩解的社會制度如何能予重建，以尋回人間淨土，墨子除了以「義利一元論」來作為道德原則之外，要建立社會正義的途徑必當透過「十務」以行，而其中在「社會機制」的建立上，務實可行的便是從「非攻」、「節用」、「節葬」、與「非樂」四方面予以闡述及批判。墨子的企圖是透過「義利一元論」作爲社會價値分配的法則，使得在以兼愛爲內在動力之前提下，透過經濟面的功能，實現「有力者疾以助人，有財者勉以分人，有道者勸以救人」之目的。若此，則「飢者得食，寒者得衣，亂者得治，若飢則得食，寒則得衣，亂則得治，此安生生。」《墨子．尙賢下》之實現，以迄天下國家政治尙賢尙同之目標。

墨子身處時代巨變的先秦環境中，有勇氣挺身而出，提出「義利一元」的論點，不以自己卑微的身分、微小的力量而減低其道德勇氣，發出正義的聲音，並且以積極的態度，指點人性另一遭受蒙蔽之層面，尋找建構社會的正義，其勇氣實令人折服。這與西方哲學的啓蒙之地希臘哲學的巨匠柏拉圖（Plato，西元前四二七～三四七）在《理想國》（The Republic）討論「什麼是正義」的命題似有異曲同工之妙。在希臘哲學中，所謂正義就是道德上對的行爲，到底道德與利益有沒有衝突，柏拉圖指出這兩者並無衝突。參酌柏氏之說看出是否可由「社會正義」所建構的「理想社會」，反思中國哲學中關懷人生追尋理想境地的眞諦。柏氏的《理想國》觀念，其簡要內容爲：「柏拉圖相信，人類的理智只要能發展到某種程度—亦即兼具各種『理性』精神，『共和國』不是不可企及的空談。他所謂的理性精神，當然包括人對宇宙、對精神、對社會、對彼此，乃至於對自己的態度。以理性、秩序與美德爲架構基礎的社會，當然需要完整的制度規畫折衝，所以柏拉圖發展出層分三級的一套階級體制，並爲各階級籌謀職責與義務責任。」[15]依柏拉圖在道德哲學方面的見解，他認爲追求眞、善、美的理型世界，也就是靈魂先前存在的世界，當是一個人生活於世的努力方向與目標。就此論點而言，近於「終極關懷」（ultimate concern）之概念。柏拉圖在《理想國》裡，把德行作了四種分類，分別是智慧、節制、勇敢與正義。[16]人要具備這四種德行，才是幸福快樂之人。而實踐「理想國」的各種方法中，以「正義」的概念爲最基層，「正義」的啓發要通過「教育」[17]。反思墨家所追求的社會正義及其所建構的「尙同」制度，是否可成爲一理想的國度（或稱烏托邦）可能是另一個課題，但對照起柏拉圖在「理想國」中所主張的「理性精神」，中國先秦哲人所高舉的「道德理想主義」，就其價値意涵而言，無不是提示人們經由努力當可實現社會正義的烏托邦；而墨子更以實際行動來表達追求一種理想國度的渴望。墨子所建構的「尙同」制度，正可以說明一個高度理性與道德的組織（國家）一定要實現正義的理念，才能保持永恒，國家一定要與正義的精神一致，這才是建立理想國度的起點。墨子在〈尙同〉篇即指出，在未有國家之前的社會是自然狀態，一人一義，十人十義，莫衷一是，如無有效的規範及可共同接受的原則，社會的公平與正義將蕩然無存。其原文曰：

> 古者民始生，未有刑政之時，蓋其語人異義。是以一人則一義，二人則二義，十人則十義。其人茲眾，其所謂義者亦茲眾。是以人是其義，以非人之義，故交相非也。是以內者父子兄弟作怨惡，離散不能相和合。天下之百姓，皆以水火毒藥相虧

害，至有餘力，不能以相勞；腐朽餘財，不以相分；隱匿良道，不以相教。天下之亂，若禽獸然。《墨子．尚同》

這種混亂的情況，正足以說明二件事，一是必須對「義」作界定，到底「義」的本質爲何？另一是既然一人一義，以己義非他人之義，那麼什麼是衆人可接受的「義」，這即是墨子立論的特色，也是他延伸此觀念建構社會正義的起點。其實儒家的荀子也不約而同的想到這種情形，荀子曰：「人生而有欲，欲而不得，則不能無求，求而無度量分界則爭，爭則亂，亂則窮，先王惡其亂也，故制禮義以分之，以養人之欲，給人之求。」[18]可見荀子亦發現給予「養人之欲，給人之求」，透過禮義之統是解決問題的方法，對價値的分配作一合理的安排，社會的秩序才能步上正軌，而人「生而有欲」之問題不能漠視它，而是正視它，但若要滿足人之欲求，有一共同認可且願遵守的原理原則不僅是理論上之應然，更爲事實上之必然。只有形成外在規範與社會客觀形式的權威，上自王公貴族，下至販夫走卒皆須共同遵守，方能打破混亂導入正軌，但此問題確爲一巨大的文化問題。但墨子提出以義含利，以利釋義，義利一元之說，以此爲基礎所關懷者爲社會上弱勢族群，這亦是墨子站在平民立場發言的原因，並且作爲道德實踐與追求社會正義的起點，墨子對於「義」與「利」二者的分量及重要性，他認爲應擺在同樣位置，主張以「兼」、「利」爲義，從「上利乎天、中利乎鬼、下利乎人，三利無所不利，是謂天得。」〈天志下〉，從中導出「義、利也」的論點，固有學者將此論點稱之爲「道德功利主義」[19]，並且影響知識分子的價值取向。但由此亦可看出墨子對於「人生應然」與「人生實然」兩問題所秉持的持平心態，對於建構具有社會正義的社會，他鼓勵盡後天的一切努力，積極樂觀永不放棄的態度，對於強凌弱，衆暴寡，兼併篡奪之事迎頭痛擊，可說是十足的「雖千萬人吾往矣」的精神表現。

墨子從「義利一元論」出發，確信正義之價值可在政治的社會中實現，要平天下以治國，從政治上切入是最爲快速的方法，改變混亂失序的現狀，「政治」的突破是唯一的選擇，故「人性論」不是墨學所特別思考的主題，儒家諸子所闡揚的論點，對他來說都不比「正義治國論」來得重要。治國依正義的邏輯，依墨子原意即是此正義的觀念是從客觀的主宰之天而來，故義不由己出，不由君出，是從天志天意而來，這種訴諸於天志以指導人民大衆的合理的公平的意願，是「天理」、「公理」與「良心」。如何予以保障，因此以「尙同」建立價值一元化的系統，以絕對性的觀念確保天志理想的實現。其內容如下：

1. 「八不」：大國不攻小國、大家不亂小家、強不劫弱、衆不暴寡、詐不欺愚、貴不傲賤、富不侮貧、壯不奪老的八不原則。
2. 「三有」：有力者疾以助人、有財者勉以分人、有道者勸以教人。
3. 「兩強」：上之強聽治、下之強從事。
4. 「三之」：國家之富、人民之衆、刑政之治，是政治的最高目標。
5. 「三利」：利國家、利百姓、利人民的三利原則。

故以上所稱「八不」、「三有」、「兩強」、「三之」與「三利」等，是墨家實現社會正義的總體性原則與標準，也是提出社會正義如何可能的確定性答案，這些價值立論要獲得實現，則必須要與統治者對話，只要他們能接受墨子的政治主張，必能收到實際的政治效果。

第三節 義利合一論的時代意義

墨家哲學可以歸納爲如下的觀念：基於實現社會正義之價值理想，及講求生活節約的經濟原則之下，主張以節用、節葬、非樂、自苦之方法，回復到簡樸及清貧的生活，爲經濟生活之基準；政治的終極目的是在重建合理的社會秩序，合乎倫理原則與群體生活目標，包括君臣惠忠、人不相賊、父慈子孝與兄友弟恭等倫理常規所構成的穩定秩序與狀態；爲達成上述之目標，當以有效地運用治術的方法，講求德治、尙賢與尙同之策略，以實現政治的終極理想，由此可知：政治系統的運作是結合經濟原則、倫理原則及價值原則，在這樣的實踐進路下，被期望實現的結果是：一個包含著經濟原則、倫理原則與價值原則運作的政治系統，與義利一元的正義與平等兼愛展現人我關懷的社會。

要能實現「義利一元」的社會標準，便需要有行事的標準，不管是治理國家的依據、職權與內容，或是社會各行各業的作爲皆有其客觀的標準，此標準就終極權威而言是天志，而在人間社會便是一具有公正、客觀的理性規範，而「法儀」便是墨家的獨創。要「法天」的理由是「天之行廣而無私，其施厚而不德，其明久而不衰」，因此「法儀」之象徵意義即在於它是一種標準，也是社會思想與行爲的標準。墨家把政治之德與政治之法二者作一結合，分辨其主從地位，吾人可發現，墨家所說的「尚賢政治」、「立正長」、「賢可者之人」、「賢良聖知辯慧之人」即爲「政治之德」，人的道德品性爲政治實踐的首要考慮。在此處吾人發現有另一值得觀察的重點，墨家已注意到一個具有普遍性、客觀性、有效性的行事原理及規範有其必要性，而「法儀」的觀念即在於要求及規範人與他人之相愛相利，而非相惡相賊，合理的生活秩序只有在法儀的觀念中得以實現。

因此，「德」與「法」並非對立，而是二者須作理性與制度的結合。爲求一同與尚同，根源於天志的人間之法除有其立論基礎外，亦有其必要性，「法儀」的觀念正是建構人間秩序與合理生活的具體化。在中國哲學的思考對象上，對於天理、人情與法律這三者之關係，一般的認知是三者必要有一適當的協調與配合，在歷史的事實發展上，儒家所重視者爲天理與人情的密切配合，開出「道德主體」與「政治主體」的結合模式，以道德駕馭法治；法家則重在「客觀存在之法理」對人情的指導與約束，而有「法治主體」的觀念，天理的觀念基本上是否定的，墨家則是在這三個觀念思維的建構中，以天理指導人情，建立客觀的依據與常規要人遵守，因而有「義利一元」的觀念。其中蘊含著「法儀之倫理化與社會化」的精神，墨子在其思想中所主張的「德治」與「法治」互為配合之觀念，可為今日社會追求經濟價值，唯功利是尙的社會，帶來另一新觀念的啓發。

從墨子所強調的「天賞」和「天罰」的兩觀念來看，天是人間之法的化身，從道德勸說的角度來看，透過兼愛與兼利來引導人心向善，符合天志之要求。從制裁的角度來看，天賞和天罰則是促使甚至是強迫人們不可為惡的理由。因此賞善罰惡是天所定，也是人所同的標準。日本學者織田萬原說：「道德者，訓戒之者也；法律者，命令之者也。一以示愛人之本務，一以明害人之節制；一以標識人生之性情，一以規定國民之行為。」[20]一語道出道德與法律之眞義。

「自利」與「利他」同為人性發展的二個被認為互為衝突的概念，但它又是現代社會頗具討論價值的議題，古代的儒墨之爭便是一例，而西方企業倫理觀中也有重視組織整體利益的觀念，因此，人們看到的是「飢餓三十」的確幫助了非洲飢民，如果因為這樣讓發起運動的企業提升了企業形象，何而不為呢？這種自利也利他的雙贏結果，又何嘗不是鼓舞企業重視倫理的一大動力呢？

吾人試從墨子的「義利一元」論，指出企業是可以義利並存的，而不是企業被外界認知的只有利而無義，或是談義而就會降低公司的獲利，「自利」與「利他」是現代資本主義經過反省修正之後的觀點，在追求「自利」的同時，「利他」即是義，而義即是利，二者是可以付諸實踐，產生道德價值與建立公益形象。墨家哲學敢於挑戰儒家的教義，其精神內涵便是建立在「反省」，透過反省的途徑試圖解開「利」與「義」的衝突，將此「反省」精神應用於今日企業而思考其企業倫理，當有助於對問題的澄清與修正。

從一九八〇年以西方世界尤其是資本主義高度發達的美國，特別針對企業中的倫理議題提出呼籲，在這股反省與批判資本主義的浪潮中，社會責任（social responsibility）與倫理原則（ethical principles）不斷地被提出，並且形成現代企業倫理的理論基礎與價值判斷的內涵。企業的經營不僅是「自利」的問題，它的影響層面，還擴及至「人與社會的問題」，此問題就非用自利二字可以概括，因已涉及到「利他」的問題。邁入二十一世紀，吾人該當從「反省」的角度，思考墨學的時代性與意義問題，至二〇〇六年五月爲止，人類依然進行報復性的殺戮與假藉其他理由的屠殺，不免讓吾人想起墨子極力鼓吹的「非攻」思想。「全球性倫理觀」（global ethics）對自己、對他人、對不同宗教與文化的開放心態，仍然沒有獲得應有的對待，尤其是在資本家以利潤掛帥的前提下，「全球性倫理」的議題更是需要重新反省與定位。

第七章　從非命看生命開發的積極向度

第一節　墨子對於「命」觀念的批判

《墨子》對於儒家的批判，〈非命〉上中下三篇是極為重要的文獻。〈非命〉它所表達的意念是對「宿命論」的批判，對於執有命者的強詞奪理，墨子深不以為然，他認為這是生命上嚴肅的課題，必須導正觀念。循此思路，首先必然要對「非命」的概念作一整理與消化，在定義與範圍上作一界定，以得到整體性的觀念，從中可看出墨子對生命賦予的意義與積極的向度。

一、墨子所認知的「命」之概念

墨子肯定「天志」是一主宰之天，而非自然之天，人的禍福之所得，是根據人是否依據天志之義而行所作的結果，人如不能行天志兼善之意，則將得禍，人如果能在道德實踐上依天志之義而行，則將得福，因此是否實踐天志的要求，即成為是否得到賞罰的依據。因此，「天志」是不會誤導人走向宿命之論，天志是積極的引導人走向善的道路，既是道德實踐，也是福國利民之事，因此墨子所批判的宿命觀念，絕非天志所主張的道德之天、主宰之天。但如不果是「天志」所說的概念，此「命」又要作何解釋？墨子提出了他的解答：

> 子墨子言曰：「古者王公大人，為政國家者，皆欲國家之富，人民之眾，刑政之治。然而不得富而得貧，不得眾而得寡，不得治而得亂，則是本失其所欲，得其所惡，是其故何也？」子墨子言曰：「執有命者以襍於民間者眾。」執有命者之言曰：「命富則富，命貧則貧，命眾則眾，命寡則寡，命治則治，命亂則亂，命壽則壽，命夭則夭，命窮則窮，命達則達，命貴則貴，命賤則賤。雖強勁何益哉？」上以說王公大人，下以駔百姓之從事。故執有命者不仁，故當執有命者之言，不可不明辨。（〈非命上〉）

墨子這段話中指出，一般宿命論者所謂的「命」是指一種聽天由命，無所作爲的消極性看法，換言之，即是放棄人作爲一個價值主體所該當有的作爲，淪於接受既成事實的安排，無生命的尊嚴與美感，既無道德實踐的動機，又無人生向善奮鬥的動力，如無積極導正，則政事廢弛，百工荒怠，必致國家敗亡，社稷傾覆。執有命者認定：命富則富，命貧則貧是不可損益變更的，如此的觀念將導致每個富人更加振振有辭，強占他人利益以增其富，貧窮之人則因執此觀念，不思積極反省，失去熱愛生命的勇氣，反正一切皆已命定，人又能改變多少？因此執有命者認爲：憑一己之力想要改變既成事實是不切實際的，尤其是對生命境遇的種種條件及原因，如壽、夭、窮、達、貴、賤等，抱持消極冷寞的態度，認定這已是命中注定，雖強勁何有益哉！依墨子的看法，上述生命境遇的壽、夭、窮、達、貴、賤諸條件皆是生命的偶然條件，而非生命的必然條件，人可以依靠自己的天生秉賦及後天的努力來改變環境，而非一味地認定成功與失敗、壽夭、窮達、貴賤等結果皆已命定，墨子所反對的即是這些對「命」似是而非的認知概念，他根本上即不認定成功與失敗是由命來決定的。

此種普遍流傳的「宿命」觀念，即是來自「死生有命，富貴在天」的命定觀念，此種觀念之產生與當時封建社會有其必然的關係。由於封建世襲的制度，使得「身分取向」取代了「成就取向」，貴族政治形成了對身分職位、權勢、利祿的保障，所謂「只問出身，不問人品」便成了一種牢不可破的制式觀念。一旦以身分取向取代成就取向，便會形成了社會不公平和權力資源的壟斷，相似的情形，也表現在用人的觀念上。在〈尚賢〉裡墨子即批判統治者在用人方面，出現的偏差，是晉用「骨肉之親」及「面目美好」者流，形成了種種的流弊，導致賢者無機會與聞政事，因此墨子提出「尚賢」以救專制及封建之弊。這是他力圖打破「死生有命，富貴在天」的宿命觀念的積極作爲，爲人們的成就動機尋找動力根源的一項哲學突破。

其次，如果不非命，則墨子哲學所強調的「社會正義」、「人間平等」、「用人唯賢」、「官無常貴、民無終賤」、「社會公義」與「社會公利」的種種主張必無由實現。因爲當所有人都承認並接受宿命論的觀念，出身貴族階級的人，命中注定即是大富大貴，反觀出身賤民階級的平民百姓，即無憑一己之力創造成就的可能性，更不必談及以個人成就而改變身分階級的可能性，這對立於平民階級發言的墨子來說，是個無法接受的事實，因此必當予以揚棄，才算是符合社會正義。

二、以「三表法」證明執有命之謬誤

對於「三表法」之評價，梁啓超、胡適、馮友蘭等學者皆持肯定的看法，認爲這是接近於西方邏輯的概念，爲先秦中國哲學最具特色的學術思想之一。墨子將「三表法」喻爲「法儀」，法儀即是標準與準則，也是追求眞理的步驟，他說：「言而毋儀，譬猶運鈞之上，而立朝夕者也，是非利害之辨，不可得而明知也。故言必有三表。」（〈非命上〉）而「三表法」之判準如下：

> 何謂三表？子墨子言曰：有本之者，有原之者，有用之者。於何本之？上本之古者聖王之事。於何原之？下原察百姓耳目之實。於何用之？發以為刑政，觀其中國家百姓人民之利，此所謂言有三表也。（〈非命上〉）

墨子在立此法儀之後，即對執有命者批判，他依此思維法則，從「本之者、原之者與用之者」之三法則，開展他哲學思想中最具方法論雛型的一頁。

㈠本之者：本之於天鬼之志與上古聖王之事。

「本之者」的「上古聖王之事」，是從古史上的聖君與暴君之治績，不論所得到的結果是「治」或「亂」，二者與「命」並無根本上的關聯，治亂的關鍵是繫於是否實行德政所致，而非命中注定如此。可見事在人爲，不在於命定，從古聖王之事蹟即能證明治與亂非依於命。

> 故昔者三代聖王禹、湯、文、武，方為政乎天下之時，曰：必務舉孝子而勸之事親，尊賢良之人而教之為善。是故出政施教，賞善罰暴。且以為若此，則天下之亂，將屬可得而治也；社稷之危也，將屬可得而定也。……天下之治也，湯、武之力也；天下之亂也，桀、紂之罪也。若以此觀之，夫安危治亂，存乎上之為政也，則夫豈可謂有命哉？（〈非命下〉）

其次再從「天鬼之志」以證明執有命之觀點是不對的，「天志」與「明鬼」這兩個觀念是墨子再三強調的概念，也是他不滿於儒家的理論。因爲天鬼之志是善的概念，也是義的化身，是利民福民，更積極正向的要人從事於義，兼相愛交相利，而能行善行義。而執有命卻是反天志鬼神之道而行，好逸惡勞，曠時費事，不思積極振作，而直說命當如此，何須強勁。這種觀念與行爲，皆不是天志鬼神所期待的，尤其是執有命者，忽視人爲價值美善之主體，因此天鬼之志的驗證及實踐，便從古聖王獲賞，暴王獲罰即可以看出來，人即須順天法天，確立人爲道德實踐的主體性，體天之道而行，要能如此則須去掉執有命的觀念。

㈡原之者：原於百姓耳目之實

墨子曰：

我所以知命之有與亡者，以眾人耳目之情知有與亡。有聞之，有見之，謂之有。莫之聞，莫之見，謂之亡。然胡不嘗考百姓之情，自古以及今，生民以來者，亦嘗見命之物，聞命之聲者乎？則未嘗有也。……然則胡不嘗考之諸候之傳言流語乎？自古及今，生民以來者，亦嘗有聞命之聲，見命之傳者乎？則未嘗有也。（〈非命中〉）

墨子的第二表，主要是透過經驗事實與社會實情而作的推論，所驗證的對象從市井小民到王公貴族，他反覆地以各階層人物的感官經驗與歷史演變作基礎，得出「命」是不存在的結論，這是歸納法與經驗法則的運用而已。墨子以無法經由感官經驗的耳、目、口、鼻等察覺出「命」的存在，而導出「命」於事實上是不存在的。在第二表中，除了徵之百姓耳目之實外，墨子還認爲可以加上「徵之於三代聖王之書」，無論是《商書》、《夏書》皆可證明「命者暴王作之」的話是可以成立的，因此墨子才要非之，而有「今天下之士君子，將欲辯是非利害之故，當天有命者，不可不疾非也。執有命者，此天下之厚害也。」（〈非命中〉）因此執有命者是「覆天下之義」，是「滅天下之人」。

㈢用之者——發以爲刑政，觀其中國家百姓人民之利。

所謂「發以爲刑政，觀其中國家百姓人民之」，另一個意思是「發而爲政乎國，察萬民而觀之」之意（〈非命下〉）墨子是講求政治的實際效用，所有的言論必有其立論的準則，所有的道德實踐也必當要有其實際效果的彰顯。因此「三表法」的第三法是要檢驗能否使得人民獲得最大的利益。墨子曰：

> 是故古之聖王，發憲出令，設以為賞罰以勸賢，是以入則孝慈於親戚，出則弟長於鄉里，坐處有度，出入有節，男女有辨。是故使治官府，則不盜竊，守城則不崩叛，君有難則死，出亡則送。此上之所賞，而百姓之所譽也。執有命者之言曰：上

之所賞，命固且賞，非賢故賞也。上之所罰，命固且罰，不暴故罰也。是故入則不慈孝於親戚，出則不弟長於鄉里，坐處不度，出入無節，男女無辨。是故治官府則盜竊，守城則崩叛，君有難則不死，出亡則不送。此上之所罰，百姓之所非毀也。執有命者言曰：上之所罰，命固且罰，不暴故罰也。上之所賞，命固且賞，非賢故賞也。以此為君則不義，為臣則不忠，為父則不慈，為子則不孝，為兄則不良，為弟則不弟，而強執此者，此特凶言之所自生，而暴人之道也。（〈非命上〉）

墨子花了很長的篇幅，反覆地論述執有命者之論苟若實現，則社會將陷於是非不分、正義不彰的情境，人的努力變成是無意義的，因爲一切的事實將告訴世人，這些事實都已經命定無可改變，努力亦成枉然。因此從「發以爲刑政」的角度來說，如果大家都相信一切由命，則賞罰根本上是無作用的，賞罰的作用乃在獎善懲惡，於人群作爲有是非標準，勸善懲惡本是社會發展的律則，於今獎善懲惡失去其原有的功能，賢與不肖不分，怎會有刑政之治的可能。墨子特別以湯、文王之例，二人之所以能王天下，絕不是命固，而是積極作爲，包括「與其百姓，兼相愛，交相利，移（多）則分，率其百姓，以上尊天事鬼，是以天鬼富之，諸侯與之，百姓親之，賢士歸之。未歿其世，而王天下，政諸侯。」（〈非命上〉）

反觀持有命者之論點，則不思實行善政以利天下，等到天下社稷喪失，不思失敗之因，反而以命作爲藉口，也不知罷不肖，行善政以力求改變命定之說，如此則對於國家百姓無一是處可言。

墨子最後提出了結論，指出執有命之不當及不利之處：

今用執有命者之言，則上不聽治，下不從事。上不聽治則刑政亂，下不從事則財用不足。上無以供粢盛酒醴，祭祀上帝鬼神，下無以食飢衣寒，將養老弱。故命上不利於天，中不利於鬼，下不利於人，而強執此者，此特凶言之所自生，而暴人之道也。（〈非命上〉）

基於「三表法」的邏輯之運用，墨子從三面向對執有命者之論點，一一加以辯駁，而歸結到如果人人執有命之說，則國家人民之利將受最大之傷害；如能破除執有命之說，將可創造價值，與社會正義的實現。因此墨子才特別批判執有命之不當以警惕世人，同時，他也在其他篇章對執有命者強力反擊。

有強執有命者以說議曰：壽夭富貴，安危治亂，故有天命，不可損益；窮達賞罰，幸否有極，人之智力，不能為焉。（〈非儒下〉）

假設相信這種論點，則社會與政治將是如下之情形，「群吏信之，則怠於分職；庶民信之，則怠於從事。吏不治則亂，農事緩則貧，貧且亂政之本。而儒者以此爲道以教，是賊天下之人也。」（〈非儒下〉）對墨子而言執有命是不能接受的觀點必將非之。在〈公孟〉亦有類似批判的言論，其目的同爲天下百姓蒼生設想，人的價値顯現及自我尊嚴之建立，不能從執有命之說，執有命之說只會帶來自我的否定，無所作爲，不利天鬼，亦不利人我之努力。就歷史法則與古聖王之經驗，階級可以打破，貴賤可以調整，如果人人皆能積健爲雄，以成就取向代替身分取向，不正是突顯了人的價値嗎？

第二節　以「強力」破除執命之說

如果採信宿命之說，人人將以此爲行事準則，將會是一個什麼樣的世界？墨子非常憂心人因爲相信這種觀點，將導致文明的衰退。「昔上世之窮民貪於飲食，惰於從事，是以衣食之財不足，而饑寒凍餒之憂至。不知曰：我罷不肖，從事不疾。必曰：我命固且貧。」（〈非命上〉）這是相信宿命之說之人所發之言。如果是亡國之君不知檢討失敗之因，反而歸咎於命，而眞正的原因卻是「昔上世之暴王，不忍其耳目之淫，心涂（志）之辟，不順其親戚，遂以亡失國家，傾覆社稷，不知曰：我罷不肖，爲政不善。必曰：吾命固失之。」（〈非命上〉）如果統治者及其國人民皆深信此觀念而不疑，又怎能期待他們可以勤於治國，勤於持家，勤於治身，執有命者廢棄人事上的努力，生命枯槁而無以爲繼，奮發向上之心消磨殆盡，將無益於福國利民事業。墨家批判命定之說，一破一立最爲明顯，所謂「破」是指批判執有命說的不當，而「立」者之義是當思如何重建價值觀，以建立新典範。墨子爲重建新的價值觀與倫理秩序，在〈非命下〉即從「立」之角度加以剖析，以「強力」破除宿命之說。

墨子勉人破除執有命之說，語重心長地告誡人該當仿效賢者如此，「初之列士傑大夫，慎言知行，此上有以規諫其君長，下有以教順其百姓，故上得其君長之賞，下得其百姓之譽。列士傑大夫聲聞不廢，流傳至今。而天下皆曰其力也，必不能曰我見命焉。」（〈非命中〉）當舉國上下能「強力破命」，所得是什麼樣的結果？墨子提出各階層，不同身分之人皆能盡期所能，強其命而致之：

> 今也王公大人之所以蚤朝晏退，聽獄治政，終朝均分，而不敢怠倦者，何也？曰：彼以為強必治，不強必亂，強必寧，不強必危。故不敢怠倦。（〈非命下〉）
>
> 今也卿大夫之所以竭股肱之力，殫思慮之知，內治官府，外斂關市山林澤梁之利，以實官府，而不敢怠倦者，何也？曰：彼以為強必貴，不強必賤，強必榮，不強必辱，故不敢怠倦。（〈非命下〉）

今也農夫所以蚤出暮入，強乎耕稼樹藝，多聚叔粟，而不敢怠倦者，何也？曰：彼以為強必富，不強必貧，強必飽，不強必饑，故不敢怠倦。（〈非命下〉）

今也婦人所以夙興夜寐，強乎紡績織紝，多治麻絲葛緒，綑布縿，而不敢怠倦者，何也？曰：強必富，不強必貧，強必暖，不強必寒，故不敢怠倦。（〈非命下〉）

上述之人的「強力」作爲，才是國家富足之保證，破除執有命之說，各級人民不敢懈怠，則受惠的即是全體人民，而國家也不至淪於衰敗滅亡之地，因此執有命之說，誠爲「天下之大害」。以「強力」破除有命說，即能勤於治國、理家、治身。譚家健認爲：「墨子所謂『強力』，即努力工作。其內容十分廣泛，不僅包括體力勞動，而且包括腦力勞動；不僅指人類爲改變物質生活而作的努力，也指爲了改變社會地位所下的功夫。」[1]

由此可知國家之富強與否，卿士大夫的貴賤榮辱，農夫婦人的貧富溫飽與否，不取決於命，而取決於他們是否能勵精圖治與努力勞動奉獻。因此天下之治亂在於力而不在於命，令聞實譽也在於力而不在於命。此即是「天下之治也，湯武之力也；天下之亂也，桀紂之罪也。若以此觀之，若安危治亂，存乎上之爲政也，則夫豈可謂有命哉。」（〈非命下〉）吾人還可從其他的文獻發現存在著相同的觀點，〈天志中〉提出：「上強聽治，則國家治矣，下強從事，則財用足矣。」亦是相同的道理。不以「強力」破除執命，是很難實現正義的社會。

何以人只要選擇「強力」即可破除「執有命」，換言之，人是否擁有這樣的能力，可以破除迷障。從墨子其他的篇章，可以發現他主張的「強力破執」是普遍存在的，如在政治制度上主張「官無常貴，民無終賤，有能則舉之，無能則下之」（〈尚賢上〉），在社會發展上，他主張兼愛交利，要人改變生活態度，在教育方面則是「有道相教」（〈天志下〉），還有是在經濟層面的節用、節葬諸觀念，最後是兼愛的現實關懷，也是一例。上述之引論，無不指向一個積極性的觀念，強力振奮人心之可能，振衰起敝，而要能奮發向上，無「力」不足以克竟全功，惟有不執有命，強力從事，方有改變現實環境之限制與條件的機會。但是人又是如何辦到強力從事之能呢？人是否有此能力，可以改變既存事實與限制。墨子強烈的肯定人具有如此的條件與特性以衝破樊籠，且不甘於成爲現實世界與既存條件的俘虜。何以見得？在〈非樂上〉即有證明：

> 今人固與禽獸麋鹿蜚鳥貞虫異者也，今之禽獸麋鹿蜚鳥貞虫，固其羽毛，以為衣裘。因其蹄蚤，以為絝屨。因其水草，以為飲食。故唯使雄不耕嫁樹藝，雌亦不紡績織紝，衣食之財，固已具也。今人與此異者也，賴其力者生，不賴其力者不生。（〈非樂上〉）

人和動物之差異何在？在〈非樂〉篇，吾人發現其中最大的關鍵是人具有支配自然的能力，而不爲自然所限制，所謂「開物成務」，即是人不因著其動物性本能，而墮入動物性被安排與命定之循環，人是可以自食其力，擺脫動物性，創造人的文化。這種驅策之能力來自何處？它是來自人的「強力而爲」，即是「上強德治」與「下強從事」的概念，這是主觀意志的表現。

墨子已經意識到：1.人和其他動物的區別，主要在於人能支配自然，而其他動物只是利用自然。2.勞動是人類社會生活的基礎，是人類賴以生存和發展的主要條件。把勞動（特別是體力勞動—力）提高到如此高度，是前所未有過的。從這點也可以看出，墨子確是勞動者的代言人。[2]

吾人從墨子的主張與行誼中，也發現了這種「強力而行」的具體事證，如〈公輸〉記載的事實，也是「強力」的證明：「公輸盤爲楚造雲梯之械成，將以攻宋。子墨子聞之，起於齊，行十日十夜，而至於郢。」這種爲天下公義奔走的舉動，確實非常人所能爲，如無強烈使命感絕無可能如此。因此他要大聲疾呼，警喻世人一個事實，人與動物之差異，關鍵即在「賴其力者生，不賴其力者不生。」這是墨子的偉大發現，社會各階層之人，要了解如無強力而爲，「執有命」不僅無法改變現狀，反而替人類帶來災禍。所以他說：「君子不強聽治，即刑政亂。賤人不強從事，即財用不足。」（〈非樂上〉）人人忘卻分事，則國家不能大治，所以破除宿命之言，必當強力而行。

墨子主張的「非命」觀念，確實是中國哲學的一項突破，命與力是兩個相對待的觀念，持有命說者，必反對強力而行之說，持強力之說者，也必反對有命之說。所以執有命之觀點在社會發展上必會造成巨大傷害：

壽夭貧富安危治亂，固有天命，不可損益，窮達賞罰幸否有極，人之知不能為焉。群吏倍之，則怠於分職；庶人信之，則怠於從事。吏不治則亂，農事緩則貧，貧且亂政之本，而儒者以為道教，是賊天下之人者也。（〈非儒下〉）

墨子非命之說恰如暮鼓晨鐘警示衆生，人的自我信念與信心之建立，乃是來自於不甘於被自然及外物所擺布及控制，如果相信命定之說，則人生夫復有何意義，因爲一切既是命定而不可改變，生命之樹又豈能萬古常青。墨子給予吾人主觀意志挺立之勇氣，勉人不能隨波逐流，唯有強力而行，突破逆境，自強不息。因此梁任公對「非命」給予很高的評價：「墨子非命，眞千古之雄識哉！」[3]可謂實至名歸。

第三節　使命與承擔

墨子及其門人所組成之團體在先秦時期的表現，在義理思想與實踐作爲上，確實有別於其他學派，因此才能贏得與儒家並稱「顯學」之美譽。墨子最初也是學習、詩、書、禮、樂等儒家的學術，但是到了後來他主張「非樂」及對儒家之「禮」的制度展開批判，就此點而言，墨子在禮儀教化功能上之批判與突破，在方法上是激進的，他的反儒傾向與激烈的態度，是其學派在性格與價值判斷上的特色，雖然最後儒家取得傳承「道統」的「正統」地位，在歷史的潮流及統治者的優先選擇之下，墨家被認爲是「其道不與先王同，毀古之禮樂」[4]而淹沒於歷史的潮流中。但是墨家在爭取思想創新與文化重建的風潮中，勇於爭取思想主導權，並且在「政治與道德」的現實關懷中，把道德與政治的命題闡述得最爲淋漓盡緻，從墨子之出身也賤，但又不放棄其文化理想與終極關懷來看，我們並不因其出身平民，或是站在平民立場發言，而抹殺作爲一個知識分子所應有的「承先啓後及歷史承擔」之角色，反而因其勇於作此突破，而能帶來不凡的思考及啓發。

「士志於道」本是《論語．里仁》的一句話，其原文是「士志於道，而恥惡衣惡食者，未足與議也。」，這段話說明士的價值取向與人生努力的方向，必須以「道」爲最後的根據與權衡，士如果無法自我超越反而受制於現實條件，那即失去作爲士的道德使命感，這是知識分子所必須惕勵自省之處。墨家所主張的「非樂、節用、節葬、尙儉」的清貧簡樸生活觀念，比起其他學派之作爲更見突出。他所表現的積極作爲，以「自苦爲極」之精神，比起儒家具有選擇性的偏好或道家的避世手段，更是有過之而無不及。只要看《論語》的這段話，便能略知一二。《論語．泰伯》曰：「危邦不入，亂邦不居。天下有道則見，無道則隱。邦有道，貧且賤焉，恥也；邦無道，富且貴焉，恥也。」以孔子之道德修養和人生閱歷而言，「危邦不入，亂邦不居」似乎太過於消極。再說「有道則見，亂邦不居」，更有一種遁世、避世之取向。但墨子面對天下之亂，卻積極面對，迎向前去，爲救宋國，十天十夜趕至楚國，而弭平了一場戰爭。墨子的非攻主張，不僅不會因過度理想化而致束之高閣，他特別重視實踐之方法，這些事實均可證明墨子及其門人對於「士志於道」強烈的使命感。因此「士志於道」之使命感當是墨家關心生命尊嚴與社會生活的具體的表徵，此點與儒家可說是分庭抗禮、無分軒輊。

傳統知識分子對於文化創造與自我期許的堅持，通常是以「道」來作爲價值取向及最後的裁判，「道」表現出來的內涵是一種高度理想主義的關懷，甚至要求超越個人與群體之利害得失，而去創造一種高度道德性與理想性的普世關懷。但在現實的層面上，卻又必須面對統治者所掌握的「權勢」，在「權勢」的威權之下，知識分子所強調的「道」之理念又要如何自處與調整？有無可能尋求「道」與「勢」之合宜的關係與對待呢？否則當二者的關係並不融洽時，「道」在客觀形勢之下永遠是弱者，甚至到最後淪爲「勢」的附庸，知識分子的理想性與熱誠隨波逐流。從這個角度切入，勢必要將「勢」與「道」二者作一對待與重建，墨子一再推崇

「古聖王」之範例，以作爲掌握政治權力之人的借鏡，他所說的「古聖王」典範也就是「道」與「勢」之綜合體。

墨子所提倡的「尙同」與「尙賢」的觀念，核心理念是人人上以天志之是非爲是非，天子亦須符合天志之義，天子從爲賢之角度，「壹同天下之義」之後，天下才能大治。吾人從〈尙同下〉的這段話可以得到許多啓發。

> 然計天下之所以治者，何也？唯而以尚同一義為政故也。天下既已治，天子又總天下之義，以尚同於天。故當尚同之為說也，尚同之天子，可以治天下矣，中用之諸侯，可而治其國矣；小用之家君，可而治其家矣。是故大用之，治天下不窕；小用之，治一國一家而不橫者，若道之謂也。故曰治天下之國，若治一家，使天下之民，若使一夫。意獨子墨子有此，而先王無此其有邪？則亦然也。聖王皆以尚同為政，故天下治。何以知其然也？於先王之書也。

余英時分析墨子的這個核心觀念，認爲：「這段話最足以證明墨子的『尙同』之道本是他所『獨有』，不過他託古於『先王』而已。」[5]這是對墨子知識分子性格及歷史使命感的一個詮釋，他進一步分析：

依照這個理論，則「道」與「勢」必須是合一的，因而自不能贊許儒家那麼「道」、「勢」兩分的說法，更不必說什麼「道尊於勢」了，但此在墨子亦不過是就究根之義言之，墨子並不承認當時實際上已有一位「壹同天下之義」的天子。所以「尚同」說和孔子所謂「天下有道，則庶人不議」最多也不過是程度上的不同而已。認真地說，在墨子的心目中，只有接受他所承繼的「先王之道」的「天子」才有資格「壹同天下之義」，在這位「天子」不曾出現以前，墨子和孔子一樣，是把「道」承擔在自己的身上的。[6]

如果天下人都能「壹同天下之義」，以天子之言行典範為模範，天子本身又必須向天來學習，這也是墨子從天志說所發展起來的一個邏輯系統，天子為天所節制，天具有賞善罰惡之權，天子該當法天，古聖王有法天之事實而能獲天之獎賞，因此「法先王」（古聖王）便是唯一的選擇。但就歷史事實而言，墨子實際上並未看到當時有符合「古聖王」條件之天子出現，因此實踐「道」的重責大任便落在自己的身上，由他自己來承擔，故可證明：他所提出的「尚同」之法，雖是託古於聖王之說，但實際上卻是他的獨創。

從以上的分析，不難看出墨子對於時局的關切和作為「聖王」的自我期許，這樣的使命與承擔確實是很艱鉅的，但墨子並不因現實環境之窒礙難行而有所氣餒。「尚同」即是主張同於上，講求集權，統一是非，統一思想，統一步驟，確實是統治之術，亦是政治控制之法，透過這個治術，達到君臣萬民統一認識，而能令行止禁，法出必行的目的。在《經》及《經說》有關於闡釋政治哲學的理念，亦有提及此部分。由於墨子以體愛詮釋仁，以利詮釋義，墨子的假設是統治者應體察萬民之所需，愛人利人是本性之實然與應然，在《經說》所言的愛民非為用民，以利天下為己任，因此政治的本質即是實踐仁義而已。但因人的智慧與能力高低有別，存在著治人與治於人二者之區分及對待，在《經》即指出「禮，敬也。」《經說》云：「貴者公，賤者民，而俱有敬僈，焉等異論也。」墨子所言之「貴與賤」、「公與民」是指人的智能高低之差異，智能高者墨子勉以財力助人則自貴，智能低者接受他人之協助，身分地位當然較低。君主與臣民是上下關係，君居萬民之上，而成政治體制的中心，《經》：「君，臣萌通約也。」《經說》：「以若名者也。」臣民共同約定而有名位與身分之不同，故應共同遵守而服從，臣民奉行天志之義，並協同統治者以建立道德化政治體制，此體制即是「尚同」之政制。再論政治實踐的目的何在？《經》云：「治，求得也。」「得」者即在於能得民心，能以兼相愛交相利之道得天下，行兼愛互利之政即是愛民利民，制度措施得宜即合乎義，這是因能利民才能有所得。

其次，墨家在其哲學理念中，尚有一傳承歷史使命與為政之方的觀點，為政講求「尚賢」，創造「賢人執政」亦是傳統德治觀念的延伸，「尚賢」也就是「尚士」，士者為具有德行、辯談之能及政事能力之人，因此墨子要賦予他們三本——爵位高、蓄祿厚、任之以事令，使民服從，這本是禮賢尊士之法。但就尚賢理念之本意而言，溯其根源即是法聖王之道，這仍然是墨子的獨創見解。從託古聖王之作爲，統治者拋棄情私之見而能尙賢，使得政治與道德結合而成行「十論」之治，至於爲政之道的內涵爲何？墨子說爲政者所須注意及實踐的要求爲：

謹其言，愼其行，精其思慮，索天下之隱事遺利，以上事天，則天鄉其德，下施之萬民，萬民被其利，終身無已，故先王之言曰，此道也。大用之天下則不窕，小用之則不困，脩用之則萬民被其利，終身無已。（《墨子．尙賢中》）

這是把「道」的理想性、實踐性及效果性說得極爲透徹的一段話，因此實踐「道」的責任要落在何人身上，當然落在「賢士」身上。由於他對當時統治者習用親戚、故舊、容色姣好者之作法深不以爲然，而持強烈的批判，因此對於用人基本原則的堅持甚爲明顯，亦藉此批判統治者「皆明於小，而不明於大」之錯誤。

可見統治者重用賢士的方法，便是讓他們在政治事務上發揮所長，墨子認爲「賢」者便是有道德、有學問、有技能之士，此時「道」與「勢」之關係，應是「勢尊於道」，只有如此，才能把士的角色與使命發揮出來。因此居四民之首的士「爲輔相承嗣」方能舍我其誰。可見墨子將賢能之士當作國家社會的中堅、宗器之瑰寶，建立賢人政治與道德規範的政治文化，這些重責大任是落在「士」的身上。是故，吾人從「尙同」與「尙賢」的兩個治術觀念中，了解墨子把「士」的地位抬升上來，包括「農與工肆之人」的平民階級皆可稱之，可謂開階級平等之先河，「士志於道」的理念也就更為擴大，「士」並非是儒家所獨享的專利，墨家「法聖王」之觀念又與傳統歷史文化結合，有其「道統」上的傳承，從「法聖王」到「士志於道」，墨家之「道」就其歷史承擔及建立政治道德典範而言，是一個不可被忽視的事實，墨家對「士志於道」的理念，確實於理論及實踐上作了一個新的哲學突破。

第八章　和平主義論

第一節 非攻之理由

哲學蘊含的是對一個理想的目標和願景的思維與批判，政治哲學的理念是對現實制度的缺憾之期待而有以修正，人類理性之所以可貴，即在於人的理性思考的過程及結果告訴我們，人如果還不能接受理性是人與動物最大的不同，那麼人如禽獸也就視之為當然。理性要求我們做一個人要把人的優質性發揮出來，而不能墮入「弱肉強食」之社會體系。因此，政治哲學又搖身一變成為一種實踐意向及價值導引，它要求人必須具備一種「視人如己」的道德情操，與他人共同經營這個社會，使得人的生命獲得保障，並且過著有尊嚴的生活；換言之，從最基本的安身立命，到最高層的政治理想國之追求，哲學家必須要拿出一套政治行動的實踐的綱領，以實現此遠景。墨家的政治哲學亦不例外，他的政治哲學理念中，不乏內在思維及針對國家制度的反思及因應對策，但若無法將此理念化身為普遍性的客觀價值，開展國與國之間的和平志業，則仍不免功虧一簣。但是當時的社會制度與文化都不是哲學家所期望的人間淨土，因此必須從改變現狀入手，日籍學者戶川芳郎分析如下：

如果注意到當時的倫理是儒家所主張的嚴格區別上下尊卑，強者要求弱者片面服從「孝悌」秩序這種事實，那麼從勸告父子、兄弟和君臣雙方都要相愛這一點看，墨子已經有了他獨特的主張。從當時人與人的關係來看，墨子宣揚人倫的對等義務這件事，明顯根據於救濟弱者的思想。同時又和他否定家長式家族倫理相聯繫的。[1]

由此看來，「兼愛」講求的是人與人之間都要平等對待的人際關係及德性，雙方的關係是和諧，而非片面的強制。如果社會環境也能如此，則政治的理想之夢或可實現，但事實卻又不然。

墨子從支持弱者的思想出發，否定了弱肉強食的社會關係。墨子首倡「非攻」，要求正面譴責強者侵略戰爭。如果日常發生在身邊的犯罪，君子們是能正確區別殺人、竊盜等輕重罪行的。但是一旦發生比強盜殺人更凶殘數百倍的侵略戰爭時，世間的君子不進行非難，而且認為是正義戰爭而大加稱讚，用巧言將黑胡說成白，以致將它記錄下來（《墨子．非攻上》）。就像這個要點所表明的那樣，墨子在這種樸素的言論中，嚴厲地抗議了身為政治、道德領導者的「君子」，面對侵略戰爭，顛倒價值觀，任意操縱輿論的行為。[2]

上述的這段分析，已經將現實存在的問題表露出來，墨子提出「非攻」來作為批評國與國之間的戰爭的不義，這種認知與價值觀是不容顛倒黑白的。這些歷史上血淋淋戰爭的事實，顯示社會並無正義及公理。陳顧遠在談到墨子爲何如此主張時（政治哲學的尚同及非攻），他認爲「這是墨子看見孔子正名主義不中用，才用實利主義更替一下，……墨子意在弭兵，所以倡出『非攻』的論調，使當局明白攻伐的壞處，戰禍或可減少了。」[3]這個觀念，墨子在〈魯問〉篇開宗明義的說：「國家務奪侵凌，則語之兼愛非攻。」因此「非攻」純粹是政治哲學之應用，並能符合政治實用之原則與產生最大效益。

思想不能悖離社會眞實，墨子的年代，越王勾踐已滅吳稱霸、三家將分晉、田氏篡齊，是一個戰爭盛行的年代，人道關懷之音如弦斷音絕，因此他對大環境的感受尤其格外強烈，而對於造成人倫崩潰、生命尊嚴不保的社會，墨子除了大力鼓吹兼愛思想圖以改正之外，其政治哲學之應用即在如何止戰非攻，因此從社會重建的角度而言，提倡兼愛是喚起人類良知與普遍的理性，這是社會重建的基礎，需要教化與勸導，時效上可能緩不濟急，爲求最大效果，即是直指問題核心，說服統治者放棄大國征小國之能事，剖析戰爭之不義，因其不義而帶來的社會大害，只有非攻止戰才能創造社會大利，也才稱得上是人間之「義」亦可證明非攻之和平主義論，具有善世之價值。今引墨子之言論以說明非攻之理由。

一、戰爭不利於天、鬼與人，因此戰爭為人間社會之不義。

在〈貴義〉篇，墨子說：「所攻者不利，而攻者亦不利，是兩不利也。」這只是言明雙方皆爲不利，其不利之程度，即如〈非攻〉所言有三方面：

第一是不利於天。「夫取天之人以攻天之邑，此刺殺天民，剝振神之位，傾覆社稷，攘殺其犧牲，則此中不中天之利矣。」《墨子．非攻下》。要明白墨子何以提出天之人與天之邑，必須回到〈法儀〉篇來看：「天下無大小國，皆天之邑也。人無長幼貴賤，皆天之臣也。」因此天下之人本是同一根源，又何忍自相殘殺，做出種種違反天有好生之德的殺戮行爲，這豈是天之利，更非天之本意。

其次是不利於鬼。墨子接著說：「意將以爲利鬼乎？夫殺之人，滅鬼神之主，廢滅先王，賊虐萬民，百姓離散，則此中不中鬼之利矣。」《墨子．非攻下》。戰爭導致萬民遭劫，鬼神無血食當然不符合鬼神之利。

第三是不利於人。所謂：「意將以爲利人乎。夫殺人之人爲利人也博（薄）矣，又計其費，此爲周生之本，竭天下百姓之財用，不可勝數也，則此下不中人之利矣。」《墨子．非攻下》。

由上述之三不利來看，不利天、鬼神與人，即是形成社會之大害，該當有因革損益之作爲，因三不利之作爲即是違反社會公義之事，統治者當愼思有以去之。即如〈非攻下〉所言：「必愼慮其義，而後爲之行」，基於「義利一元」之說，此義即利，一個作爲如能符合三利之事即是利，也才算是義。這也即是〈天志上〉所主張的「順天意者，義政也，反天意者，力政也」。從「義利一元」之觀點來探究此三不利，也就成爲三不義，因此他強烈的主張非攻，反對戰爭。吾人將〈非攻下〉篇之論點，列爲他主張非攻之理由，實有感於戰爭違反三利之事，是造成天下大亂，征戰攻伐屢興之因，不能不予批判。而此篇之論證，尤有其特色。日籍學者宇野精一對此見解如下：

> 下篇由數段邏輯、論證組織而成。下篇也描寫侵略戰爭的樣態，極力追究因之而起的生產力低下之弊害，併貫道上、中兩篇之論法，強調侵略違反正義、違背利益。[4]

二、戰爭是不仁與不義

「仁」這個字在墨子著作中也經常出現，雖不似儒家之孔子對「仁」做出因人因時因地之不同，而有不同的意義與內涵，墨子經常使用的稱呼通常不是單一個仁字來使用，而是指稱具有身分地位及道德內涵之人，如「仁人之所以爲事者，必興天下之利，除去天下之害。」

（〈兼愛中〉）此處之「仁人」是指進德修業，有兼愛胸懷的統治者而言。再如〈法儀〉篇所說的「仁者」、「法不仁，不可以爲法」亦指道德之事。此處墨子針對戰爭之行爲，作了一個價値判斷，他認爲戰爭這件事根本上是不仁與不義，違背人性法則，造成生靈荼炭，尤其是強權攻伐無罪之國更令人深惡痛絕。

今有一人入人園圃，竊人桃李，眾聞則非之，上為政者得則罰之。此何也？以虧人自利也。至攘人犬豕雞豚者，其不義又甚入園圃竊桃李，是何故也，以其虧人愈多。苟虧人愈多，其不仁茲甚，罪益厚。至殺不辜人也，扡其衣裘，取戈劍者，其不義又甚入人欄，取人牛馬，此何故也？以其虧人愈多，苟虧人愈多，其不仁茲甚矣，罪益厚。當此天下之君子，皆知而非之，謂之不義。今至大為攻國，從而譽之，謂之義，此可謂知義與不義之別乎？《墨子．非攻上》。

墨子在這段的論證中，由小處著手，從最小的虧人自利開始，至攻伐無罪之國或鄰國，其不義甚明，但在知識分子的道德判斷中，二者應是同一件事，而不能稱小過爲不義，攻伐征戰則無人非之，其尺度及評斷標準應是一樣的。相同的事例，在〈魯問〉亦有相似之言：「竊一犬一彘，則謂之不仁，竊一國一都，則以爲仁」，如此一來，即產生價値混淆，莫衷一是，小錯爲不仁，大錯反稱之爲仁，這豈不是自相矛盾。因此戰爭攻伐不僅不能符合墨子政治哲學之理念，更是一種大不義的行爲。在〈耕柱〉篇，他也是以二例對比及比喻之方式來說明其非攻之理念。

> 今大國之攻小國，譬猶童子之為馬也。童子之為馬，足用而勞。今大國之攻小國也，攻者農夫不得耕，婦人不得織，以守為事；攻人者亦農夫不得耕，婦人不得織，以攻為事。故大國之攻小國也，譬猶童子之為馬也。《墨子．耕柱》。

此種作爲也是不仁不義，因此非攻可說是「兼愛理念的客觀化」，因此「非攻」這個概念，消極在「非」此行爲之不當，積極面則是實踐「愛人之國若愛其國」，攻伐本身是不義之事，也是不利萬民之事，可說是不利人亦不利己。在〈非攻下〉篇，墨子點出了一個哲學上重要的價值判斷問題，他說有些人是把發動戰爭作爲建功揚名立萬之捷徑，甚至還說：「我非以金玉子女壤地爲不足也，我欲以義名立於天下，以德求諸侯也。」《墨子．非攻下》。此處所指之「義」及之「德」，其與墨子所主張之義與德差之千萬里，其精神更是背離義道，主張此說者之義與德，純屬一己之私，假義德之名，行兼併之實。當然，墨子在發表此種看法之時，不可避免的將碰到如下之情形，又當作何種解釋：

> 昔者禹征有苗，湯伐桀，武王伐紂，此皆立為聖王，是何故也？《墨子．非攻下》

墨子提出了在義理上必須予以辨識清楚的價值判斷，古聖王之征戰與今天大國之征小國，二者同爲攻伐之事實，爲何禹征有苗、湯伐桀、武王伐紂等事例，墨子並無譴責之意，豈不違反了非攻之原則與規範，墨子以其一貫思維之法，提出「未察吾言之類，未明其故者也。」（〈非攻下〉）在此處他用「類」與「故」之邏輯概念予以分辯之，墨子說這兩件事是不能相提並論的，亦即是同爲戰爭之事實，但類別屬性不同，其攻伐之評斷因亦有差異，所以不能等同視之。墨子稱禹、湯、武王之作爲是伐有罪，拯救天下蒼生，因此稱之爲「誅」，是行義道，符合天志之價值。至於那些「好攻伐之君」之目的則全無道德與義理上之考量，只是發動戰爭併吞鄰邦之霸道行爲，其合法性與正當性，皆不足以說服群倫，這也正是墨子所主張的戰爭是爲人民之利益而戰，而不是爲少數人的利益而戰，由此可見墨子將戰爭分爲正義與非正義兩類，舉凡大國攻占掠奪小國與弱國者，爲不義之戰，而小國與弱國在被侵略之情形下，組織起來自衛抗敵，或是誅罰入侵的寇敵，則爲正義的舉動。因此對於「攻」與「誅」二者，概念類別是有不同，事情道理有所差異，不可混爲一談，如果混淆則即是形成不知「類」之謬誤。最後他還指出天下無敵之方法，「督以正，義其名，必務寬吾衆，信吾師。以此援諸侯之師，則天下無敵矣。」《墨子．非攻下》名，以義正名則爲仁者之風，非以征戰爲手段，掠奪他國爲目的，行仁政者該當濟弱扶傾，方能天下無敵。

第二節 非攻之典範

非攻的主張既爲兼愛思想的外顯作爲，而戰爭是違背兼愛原則造成人民受害的「惡」，因爲戰爭之發生是來自於人之相賊而不相愛所致；而墨子在論到尙賢與尙同之主張時，其說服之對象乃是一國之統治者（諸侯），依墨子的理論，存在著一個假設：當各國之統治者如果能實踐十務，則天下歸一之理想已完成一半，但仍須配合依靠彼此的互不攻伐才能克竟全功。這個假設最爲脆弱的地方即在於，若有一國違背原則主動發生攻伐，運用政治力去併吞他國，則兼愛之理想必無由實現，因此爲避免發生此種情況，墨子一聽到有攻伐之事，即發揮其實踐家之本色，即如孟子所說的「摩頂放踵」，在文獻上有下列三例很値得敬佩，墨子不是只有坐而言，他還能起而行，率領弟子一同趕往力阻戰爭之發生，國際的和平理想即靠著他和弟子們的努力而得到成果。

首先是傳爲美談，充分顯現非攻理念的「阻楚攻宋」事例，在〈公輸〉篇中，有詳細的記載：

公輸盤為楚造雲梯之械成，將以攻宋。子墨子聞之，起於齊，行十日十夜，而至於郢，見公輸盤。公輸盤曰，夫子何命焉為，子墨子曰，北方有侮臣，願藉子殺之，公輸盤不說。子墨子曰，請獻十金，公輸盤曰吾義固不殺人。子墨子起，再拜曰，請說之。吾從北方，聞子為梯，將以攻宋，宋何罪之有。荊國有餘於地，而不足於民，殺所不足，而爭所有餘，不可謂智。宋無罪而攻之，不可謂仁。知而不爭，不可謂忠，爭而不得，不可謂強，義不殺少而殺眾，不可謂知類。《墨子．公輸》。

上述之事例是墨子以實際之行動、道德勸說及論理爭勝之方式，冀求改變征伐之事實與悲劇，因此所用的方法便是以重新定義人與人之間的行爲關係，如對智、仁、忠、強、知類等觀念，在觀念上的澄清及賦予道德判斷，來阻止公輸盤的侵略行爲，這是墨子其人道關懷之表現。但是，公輸盤並不領情，因此墨子只好以實際雙方之攻守來讓對方知難而退。

於是見公輸盤，子墨子解帶為城，以牒為械，公輸盤九設攻城之機變，子墨子九距之。公輸盤之攻械盡，子墨子之守圉有餘。公輸盤詘，而曰：吾知所以距子矣，吾不言。子墨子亦曰，吾知子所以距我，吾不言。楚王問其故。子墨子曰，公輸子之意，不過欲殺臣。殺臣，宋莫能守，可攻也。然臣之弟子禽滑釐等三百人，已持臣守圉之器，在宋城上，而待楚寇矣。雖殺臣，不能絕也。楚王曰，善哉，吾請無攻宋矣。《墨子．公輸》。

上面這個事例，說明墨子爲達成非攻之目的，以其睿智和公輸盤較量攻守之法，表現出他對其理念的堅信和不疑，並且告訴其弟子們守宋不惜一戰，這正是非攻精神的具體實踐。如果以「王道」和「霸道」的觀點來看，非攻本質上承接兼愛之精神引領，即是一種「以德服人」的王道思想及德治之政治，不同於強調「以力服人」之霸道思想。依墨家之哲學理念，當人袪除自利心及占有欲之後，兼愛的道德情操即爲我人所發現和認知，人性之中善良的本質即被我們所肯定，如果我們把非攻視爲天下平，則道德政治乃成政治文化之主流，如此說明了：「原來，人性、道德、政治三者本來就不可分的，適應於人性的政治，也就是有道德的政治，就可以稱爲德治，反過來，違反人性的政治，也就必然不是德治。」[5]對於墨子之實踐精神，爲救天下蒼生而阻止一場殺戮，因此「非攻」當是實踐和平主義達成普世價值的手段，即如梁啓超所言：

墨子以「非攻」為教義之一種，其義從兼愛直接演出，其時軍國主義漸昌，說者或以為國際道德與個人道德不同，為國家利益起見，用任何惡辣手段皆無所不可，墨子根本反對此說。[6]

從這一個廣爲人知的「阻楚攻宋」之例來看，墨子以實力作後盾，弟子們守城待敵，故有稱之爲「理智的和平主義」[7]之說法。因此從此例可以發現：非攻是反對攻伐掠奪，必輔之以

「救守」，從事於積極防禦，二者並行，方不致半途而廢。

第二例「非攻」止戰之事實是勸止齊國伐魯，〈魯問〉篇之文如下：

> 齊將伐魯，子墨子謂項子牛曰：「伐魯，齊之大過也，昔者吳王東伐越，棲諸會稽，西伐楚，葆昭王於隨，北伐齊，取國子以歸於吳。諸侯報其讎，百姓苦其勞，而弗為用，是以國為虛戾，身為刑戮也。昔者智伯伐范氏與中行氏，兼三晉之地，諸侯報其讎，百姓苦其勞，而弗為用，是以國為虛戾，身為刑戮用是也。故大國之攻小國也，是交相賊也，過必反於國。《墨子．魯問》。

墨子以歷史事實來曉諭齊將項子牛，攻戰征伐之結果是「國爲虛戾，身爲刑戮」，最後便是「過必反於國」。但是，是否征戰之決定權是掌握在統治者手上，因此墨子又親自面見齊王田和，勸阻征戰。

> 子墨子見齊大王曰：「今有刀於此，試之人頭，倅然斷之，可謂利乎？」大王曰：「利！」子墨子曰：「多試之人頭，倅然斷之，可謂利乎」大王曰：「利！」子墨子曰：「刀則利矣，孰將受其不祥？」大王曰：「刀受其利，試者受其不祥。」子墨子曰：「并國覆軍，賊敖百姓，孰將受其不祥？」大王俯仰而思之曰：「我受其不祥。」《墨子齊將伐魯，

子曰：「刀則利矣，孰將受其不祥？」《墨子．魯問》。

這是墨子以理說服齊王，說明攻戰之罪，這個概念在另一位哲家學老子的言教中亦可找到相似之理，老子說：「師之所處，荊棘生焉，大軍之後，必有凶年。」（《道德經》）因此強調征戰，其結果是國家失其本而人民易其務，受害的則是天下蒼生。

第三例亦是在〈魯問〉篇，墨子聽聞魯陽文君將攻鄭，墨子前往阻止。

魯陽文君將攻鄭，子墨子聞而止之，謂魯陽文君曰：「今使魯四境之內，大都攻其小都，大家伐其小家，殺其人民，取其牛馬狗豕，布帛米粟貨財，則何若？」魯陽文君曰：「魯四境之內，皆寡人之臣也，今大都攻其小都，大家伐其小家，奪之貨財，則寡人必將厚罰之。」子墨子曰：「夫天之兼有天下也，亦猶君之有四境之內也。今舉兵將以攻鄭，天誅亦不至乎？」魯陽文君曰：「先生何止我攻鄭也？我攻鄭順於天之志，鄭人三世殺其父，天加誅焉，使三年不全，我將助天誅也。」子墨子曰：「鄭人三世殺其父，而天加誅焉，使三年不全，天誅足矣，今又舉兵，吾攻鄭也，順於天之志。譬有人於此，其子強梁不材，將以攻鄭曰：故其父笞之，其鄰家之父，舉木而擊之曰：吾擊之也，順於其父之志。則豈不悖哉？《墨子齊將伐魯，子墨子謂項子牛曰：「伐魯，齊之大過也，昔者吳王東伐越，棲諸會稽，西伐楚，葆昭王於隨，北伐齊，取國子以歸於吳。諸侯報其讎，百姓苦其勞，而弗為用，是以國為虛戾，身為刑戮也。昔者智伯伐范氏與中行氏，兼三晉之地，諸侯報其讎，百姓苦其勞，而弗為用，是以國為虛戾，身為刑戮用是也。故大國之攻小國也，是交相賊也，過必反於國。《墨子．魯問》。

先秦時代諸侯爭霸，所謂「爲正義而戰」之說最容易蒙蔽眞相，打動人心，假正義之名行侵略之實比比皆是，魯陽文君攻鄭亦不例外。因此，墨子又繼續發揮其苦口婆心以達弭兵之目的。

子墨子謂魯陽文君曰：「攻其鄰國，殺其民人，取其牛馬粟米貨財，則書之於竹帛，鏤之於金石，以為銘於鐘鼎，傳遺後世子孫，曰：『莫若我多。』今賤人也，亦攻其鄰家，殺其人民，取其狗豕食糧衣裘，亦書之竹帛，以為銘於席豆，以遺後世子孫，曰：『莫若我多。』方可乎？魯陽文君曰：「然！吾以子之言觀之，則天下之所謂可者，未必然也。」《墨子．魯問》。

上述所引之三個具體事例，讓吾人更加了解墨子之使命感外，對他在非攻政治上之理想——和平主義之實踐，更可看出其悲天憫人之心，因爲政治本是力量的展現，墨子的哲學中有其道德根源，亦即是「爲何如此」之思想特色，那即是天志，天志之義落在兼愛，而非攻即是兼愛的客觀呈現，無天志之法、兼愛之情與非攻之理，則率獸食人之世界即在眼前。發動侵略本身即是不道德也不義，攻伐征戰更是不吉且大凶，因此攻伐行爲即是不仁不義，必以糾正及批判，墨子所秉持的是「天志之法、兼愛之情與非攻之理」的「法、情、理」三個必要條件，才能把國與國之間的政治關係釐清，墨子可說是主張人類和平主義的先驅。在先秦諸子中，爲其理想獻身，身體力行，並且敢勇於挑戰當權者，墨子之行誼及事蹟實屬傑出，不因其出身貧賤而自貶身價，反而因其擇善固執，更能感動人心，雖理想未能徹底實現，但其過程已是足以教吾人欽佩不已。

第三節　團體意識與俠義精神

墨子以其一生實踐治國之「十務」主張，他也曾仿效孔子率弟子周遊列國，其行蹤遍及魯、宋、齊、衛、魏、越、楚等國，他積極入世救世之精神，憑著他個人領袖魅力及身體力行的工夫，不尙空談之人格特質，號召其追隨者約三百餘人，這些弟子「皆可使赴火蹈刃，死不旋踵。」這種願爲特定團體共赴患難之團體意識，除墨子的人格感召外，尚有其內在凝聚之因子，在先秦各學派之表現來看，墨子所領導的團體，及後來鉅子及弟子高度效忠的團體意識之表現，無任何一學派能出其右。這也正是孟子所說的「楊朱墨翟之言盈天下，天下之言，不歸楊，則歸墨。」《孟子．滕文公下》的寫照，可見墨家這個團體在當時的盛況。問題是什麼力量使得墨子及其團體成員皆有如此之向心力，與犧牲奉獻之熱誠？而其門徒又願意不顧一切地追隨他赴火蹈刃，其理何在？

清末民初梁啓超將墨家思想發揚光大，建立系統化觀念，對墨家領導者—鉅子，有如下之評述。

> 但墨家卻有一種很奇特的制度，他們自墨子死後，在全國的「墨者」裡頭，立了一個墨教總統，叫做「鉅子」，所以莊子說他們「以鉅子為聖人，皆願為之尸，冀得為其後世」，這位「鉅子」有點像基督舊教的教皇，我想墨教倘若成功，一定把中國變成「教會政治」，「鉅子」就是一國的行政首長，那麼就「墨子」眼光看來，天子一定是天下的仁人了。[8]

梁氏之評論或許過於誇大些，但就梁氏之論點，可以看出墨家團體之特色是具有堅強的組織力與行動力，而且觀諸後來具代表性鉅子之作爲除表現「非攻」的概念外，他們那種爲正義而死的執著著實令人感動。這種堅強的團體意識與絕對服從的態度及性格，在追求和平主義與闡揚墨學的雙重目標下，墨子以人格感召號召他的弟子追隨，奔走各國進行遊說之工作不可不謂艱鉅。到底墨家這個團體成員有何異於其他學派之點？他曾經有那些令人爲之動容的事蹟？又他們對後世之影響爲何？皆是本節所要探討的問題。

一、墨家團體之特色

用「赴火蹈刃死不旋踵」（《淮南子．泰族訓》）一詞來描述此團體成員之共同特色至爲中肯，學者研究墨家團體之成員特色，有如下之說法：

㈠日籍學者宇野精一提出六點意見，[9]其論點如下：

第一、墨家出發之際，以兼愛、尙賢、非攻等爲口號，提出以士以上之階層爲本位的儒家思想大不相同的思想。又從作業和行動方面來看，其本質上是個守禦脆弱城邑的集團。

第二、這個集團係以土工、木工、石工、繩工、鐵工、銅工、革工、陶工等工人爲主力，然後再加上戰士、商賈、巫醫、農民、亡命者等編制而成，並從事城牆的構築、修補，兵器、防禦設備的製作，戰鬥、經理、救護、團紀維持等，所有需要勞力的事業。剛開始時，它指示同志性的團結，爲時頗久之後，才將學習、教育、研究、著作、宣導等的知識性部門組織起來。

第三、成員各按其經歷、特技而法定勞力之分擔，但也要求他們循環各部門並熟習之，唯有老練且富有經驗的成員，才從事知識性的事業。

第四、集團的語彙中，顯然有工人必須具備土木力學、幾何學、光學等之知識。又他們的比喻之中，也常用規、矩、繩、懸、水等工具，以及測量、運土、固土等有關城牆構築作業之語彙。

第五、集團所崇稱的聖王、賢者等，往往被描寫爲工人或技術指導者。

第六、給予集團最高指導者的稱呼爲巨子。

㈡李澤厚在《中國古代思想史》一書中，認爲墨家團體之特色如下：

先秦氏族傳統逐漸崩毀所帶來的意識型態的空前解放，使代表手工業的小生產勞動者思想的墨家一度顯赫非常，成為與儒家並列而對抗的重要派別。這大概與當時比較自由的特定政治、思想條件，使作為社會生產力量的各種手工匠作失去原氏族結構的嚴密控制的情況有關。[10]

㈢王秀芝對墨家團體之研究，從墨者之行爲表現予以剖析：

> 墨子及其嫡傳鉅子信守墨家法條，嚴正不渝，毫無通融，所謂「言必信，行必果」，其尚義殉道的精神，與夫社會革命組織的堅強，直難使人置信。「殺人者死，傷人者刑」，親如嫡子，亦難豁免。與劉季入關後的約法三章，如出一轍。然墨子出身「賤人」，雖曾一度擔任宋國大夫，為時不久，且其志在救世，不慕名利，在內無贏財，外無攀援情勢之下，其組織律條竟能如此嚴密貫徹，而實行又如是之慷慨從容，義無反顧，實足令人驚嘆！[11]

由上述三段引論對墨家團體的分析來看，墨家團體內部之凝聚力甚強，並且服從墨學義理與鉅子領導，舍身取義，爲義殉道，他們服從性高，甚至犧牲性命亦在所不惜。而到底墨子之弟子有幾人，後古籍所載，能與儒家相抗衡，可見其弟子當不在少數，而從蕭公權先生之研究，直指「墨子乃一平民化之孔子，墨學乃平民化之孔學，二者之言行，儘有程度上之差異，而其根本精神則每可相通。」[12]日籍學者戶川芳郎在其所著《古代中國的思想》一書中，引述渡邊卓氏之看法把墨家團體之活動分爲初期、中期與末期三個時期。他的看法如下：

> 繼承墨子活動的集團是由稱作巨子（鉅子）而施行強有力統治的領導者來統率的。

他們在墨子以後的兩個世紀的歷史中繼續活動著。……對抗把其思想基礎放在宗族和鄉黨上面儒家，標榜和支持社會底層弱者的墨家，由於其在中期和後期的組織活動，形成了可以自豪的足以被社會並稱為「儒墨和孔墨」的黨派勢力，他們因此而感到自豪。【13】

戶川芳郎認爲：墨子所領導的團體具有如下之特色，頗能道出墨家整體性風格。【14】

1. 墨子及其追隨者，終身以賤人自處，褐衣蹻服，枯槁不舍。
2. 墨子主張國家對外的政治關係為非攻，除有鮮明之理論外，復具有防禦戰爭之優良技術，大明守圉之術，又精為守圉之械，親率弟子，馳援受到侵咯之國，其言行合一之態度，為當時及後世所稱羨。
3. 鉅子是墨家集團之領袖，具有發號施令之權力，以實踐墨子義理及理想為集團努力之目標。鉅子之傳授法為由前任鉅子所指定。
4. 集團之成員非當時之士族身分，大多為平民階級之身分，皆具有高度服從之精神，赴火蹈刃，為義而死。
5. 以近代西方政黨之內涵來看，鉅子及其集團成員類似俄國革命之列寧式政黨。具有絕對的領導威與服從組織之律令，並且對其意識型態深信不疑。

6. 一貫主張勤勞和效用的墨家集團，受到了戰國時期爭奪霸權的儒家帶有敵意的攻擊，認為「墨子蔽於用而不知文」（《荀子．解蔽》）。非難了墨家違背人情而提倡的薄葬、非樂這種反禮樂的思想。然而墨家反對周代文化，主張夏禹政治的勤儉節約的口號，卻得到了經過亂世後的秦漢帝國的很高評價（司馬談《論六家之要旨》）。並且，墨家的行動方式與廣泛的任俠行為相通，帶有一種企圖自我犧牲和激進行動的宗教式祕密結社的性質。

二、墨家團體在組織領導上之表現

在文獻上墨家團體對「非攻」之實踐，除廣為流傳的「披星戴月奔郢以救宋」的事蹟外，墨子本人之行誼亦為弟子所效法，尚有鉅子孟勝以義死陽城君之難，腹（黃享）以法殺其子於秦，這兩則事例也充分表現鉅子在團體中的權威地位，充分地做到「言必信，行必果」，為義殉道的精神，再加以組織嚴密，紀律嚴明，其團體意識之堅強，更為其他學派之所無，人人甘之如飴，為眞理而置個人死生於度外。著名之例如下：

㈠孟勝以義死陽城君之難

孟勝爲墨家之鉅子，他以身殉陽城君的悲壯慘烈之故事見之於《呂氏春秋》，其文如下：

墨者鉅子孟勝，善荊之陽城君。陽城君令守於國，毀璜以為符，約曰：「符合，聽之」。荊王薨，群臣攻吳起，兵於喪所，陽城君與焉。荊罪之，陽城君走，荊收其國。孟勝曰：「受人之國，與之有符，今不見符，而力不能禁。不能死，不可。」其弟子徐弱諫孟勝曰：「死而有益陽城君，死之可矣。無益也，而絕墨者於世，不可。」孟勝曰「不然，吾與陽城君也，非師則友也，非友則臣於。不死，自今以來，求嚴師必不放墨者矣，求賢友必不於墨者矣，求良臣必不於墨者矣。死之所以行墨者之義，而繼其業者也。我將屬鉅子於宋之田襄子。田襄子，賢者也，何患墨者之絕世也。」徐弱曰：「若夫子之言，弱請先死以除路。」還歿頭於孟勝前。因使二人傳鉅子於田襄子。孟勝死，弟子死之者百八十三人。二人已致令於田襄子，欲反死孟勝於荊。田襄子止之曰：「孟子已傳鉅子於我矣。」不聽，遂反死之。《呂氏春秋．上德篇》

這個事例充分反映出「士爲知己者死」之精神，鉅子孟勝之重然諾，言必信、行必果之執著及其擇善而固執，墨家門徒爲義道之「赴火蹈刃死不旋踵」之精神，在鉅子或團體成員身上皆可看到，墨者之言行合一，著實令人動容。

㈡腹䵍以法殺其子於秦

墨者鉅子腹䵍居秦，其子殺人。秦惠王曰：「先生之年長矣，非有他子矣，寡人已令吏弗誅矣。先生之以此聽寡人也。」腹䵍對曰：「墨者之法曰，殺人者死，傷人者刑，此所以禁殺傷人也，夫禁殺傷人者，天下之大義也，王雖為之賜而令吏弗誅，腹䵍不可不行墨者之法。」不許惠王，而遂殺之。《呂氏春秋．去私篇》

本段事例充分說明鉅子要以身作則，所謂「以繩墨自矯」，甚至是「大義滅親」亦要執行墨家之規定。尤其是「殺人者死，傷人者刑」的法儀標準，親如嫡子，亦難豁免。這樣的學派特色躋身於九流十家中，與其他諸家平起平坐，絕不遜色，與儒家並稱顯學，更是他派所無。莊子即稱之曰：「眞天下之好也，將求之不得也。」因此墨家之團體意識顯明而出色，有團體而無個人，同時鉅子以身作則，言必信行必果，而重然諾，以其集團成員雖是「賤民」出身，但皆可使成員行俠仗義，在領導之技巧上，絕非「以力服人」而是「以德服人」之典範，因此鉅子之領導魅力與技巧，確爲他派所無或不及，使其擁有許多門徒追隨左右，眞正做到生死與共，共赴患難。

二、以鉅子為中心之墨家團體行為對後世之影響

墨家以鉅子爲中心之領導模式爲先秦其他學派所無，而其道德實踐之效果，又處處顯示「知行合一」之精神，尤有甚者，人人可將個人死生置之度外，可見墨者當非貪生怕死之徒，此一學派之門風及傳承，在漢以後即寂然而逝，難怪司馬遷之《史記》，僅在〈孟軻荀卿列傳〉中，略提數語曰：「蓋墨翟，宋之大夫，善守禦，爲節用，或曰並孔子時，或曰在其後。」如此短短數語，頗難說明當時與儒家並稱顯學之墨家是何等之盛況。墨子個人及其學派「以自苦爲極」的種種作風，是否未及漢初即已灰飛煙滅，而墨家門徒爲眞理及正義所表現出的大無畏犧牲精神，及赴湯蹈火爲義而死之精神是否有其遺緒，以影響後世，雖不再爲顯學或爲統治者御用，但仍是中國文化與哲學中不可忽視的另一股價值取向。

依據戶川芳郎之研究，「繼承墨子活動的集團是由稱作巨子（鉅子）而施行強有力統治的領導者來統率的。他們在墨子以后的兩個世紀的歷史中繼續活動著。」[15]並且標榜及支持社會之底層力量，透過他們團結的團體勢力，形成與儒家分庭抗禮的局面，尤其是他們那種「重然諾」的俠義精神在下層社會更能引起共鳴。墨子及其後起之弟子面對亂世並無隱世逃避之作

爲，反而率先投入其中身體力行。墨者團體以悲天憫人之熱忱，拯斯民於水火，在無權、無位、財乏、人寡之劣勢下，僅賴「鉅子」以其嚴格之紀律「殺人者死，傷人者刑」來作爲成員間彼此的約束。這種團體的約束與個人服膺於一人之領導，表現行義獻身之熱誠，因此有些學者之研究，即指出游俠是來自於墨家，如魯迅說：「孔子之徒爲儒，墨子之徒爲俠。」[16]聞一多說：「所謂俠者，不又是墮落了的墨家嗎？」[17]「墨家失敗了，一氣憤，自由行動起來，產生所謂游俠了。」[18]馮友蘭更認爲古代士分兩類，「一爲知識禮樂之專家，一爲打仗之專家。或以後世之名詞言之，即一爲文專家或文士，一爲武專家或武士；用當時的名詞言之，則一爲儒士，一爲俠士。墨家就是后一種人結成的團體。」[19]上述的觀點，讓吾人窺得一契機，即是墨家之徒所表現出來的德行，確有可能影響後世，爲後來之俠士所景仰及追隨其風範。是故對整體社會風氣之改變，往往基於俠義而成之團體或個人，更能表現墨家團體之遺風。

汪浦豪認爲：「墨家是作爲儒家的主要反對派出現的，在文士與武士之鬥爭中，武士所表現出來的風骨都也成爲了下層社會的代言人。」他的論點如下：

墨家是作為儒家的主要反對派出現的，其倡始人墨子反對儒家「天命」和「愛有等差」之說，認為「執有命」是「天下之大害」，人與人應平等相處，不應有貴賤親疏之別。他的「尚賢」、「尚同」、「非攻」的政治主張，「官無常貴，，民無終賤「而甘願」摩頂放踵「的實踐精神，使得他的學說具有儒家所缺乏的平民意識，

成為當時最具平民色彩的學派。【20】

事實上證明，墨子與及其門人所表現出來的俠義精神及游俠風範確與其理論思想相互輝映，本質上墨家即是一個強調實踐先王（古聖王）之道的團體，我們也可以借用余英時教授的觀點來予以闡明，他認爲：

「哲學的突破」造成王官之學散為百家的局面，從此中國知識階層便以「道」的承擔者自居，而官師治教遂分歧而不可復合。先秦諸學派無論思想怎樣不同，但在表現以道自任的精神這一點上是完全一致的。【21】

墨子和其他各家學派一樣，以「道自任」的承擔者和實踐者自居，他和公輸盤的競武，表現出摩頂放踵不落人後，如果有一絲一毫有利天下之事，必當奮力爭取，救世之心無人能出其右。尤其他告訴楚王，弟子禽滑釐等三百人願以身殉道，這種不畏難，不畏死之精神，實已具有俠義精神。墨家團體之紀律嚴明，表現在鉅子孟勝及腹䵍身上，也是「必先萬民之身，後爲其身」《墨子．兼愛下》。的實踐精神，這種「殺己以存天下」《墨子．大取》能影響到游俠之思想與行爲，當然影響游俠者不止墨家一家，即如馮友蘭的分析一樣，士又可區分爲文士與武士二者，但就「忠人之事，勤生薄死，以身殉道，急功好義，解困濟弱之情懷」，確實爲俠者之一群。後世之游俠之作爲從墨子及其團體之表現當有取捨與學習，從源流發生處之觀點分析，不能說二者無直接關係，而其典範亦對後世游俠產生一定之影響。或因文獻不足徵，墨家鉅子之作爲，領導模式及事例寥寥可數，但吾人觀墨子及後起鉅子之作爲，當可從其行動中看出俠義精神，確爲後代之士者所學習及繼承。

第九章　「十論」的終極關懷

第一節　悲天憫人的人道主義者

墨子倡言兼愛興利，但天下凋敝民不聊生，「利」從何而來，年年征戰，兵疲馬困。而王公貴族，非但無生產之能並徒然浪費有限之財，日事奢侈，反觀平民百姓，遭逢戰亂，顛沛流離，朝不夕保。兩相對照，此社會焉有何正義可言，焉有何利可圖？是故墨子主張崇儉去奢，恢復清貧簡樸生活，才能使經濟層面的社會正義有實現的可能，這即是〈魯問〉所說的：「國家貧，則語之節用節葬。」如不能由此要求實踐簡樸生活，則天下之利將無有產生之可能。〈七患〉說：

> 以其極賞，以賜無功；虛其府庫，以備車馬衣裘奇怪；苦其役徒，以治宮室觀樂。死又厚為棺槨，多為衣裘，生時治臺榭，死又修墳墓；故民苦於外，府庫單於內，上不厭其樂，下不堪其苦。故國離寇敵則傷，民見凶饑則亡。

墨子觀察當時的統治者，非但不從事生產，而且徒然浪費有用之財，生活是愈來愈奢侈，故〈辭過〉曰：「當今之主，其爲衣服，則……必厚作斂於百姓，暴奪民衣食之財，以爲錦繡文采靡曼之衣。」墨子爲此深感憂慮，當爲政者不能以民之善爲善，民之所好而好之，則社會正義之理想將淪爲空中樓閣，因此要改變這種違背人民願望的政治，就必須從實踐簡樸清貧生活入手，故〈七患〉篇云：

時年歲善，則民仁且良，時年歲凶，則民吝且惡。夫民何常此之有？為者疾，食者眾，則歲無豐，故曰，財不足則反之時，食不足，則反之用，故先民以時生財，固本而用財，則財足，故雖上世之聖王，豈能使五穀常收，而旱水不至哉？然而無凍餒之民者，何也？其力時急，而自養儉也。

確實如上所述的是即使是聖王再現，亦不能使五穀常收，饑凶荒年不至，因此墨子悲天憫人的古道熱腸，要求統治者必須未雨綢繆，要從改善人民生計上去構思設想以度凶年，墨子所要求統治者實踐簡樸尙儉的生活，可說就是社會正義的實踐之道，換言之墨子於追求經濟生活上的主張，皆以此立論爲前提。因此有學者指出這是墨子在實踐社會正義價值上的貢獻，亦表現出他面對社會動亂而顯示的悲天憫人之心。

蓋以為生計與道德有密切的關係，故欲講德育，必於生計問題植其大原，而其生計學的組織，則計較生利分利二者之多寡，此其理在孔子、孟子、管子、商君，固常道之，若夫純以此義為全學派之中心點，厥為墨子。[1]

既然求「利」之道是在「崇儉節用」，則統治者必當依此原則，使舉國之人循此道理以求生利，方能有「聖人爲政一國，一國可倍也，大之爲政天下，天下可倍也，其倍之，非外取地也，因其國家去其無用之費，足以倍之。」（〈節用上〉）因此這一種清貧簡樸的生活，即是在實踐社會正義，從生計發展或經濟利益來說亦是如此，在先秦時代主張簡樸生活的哲學，墨子絕對是一個具有舉足輕重的角色。西方的哲人亦有感於吾人生存之環境誠屬於物質有限，精神匱乏的社會，提倡「簡樸生活」正是歷史辯證發展的歷程。如美國學者彌爾布雷斯（L. W. Milbrath）在《不再寂靜的春天》（Envisioning a Sustainable Society）一書中即表示，過一個簡樸的生活是克服環境危機，重建人與自然關係的唯一可行之道，他說：「簡樸生活是一種非常特別的生活方式，沉靜而不狂躁，安寧而不激盪，它強調合作，使人人獲得更多的愛；重視競爭，但輸贏不大，它使每個人都成爲參與者，而不僅是參觀者；它使人親近自然，不再整日與機器爲伍。」[2]看到上述這一段的敘述及關心，再與墨子所主張的簡樸清貧崇儉節用相對照，而不得不佩服墨子在面對亂世時所提出的苦心孤詣和道德勇氣。

〈魯問〉篇墨子提出建構一個公平與正義的社會所需的實踐之道，他說：

凡入國，必擇務而從事焉。國家昏亂，則語之尚賢，尚同。國家貧，則語之節用、節葬。國家憙音湛湎，則語之非樂、非命。國家淫僻無禮，則語之兼愛、非攻。故曰擇務而從事焉。

由此段話看來，墨子是從「創造社會人民的大利」的立場，提出他建構社會正義的機制，亦即是造成社會不義與不公的舊有制度與文化，應當予以徹底的揚棄或改良，舊有的社會機制是貴族政治的產物，站在「賤民」的立場，這些機制是違背公平與正義的，與人民的需求大相逕庭，與墨子所要重新建構的理想社會亦是互不相容。戰爭是造成人間浩劫的主因，所以他強烈主張「非攻」，但是僅提「非攻」或許僅是達成社會公平與正義的消極手段，在先決條件上，必要滿足「飢者得食，寒者得衣，勞者得息」的平民社會之基本需求，人民如不能獲得溫飽，則社會的正義亦無由得以彰顯，因爲這是一種人性的尊嚴及人的基本需求與滿足。墨子提出一立一破，一立者即改變貴族政治的上層浮華奢靡的生活文化，一破者即批判攻伐之不義，倡議非攻的大利。即如前節所述，因此「節用、節葬、非樂」三者皆屬「立」之範疇，若能立此以爲鄁的，如此或有可能實現「國家之治，人民之衆，刑政之治」（〈尙賢上〉）的目的。

墨家難能可貴之處是具備了刻苦與節儉的精神，墨子及其門徒莫不遵此原則，在〈備梯〉云：「禽滑釐子事子墨子三年，手足胼胝，面目黧黑，役身給使，不敢問欲。」而在《莊子．天下篇》亦云：「不侈於後世，不靡於萬物，不暉於萬物，不暉於數度，以繩墨自矯，而備世之急。古之道術有在於是者。墨翟，禽滑釐聞其風而悅之。爲之大過，死無服……。」又曰：「使後世之墨者，多以裘、褐爲衣，以跂、蹻爲服，日夜不休，以自苦爲極。曰：不能如此，非禹之道也，不足謂墨。」墨子自許爲下層百姓及社會弱勢者的代言人自居，對政治及社會的弱肉強食不義不公之現象提出批判，如要重建社會的價值觀，必當以「義利一元」論轉化社會機制，因此在轉化社會機制的運作上，即是要追求並實現「社會大利」，這是全民大利而非少數人之小利，也是交相利之利，而非利己之利。因此，講求節用及節葬首先即必須對當時王公大人之奢靡之風進行批判，必以「節用」爲師，戒除浪費之習，方能增加國家天下大利。〈節用上〉篇開宗明義曰：

聖人為政一國，一國可倍也；大之為政天下，天下可倍也，其倍之非外取地也，因其國去其無用之費，足以倍之。

統治者能去無用之浪費，則國力當可倍之，亦無須由外取地，侵占他人利益。而適用與浪費之標準及分際何在？墨子提出如下數個標準來作爲衡量與判準的依據：

「凡足以奉給民用則止。」（〈節用中〉）

「諸加費，不加於民利者，聖王弗為。」（〈節用中〉）

「凡費財勞力，不加利者不為也。」（〈辭過〉）

「賴其力則生，不賴其力則不生。」（〈非樂上〉）

「各因其力所能至而從事焉。」（〈公孟〉）

「以時生財，財不足則反之時。」（〈七患〉）

「有餘力以相勞，有餘財以相分。」（〈尚同上〉）

統治者與天下蒼生百姓共同秉此節約及實踐原則，風行草偃之效可期，墨子鼓勵統治者治天下之智慧，在於節身誨民，他說：「故節於身，誨於民，是以天下之民，可得而治。」（〈辭過〉）。又說「古者明王聖人，所以王天下，正諸侯者。彼其愛民謹忠，利民謹厚，忠信相連，又示之以利，是以終身不饜。」（〈節用中〉）對此，陳問梅亦予肯定：

節用一觀念既有其消極的節約成分，又有其積極的生產成分，所以當這一觀念轉落於現實之用上時，王公大人一方面必須去奢、崇儉或即去無用之費；另一方面，又須盡力設法使人民都能去奢、崇儉與增加生產。王公大人和人民都能去奢、崇儉與增加生產，則必可以倍國或倍天下。[3]

從節用入手，所謂「由儉入奢易，由奢返儉難」，墨子的苦心昭然若揭，他認為只要人人有此認知與實踐，節飲食之豐、節衣服之美，節宮室之富、節舟車之華，必可實現他的理想。過多的人為需求和享受，事實上是不需要的，也是對社會正義的一種危害，人們只要滿足基本的需求即可，太多的奢求與鋪張，反而是對「興天下之利」的莫大傷害。劉向《證苑．反質》記載墨子答其弟子禽滑釐曰：「故食必求飽，然後求美；衣必常暖，然後求麗；居必常安，然後求樂。爲可長，行可久，先質而後文。」此種「質優先於文」的論點及訴求，確實顯示出墨子簡樸生活的一面，同時也是人到主義者的悲憫心情，而他也是以這種生活概念來表達他對實踐社會正義的渴望。墨子在〈辭過〉的一段話，更可說明實現社會正義的迫切感。

凡此五者（宮室、衣服、飲食、舟車、婚姻）聖人之所儉節也，小人之所淫佚也。儉節則昌，淫佚則亡，此五者不可不節。夫婦節而天地和，風雨節而五穀熟，衣服節而肌膚和。

由此可看出墨子對於「聖人」與「小人」之區分，是從「現實角度」切入，而非「理想境界」的思維，存乎於是否能實踐節儉之美德，「先質而後文」是他面對文化之弊的哲學理念，亦即是講求在現實世界的「名實相符」，他不主張高談闊論、毫無實現可能的理念，以及文飾華采，人所要過的生活是實實在在的生活，故《經上》云：「實，榮也。」，《經說上》云：「實，其志氣之見也。使人如己，不若金聲玉服。」一切講求實實在在的作爲，實實在在不求過度華麗的生活，必以返之於簡樸與清貧，並且躬行實踐，這一切絕非是爲了沽名鈎譽，而是聖人發自內心，有感於天下蒼生之悲困與無助之下的道德情操，聖人所當做如此而已。故《經上》云：「行，爲也。」《經說上》云：「行，所爲不善名，行也。所爲善名，巧也。若爲盜。」再對照〈修身〉篇之言：「名不可簡而成也，譽不可巧而立也。君子以身戴行者也。」

這是墨子從關懷人民百姓之最深層的苦痛出發，勉勵統治者對於在政治上居劣勢的天下蒼生應予實實在在的關懷，並能以身作則方得稱爲聖人，否則小人之名加諸其身，不可不愼。

第二節 崇儉去奢的實踐家

墨子在〈節葬下〉的一開始，即批判厚葬久喪的失當，並且質疑稱這種禮儀是否符合先王之法？〈節葬下〉

> 今逮至昔者，三代聖王既沒，天下失義，後世之君子，或以厚葬久喪，以為仁也義也，孝子之事也。或以厚葬久喪，以為非仁義，非孝子之事也。曰，二子者，言則相非，行即相反。皆曰，吾上祖述堯舜禹湯文武之道者也，而言即相非，行即相反，於此乎後世之君子，皆疑惑乎二子者言也。若苟疑惑乎二子者言，然則姑嘗傳而為政乎國家萬民而觀之，計厚葬久喪，奚當此三利者，我意若使法其言，用其謀，厚葬久喪實可以富貧眾寡定危治亂乎！此仁也義也，孝子之事也。……

在此處，墨子評斷一種制度的好壞與否，有無存在之價值，端看這個制度是否符合「富不劫貧、衆不暴寡、安危治亂有定」的目的，依墨子之判斷厚葬久喪並未符合及滿足上述的三個要求，因此應予批判。更何況厚葬久喪之結果，呈現的是「使面目陷陬，顏色黧黑，耳目不聰明，手足不強勁，不可用也。」（〈節葬下〉），因此解決之道乃在「今唯無以厚葬久喪者爲政，國家必貧，人民必寡，刑政必亂，若法若言，行若道，使爲上者行此，則不能聽治，使爲下者行此，則不能從事，上不聽治，刑政必亂，下不從事，衣食之財必不足。」（〈節葬下〉）。在〈公孟〉篇中他直言「厚葬久喪，重爲棺槨，多爲衣衾，送死若徙，三年哭泣，扶後起，杖後行，耳無聞，目無見，此足以喪天下。」這些批評固屬非儒之言，但其目的無非是提醒儒家及統治者要重新審視厚葬久喪之弊，不僅是對個人及社會造成生活上的影響，更重要的是無法符合興天下之利的基本目的。

在〈節葬下〉，墨子進一步批判厚葬久喪之情形及不利於天下，亦與「興天下之利，除天下之害」的目的有違。墨子曰：

> 此存乎王公大人有喪者曰：棺槨必重，葬埋必厚，衣衾必多，文繡必繁，丘隴必巨。存乎匹夫賤人死者，殆竭家室。乎諸侯死者，虛車府，然後金玉珠璣比乎身，綸組節約，車馬藏乎壙；又必多為屋幕、鼎鼓、几梃、壺濫、戈劍、羽旄、齒革，寢而埋之，滿意。若送從。曰天子殺殉，眾者數百，寡者數十；將軍大夫殺殉，眾

者數十，寡者數人。處喪之法，將奈何哉。

墨子所批判的種種社會陋規，確實是當時社會風尚的事實，這些不良的風尚使得人人習以爲常，但若是從孝的角度來看，這些舉措是否符合「孝」的理念不無疑問，依墨子的看法顯然是不符其價值觀。至於久喪之弊，他認爲久喪更爲嚴重，已到了「無一利而有百弊」之地步。在〈節葬下〉說明了這種制度的弊病。

上士操喪也，必扶而能起，杖而能行，以此共三年，若法若言，行若道，苟其飢約又若此矣，是故百姓冬不仞寒，夏不仞暑，作疾病死者，不可勝計也，此其為敗男女之交多矣。以此求眾，譬猶使人負劍，而求其壽也。眾之說無可得焉。是故求以眾人民，而既以不可矣。欲以治刑政意者可乎。其說又不可矣。今唯無以厚葬久喪者為政，國家必貧，人民必寡，刑政必亂，若法若言，行若道，使為上者行此，則不能聽治；使為下者行此，則不能從事。上不聽治，刑政必亂；下不從事，衣食之財必不足。

其次，再從〈大取〉篇之言，或更能深入了解以「兼」爲出發點的墨子，如何看待愛親、利親與葬禮之關係。

智（同知）親之一利，未為孝也。亦不至於不智（同知）不為己之利於親也。以臧〈說文：葬，臧也。〉為其親也，而愛之，非愛其親也；以臧為其親也；而利之，非利其親也。

王冬珍認爲「僅知事己親之一利，未能兼利人之親，不得謂孝，亦即不惟事利己之親，必及於利人之親，乃可謂之孝。然亦不至於不知不爲己之利於親，知不爲己，則利於人者大，利於人者大，即兼利也。」[4]這是對「孝」字的深層反省，僅是利己而不能利人，不能稱之得墨學眞傳。因此，總結墨子節葬之主張，固爲批評社會習俗之敗壞與葬禮之被扭曲，仁義之道的被曲解，導致捨本而逐末，聖人之道湮沒不彰，究其本義，厚葬久喪純屬自私之利亦違天志。若法天則應取天下大利，習聖人之道，則當以薄葬短喪行之，輔之以愛利天下萬民爲是，聖人不爲之事（意指厚葬久喪），乃於死者無益，於生者有害之事，仁義之道的判準，端看是否符合「富不劫貧、衆不暴寡、安危治亂有道」三者爲準。

墨子敢勇於挑戰舊傳統，舊制度之權威，實有其事實上之不得不然之考量，因爲厚葬久喪之弊，導致窮民貧國。但更進一層的思考，更有其在文化上、哲學上的價值觀之澄清與辨識之目的，他希望透過價值觀的重建，爲仁人志士注入另一正確的價值導向，此即是崇儉去奢，避免文化層次的價值理念，剝落而淪爲世俗化的僵硬教條，而他所最憂心者亦是如此。透過價值觀上的澄清與辯與，必當對傳之甚久的觀念加以檢討，方能得其堂奧。分述如下：

一、「仁人」與「孝子」人格典型之新界定。

仁人及孝子是中國社會道德實踐的典範，是儒家所成就的道德人格，亦是移風易俗，風行草偃的化身。以傳統社會的結構來看，「仁人」與「孝子」之舉措，皆代表了某種不變的價值象徵。但是在厚葬久喪之下，原有的認知出現模糊，甚至形成錯誤的導向，到底「孝子」與「仁人」二觀念，在墨子的思想中具備何種內涵與表率，首先必予定位，其論「孝子」該有之內涵及表現爲：

> 今孝子之為親度也，將奈何哉？曰：親貧則從事乎富之，人民寡則從事乎眾之，眾亂則從事乎治之。當其於此也，亦有力不足，財不贍，智不知，然後已矣。無敢舍餘力、隱謀、遺利，而不為親為之者矣。若三務者，孝子之為親度也。（〈節葬下〉）

再論「仁者」之務曰：

> 雖仁者之為天下度，亦猶此也。曰：天下貧，則從事乎富之；人民寡，則從事乎眾

之；眾而亂，則從事乎治之。當其於此，亦有力不足，財不贍，智不知，然後已矣。無敢舍餘力、隱謀、遺利，而不為天下為之者矣。若三務者，仁者之為天下度也。（〈節葬下〉）

能夠實踐「國家富、人民眾、刑政治」這三務者，才夠資格稱之爲仁者及孝子。就孝子之角色而言是爲親謀，而仁者確是爲天下計，但不論角色爲何，使命爲何？二者皆具有舉足輕重的影響力，更具有風行草偃之效。墨子特別指出作爲「孝子」與「仁人」，除了原有的內涵外，他加入一個新觀念，還須要有「三務」，即是務使「國家富、人民眾、刑政治」，這是作爲墨者必當實現的目標。並且除非「力不足、智不及、財不夠」，否則必當全力以赴，如果是舍餘力、隱遺謀、留遺利，皆不是仁者及孝弟之所當爲。這是爲傳統之「仁者」及「孝子」重新作價值定位，可說是結合了個人成就與社會期望的雙重目標。

二、以是否能實現三利，評斷是非。

墨子的「三表法」中的第三表，所謂「用之者」就是要「傳而爲政乎國家萬民而觀之」，亦即是檢定國家人民是否蒙受其利。如此一來厚葬久喪即不符合「國家富、人民眾、刑政治」

的檢驗標準，根據實際的運作經驗與結果證明：厚葬久喪走向窮國貧國，並且是傷身害體，誤事害政，非人民國家之利之福。因此厚葬久喪不是孝子爲親謀之道，更非仁者爲國謀之道。由此判準來看，只要視其效用結果如何，便可論斷是非對錯而當下立判。

三、崇儉去奢才能利於國計民生

墨子除了讓社會大衆辨識仁者及孝子之定義較之以往有不同的視野外，更深入地分析如果實行厚葬久喪之道，期望得到的結果無異緣木求魚，也不可能改變寡與衆的失調，要求國家於短時間內定危治亂更是不能實現之事。尤其是要求以治刑政，禁止大國攻小國也是無法兌現的事，當國家貧、人民寡之際，刑政必亂、國之滅亡亦不遠。因此，墨子再三地從「富貧」、「衆寡」和「治亂」的對比和實際效用的觀點予以批駁種種違背人性之作爲，如此方能改變統治者與衆人的價值觀，使得大人疾於聽治，賤人疾於從事，如能從改變觀念著手，進而治理刑政，增加生產從事，解決衆寡治亂的問題，即可以利國家和利天下百姓。作爲一個引領風潮，發現民之所欲常在我心之倡導者和革命家，墨子不厭其煩地高聲疾呼，唯有徹底改變及打破傳統制度之弊，才是福國利民之道。

第三節　堅毅自苦理想人格

先秦儒家與墨家對於「君子」與「聖人」是有不同層次的看法與解讀，「聖人」在現實世界是少之又少，儒家認為人之道德實踐最有可能在現世達到的理想人格是「君子」。反觀以「兼愛」現實關懷為用的墨家哲學，有無「理想人格」的觀念，來作為自我道德實踐的奮鬥目標。從墨子書中，吾人發現，其「君子」的觀念亦有出現，共計共現六十九次，「聖人」的觀念，計出現四十九次，而「仁人」出現十二次，這三個觀念在道德實踐和人格上之高下，墨子並無像孔子明白說清楚。吾人分析墨子所言之聖人，有如下之意義：

㈠墨子所說之聖人，其所指的為「古聖先王」，尤其是墨子書中之「聖人」亦合於其「三表法」（有本之者，有原之者，有用之者）之「上本之於古者聖王之事」的「古者聖王」，墨子書中提到堯、舜、禹、湯、文、武，因其兼愛天下也，〈天志下〉很清楚的將理由加以敘述：

> 故昔也三代之聖王，堯、舜、禹、湯、文、武之兼愛天下也，從而利之，移其百姓之意焉，率以敬上帝山川鬼神，天以為從其所愛而愛之，從其所利而利之，於是加其賞焉。使之處上位，立為天子以法也，名之曰聖人。

可見「聖人」這個觀念並非存在於當世，而是古聖先王兼愛天下後，移百姓之意，敬上帝山川鬼神，天所賞其位稱之爲天子，故稱聖人，墨子引述古聖王之事蹟以明聖人之意，無非是遂行其理想，鼓勵當時之各國國君，效法古聖王之行爲，若此則天必有賞。

㈡「聖人之德」爲何？聖人之所以爲天所賞爲天子，必根據其所作所爲，天才能賞之。在〈修身〉中，墨子曾把「聖人」與「君子」視爲同義，並說出其「德」之內容：

> 君子之道也，貧則見廉，富則見義，生則見愛，死則見哀，四行者不可虛假，反之身者也。藏於心者，無以竭愛，動於身者，無以竭恭，出於口者，無以竭馴。暢之四支，接之肌膚，華髮隳顛，而猶弗舍者，其唯聖人乎。

除了此段「聖人」與「君子」同義外，其德相同外，其餘論述「聖人之德」，皆本第一項〈聖人所指爲古聖王〉而來，由《墨子》書可以看到聖人應有之作爲，以及作爲典範所當有之要求，見如下之說明：

1. 聖人者，事無辭也，物無違也，故能為天下器。（〈親士〉）
2. 且夫食者，聖人之寶也。（〈七患〉）
3. 故聖人之為衣服，適身體，和肌膚而足矣。（〈辭過〉）

4. 故聖人作誨，另耕稼樹藝，以為民食。（〈辭過〉）
5. 聖人之所儉節也。（〈辭過〉）
6. 聖人聽其言，跡其行，察其所能而慎予官。（〈尚賢中〉）
7. 聖人之德，若天之高，若地之普，其有昭於天下也。若地之固，若山之承，不坼不崩，若日之光，若月之明，與天地同常。（〈尚賢中〉）
8. 聖人以治天下為事者，以察亂之所自起。（〈兼愛上〉）
9. 古者明王聖人所以王天下正諸侯，彼其愛民謹忠，利民謹厚，忠信相連。（〈節用中〉）
10. 聖人有愛而無利。（〈大取〉）
11. 必去喜、去怒、去樂、去悲、去愛而用仁，手足口鼻耳從事於義，必為聖人。（〈貴義〉）

聖人要爲天下器，舉凡食、衣、教育、爲政、節用、尙賢、愛民謹忠、利民謹厚、忠信爲主、去喜、去樂、去怒、去悲與貴義等皆爲聖人之德，這些內容綜合起來，可說是墨子實現興天下之利，除天下之害目標的「十論」：

子墨子游，魏越曰：既得見四方之君，子則將先語？子墨子曰：凡入國，必擇務而從事焉；國家昏亂，則語之尚賢尚同；國家貧，則語之節用節葬；國家憙音湛湎，則語之非樂非命；國家淫僻無禮，則語之尊天事鬼；國家務奪侵凌，則語之兼愛非攻。故曰擇務而從事焉。（〈魯問篇〉）

㈢就天人關係言天爲最高，鬼神次之，聖人再次之，聖人其位階爲人間之統治者，可稱是聖王。，墨子曰：

1. 天之愛人，薄（博）於聖人之愛人，其利人也，厚於聖人之利人也。（〈大取〉）

2. 巫馬子謂子墨子曰：鬼神孰聖人明智。子墨子曰：鬼神之明智於聖人猶聰耳明目之與聾瞽也。（〈耕柱〉）

其次，再論墨子思想中的「君子」觀念。在墨子書中的「君子」觀念一反孔子對「君子」之推崇，有二方面之意義：

㈠君子之道所指的「君子」是有德之人，但非墨子所言之理想人格，君子之德有「君子自難而易彼，衆人自易而難彼」（〈親士〉），此處言君子自處於難，躬自厚，而薄責於人，衆人反之。「貧則見廉，富則見義，生則見愛，死則見哀」（〈修身〉）、「君子以身戴行」

（〈修身〉）、「君子以所履，小人之所視」（〈兼愛下〉）。雖然墨子在此處以君子與小人相對比，但非其學說之重點。

㈡墨子所稱之「君子」即指儒者，並有非難批評指責之義。依其原典歸納如下：

1. 後世之君子，或以厚葬久喪以為仁也義也。（〈天志上〉）
2. 今天下之君子之欲為仁義者。（〈天志中〉）
3. 故天下之君子謂之不祥者。（〈天志中〉）
4. 此吾所謂君子明細而不明大也。（〈天志中〉）
5. 故天下之君子，與謂之不仁不祥。（〈天志中〉）
6. 反聖王之務，則非所以為君子之道也。（〈明下〉）
7. 惡乎君子，天有顯德，其行甚章，為鑑不遠。（〈非命上〉）
8. 今天下之君子之為文學出言談。（〈非命下〉）
9. 儒者曰，君子必服古言然後仁。（〈非儒〉）
10. 君子循而不作。（〈非儒〉）
11. 子墨子曰：世俗之君子貧而謂之富則怒，無義而謂之有義則喜，豈不悖哉。（〈耕柱〉）
12. 今天下之君子之為仁，雖禹湯無以易之，兼仁與不仁而使天下之君子取焉，不能

知也，故我曰，天下君子之不知仁者，非以其名也，亦以其取也。（〈貴義〉）

13. 世之君子。（〈貴義〉）

14. 子墨子曰：世俗之君子視義士不若負粟者。（〈貴義〉）

15. 君子共己以待，問焉則言，不問焉則止。（〈公孟〉）

16. 君子必學祭禮，子墨子曰：執無鬼而學祭禮，是猶無客而學客禮也，是猶無魚而為魚罟也。（〈公孟〉）

17. 是故世俗之君子，知小物而不知大物者。（〈魯問〉）

很顯然地，墨子批評儒者，因儒者自喻爲「君子」，「君子」爲孔子道德實踐之理想人格，而墨子後於孔子，依墨子之言儒學之道至墨子時已有流弊產生，舍其本而逐其末，故「君子」一詞不再是道德人格的肯定，而是被墨子拿來批評儒者之代名詞而已，綜觀墨子在〈天志〉、〈明鬼〉、〈非樂〉、〈非命〉、〈非儒〉、〈耕柱〉、〈貴義〉、〈公孟〉、〈魯問〉諸篇中，將儒家所肯定的君子批評得體無完膚，有稱「世之君子」、「世俗之君子」等負面的評價。

最後，吾人再探討另一個觀念「仁人」，是否可作爲墨子所主張的「理想人格」，在十二次出現「仁人」的篇章中，「仁人」是基於尙同觀點而發展，指的是里長、鄉長、國君、天子皆稱之爲「仁人」，這是廣義的說法，狹義來說，仁人是指一國之統治者，如「仁人之所以爲事者，必興天下之利，除天下之害。」（〈兼愛中〉），「是故古之仁人有天下者。」（〈非攻下〉）。可見「仁人」亦非墨子所言道德實踐之理想人格。

經由上述三個觀念之比較，從「聖人」、「君子」、「仁人」，吾人發現「聖人」才是墨家道德實踐的理想人格，「仁人」僅是尚同系統的層層上升，自里長、鄉長、國君、天子，「仁人」並無豐富之道德內涵，「君子」又被墨子所批判，且有負面之評價，因此「聖人」乃指「古聖王」，故墨子認為人只要行古聖王之事，天下必可大治，古聖王之事為何？即如前述之「十論」，故聖人典型在夙昔，其道德人格與聖人氣象顯有異於儒家之處，亦可言之，墨子之言聖人實已不滿於世之君子虛偽浮奢之作風，而另闢一道德人格之理想境界，以為世人學思見賢思齊之榜樣。而再由墨子一生的行誼而言，堅毅自苦的人格特質更為顯明，「止楚攻宋」之表現大無畏、「以自苦為極」之精神皆令人動容而景仰，毋怪乎莊子令譽之為「眞天下之好」。由此探討而得總體性的觀點，墨子一再推崇「古聖王」之典範，以作為握有政治權力之人與統治者所需學習與借鏡的對象，他所說的「古聖王」無非就是「道」與「勢」的綜合體。

第三篇　墨家哲學的現代意義

所謂「意義」，往往產生於相對性，在相對於「什麼」之後而呈現出某種事物的意義來。例如：「名」相對於「實」而有其意義，理論相對於實踐而有其意義，動機相對於效果而有其意義。其次，意義也產生於比較，例如：墨家兼愛思想與儒家等差之仁愛思想相比較可呈現出其意義，中國道家之「道」的思想與西方基督宗教位格神思想相比較，也可呈現出其意義。再者，所謂「意義」涉及某一思想的深層內涵，這也是思想本身不同層次的對比或整體與部分的對比。

對比涉及比較者的主觀心態，包括認知觀點、思維方式、價值判準等因素。經對比解讀而產生的意義，可以在現實世界中發揮導引人們思想、行爲之作用。每一個體的人或某一文化群體，都有其所謂的「意義世界」，此一意義世界，雖然來自人人共處的客觀世界，但其中包含著某些主觀的觀點、特定的思考角度、有限生活經驗的視域以及主客互動而建構出的價值體系。此一意義世界是個人生活、行動的思考根據，也是文化群體相互溝通的基礎。特別是經由對比而產生的「意義」，其對於人們既有思想世界流變過程中之建構有一定之影響，並且對於現實世界的發展，也會有實踐引導的作用。

「現代」是一個時間上的名詞，卻包含著許多層面的豐富意涵，不論政治、經濟、教育、藝術都可與「現代」發生關連；現代化成了現代人追求的目標，但何謂「現代」卻有許多不同的解讀。將墨家思想以「哲學」稱之，而探究其現代意義，代表著墨家哲學可置於現代哲學思潮中進行對比，而要探討墨家哲學的現代意義，首先就是要與現代思潮中的相關思想對比，或以現代的表達方式展現，如此才能呈現其中的意義。在本篇中，我們將分四章探討墨家哲學的倫理思想、價值思想、思維方法，以及墨學精神的現代意義。

第十章　墨學倫理思想的現代意義

什麼是倫理思想？簡單地說，倫理就是人際之間的應然關係，而倫理思想則是指導人們正確行爲的規範或原則；現代倫理學的理論可區分爲三個領域，即規範倫理學、後設倫理學和應用倫理學。[1]本文僅就規範倫理學中的三個主要的派別：重視行爲結果的效益主義、強調行爲本身價值的義務論，以及著重德性生命整體的德行倫理學與墨家倫理思想進行比較。本章將分爲三節，分別探討墨學與這三派理論間的異同。

第一節　墨學與效益主義

什麼是「效益主義」（utilitarianism）呢？效益主義看重的是行爲的結果，相對於行爲的結果，行爲本身所具備的價值是工具性的，也就是達成所欲求之目的之方法。所謂的效益主義，就是當我們在做某些行爲的時候，依產生的結果來決定我們行爲的正當性。譬如，你爲了拯救被強盜挾持的一群無辜的婦孺，而設法把強盜殺了，這時你可能心理會質疑「殺人」這件事情的正當性，但是你不殺強盜，那些無辜的婦孺就很可能會遇害，在比較這兩種結果的情形下，你便會肯定這個行爲的正當性。在道德上一個正確的行爲就是在所有可能的做法當中，它的結果能產生最大的善和最小的惡，這種行為就是正確的。就好像為了拯救那群婦孺而殺死了強盜，就是最小的惡。而所謂錯誤的，就是結果不能產生最大的善或最小之惡的行為。

在墨家哲學中的確也有類似的思想，《墨子．小取》篇中就有：「殺盜人非殺人」的主張。墨家強調兼愛的思想，但為何卻又主張可以殺盜？殺盜又為何不是殺人？這個問題，可以從不同的觀點解析，首先，從墨家推類、名辯思想來看，墨家承認「盜人，人也。」強盜也是人，但是從「侔」式推論中的「是而不然」的論式標準，則「殺盜人」是歸屬於「不然」的一類。為何可歸屬於「不然」？因為「盜」不是一般人，而是違法犯紀、傷害他人的人，因此，「盜」可以從一般人中予以特殊的限定，而以「盜」之名稱之，既然被特殊限定，「盜」與「人」就不相同。

其次，我們若從墨家的價值觀來看，墨家對於某一行為的抉擇在於「權」，〈大取〉中所謂的「權」：「於所體之中，而權輕重之謂權。權非為是也，亦非為非也。權，正也。斷指以存腕，利之中取大，害之中取小也。害之中取小也，非取害也，取利也。其所取者，人之所當執也。遇盜人，而斷指以免身，利也；其遇盜人，害也。」[2]因此，依墨家的價值標準作取捨時，他們追求的是「利之中取大，害之中取小。」或「兩害相權，取其輕。」從墨家衡量事態的輕重、做出取捨，可以了解他們衡量行為的價值標準，就像「指」與「腕」，在不能兼存的情況下，由於腕重於指，指輕於腕，故斷指以存腕，較為有利。斷指之事單獨來看，是一件有害之事，但是與斷腕合觀比較，則斷指可以存腕就變成一件有利的事。因此〈大取〉說：「害之中取小，非取害也，取利也。」再者，「權」不是知識中的是非判斷，而是人在現實情境中的適宜性抉擇，對於情境中的不同事態衡量其輕重利害，再決定要怎樣行爲。

根據效益主義，一個正確的行爲必須產生最大的善與最小的惡，如此，我們是否就可以依此認爲墨家倫理學就是效益主義呢？其中的義理還需要進一步分辨。

「什麼是善？」根據效益主義，「能夠帶給人們快樂的事情就是善。凡是會帶來快樂或避免痛苦的行爲，就是有價值的，是我們應該作的。」或「所謂的效益主義就是能夠給最大多數的人最大的幸福。」然而，什麼才是最大幸福呢？根據效益主義：就是每一個人自身所獲得的利益加在一起的總和，就是一種公眾的利益，而最大公眾利益就是最大的幸福。並且在道德的考慮上，每一個人、每一個體都是平等的，所以我們要追求最大多數人的最大幸福，就是每一個人幸福的加總，這就是所謂的效益主義了。

這在效益主義本身的發展過程中也有不同的看法，如邊沁（Jeremy Bentham，一七四八～一八三二）認爲人類所追求如財富、健康、知識、地位、名譽等，最後都是爲了快樂，並且這些快樂的量是可以透過一些客觀的計算方式而計算出來，如此我們就可以比較出哪一種行爲更可以使我們獲得更大的快樂（pleasure）。邊沁的效益主義非常強調快樂的「量」，而忽略了快樂在「質」上的高低之別。另一位效益主義者彌爾（John Stuart Mill，一八〇六～一八七三）提出了一個修正的主張，他認爲必須區分快樂的「質」，對於高品質的快樂，他稱爲幸福（happiness）。所謂高品質的幸福，主要是指理性的滿足、文化的鑑賞、德性的成長、藝術的欣賞、健全的人格、豐富的人生經驗等。它們是行爲追求的終極目的。在計算一個行爲的價值時，不僅要計算它的快樂數量，也要計算它的幸福。[3]

從上述的觀點來看，墨家哲學所一再強調的「興天下之利，除天下之害。」以及「兼愛」的普遍性與平等性來看，好像很符合效益主義所建立的價值標準。

但是，從墨家的其他思想脈絡來看，又並非如此，特別是在「加總之量」的觀點。墨家在考慮什麼樣的行爲是道德的時候，不見得會把每一個人在數量上的意義認爲是等同的，如〈大取〉說：「爲天下厚禹，爲禹也。爲天下厚愛禹，乃爲禹之愛人也。厚禹之爲加於天下，而厚禹不加於天下。」其意爲：爲天下人的利益而厚待禹，這是把厚待的行爲施加給禹。爲了天下人的利益而厚愛禹，那是因爲禹是愛人的。厚待禹的行爲能夠間接的加利於天下，但是對於禹的厚待，並不等於對天下其他人的厚待。[4]由於在具體行動上，無法愛利天下人，總是直接愛利某人或少數人，所以墨家以「厚禹」之例來說明「志功爲辯」（動機與實效）的不同。古時候的夏禹，爲了防治水患，三過其家門而不入，像這種爲了人民的利益而犧牲、奉獻的精神，對社會貢獻是很大的，所以我們必須要特別的去保護、協助這樣的人，而不是視每一個人爲同等的量，由於禹能愛天下人，故所厚在禹，而所愛在天下人。因此，雖然是懷抱著愛天下人的動機，但是在具體實踐兼愛的行爲時，大禹的安危、福樂就高於一般人，而有厚薄之分，並非一律平等、一視同仁。

並且，墨家在從事某一行爲時，其價值根源乃在於是否符合天志，來作爲衡量行爲是否正確的標準。也就是說正確的行爲必須根據天志，錯誤的行爲則否，因此，墨家兼愛的思想跟效益主義還是有所分別的。

如果考慮墨家的「天志」做爲正確行爲的標準，將「天志」視爲一種行爲的規則，依照天志行我們就可以造福個人或是社會，而從天志來的道德原則就是「興天下之利」，我們所做的事，只要是能興天下之利，就是正確的。從《墨子．天志上》來看：「天下有義則生，無義則死；有義則富，無義則貧；有義則治，無義則亂」，所以我們依天意來做，「天欲其生而惡其死，欲其富而惡其貧，欲其治而惡其亂，此我所以知天欲義而惡不義也」，亦即依天意來做，就會生不會死、能富不會貧、能治而不會亂，這樣當然就是天下之大利，依天志來做，符合興天下之利的原則，就是我們行爲的標準。這樣看來與「規則效益主義」蠻相似的。如此，可以將墨家哲學歸於規則效益主義嗎？

效益主義的基本主張是：行爲的價值根據後果的價值而定，但是這後果可以是某一個別具體的行爲，也可以是某一類的行爲，如果效益考量的是具體的行爲，稱爲行爲效益主義（act utilitarianism），如果效益計算是以某一類的行爲，則稱爲規則效益主義（rule utilitarianism）。規則效益主義在計算效益時，並不是將效益原則直接應用於某一個個別的行爲上，當他在反省什麼是對的行爲時，他關切的是：「如果每一個人在這種情形下都從事這種行爲，其善、惡的結果會如何？」也就是說，規則效益主義者認爲，在某一種情境下，我們所該作的行爲是訴諸於一般性的通則，而不是將每一個個別行爲都當成檢視的對象。所以規則效益主義的效益原則是用來測驗道德規則，而不是測驗個別的行爲。[5]

在《墨子．法儀》篇說：「天之行廣而無私，其施厚而不德，其明久而不衰。」天的愛猶如陽光和雨水，是普遍的施予供給所有的人，這就是「行廣而無私」的普遍性。另外「施厚而不德」是無私的，具備了一種客觀性。再從「明久而不衰」可以看出，天還有明確性和持久性。[6]因此「天」此一價值根源具有普遍性、客觀性、明確性與持久性。墨子的「天」要求人與人彼此之間要「相愛相利」；在〈天志〉篇和〈法儀〉篇中都曾到：「天欲義，惡不義」，也就是「天」要人以「義」爲價值原則。因此，以「天志」作爲行爲的原則而謀求天下之利，以此對照，墨家哲學似乎與規則的效益主義頗爲接近。但是，如果進一步考察天所欲之「義」的內涵，則可發現墨家並非全然以結果論對錯。

〈經上〉對「義」的解釋：「義者，利也」，〈天志下〉：「義者，正也」指的是一種「正利」，一種公正的利益，包括了「以上正下」的善政，在上位者要匡正在下位者，這裡指的「上」需直推到最高的「天」。〈經說上〉：「志以天下爲分，而能能利之，不必用。」[7]以天下作爲自己的職分，自己的才能能夠發揮出來而有利於天下人，不必爲國君所用，這就是義。《墨辯》對於思維情境中的事態處理，乃以「義」爲原則。高晉生指出：「儒家以義利爲相反之物，墨家以義利爲相成之物者，蓋儒家所謂利，乃一人之私利，墨家所謂利，乃天下之公利也。墨家所云：『義，利也』者，謂其心以利天下爲自己之職分，其才能又能利天下，故曰：『志以天下爲芬，而能能利之。』至於利天下之功，係乎見用於世。見用於世，屬於人不屬於己。而義之界說，則在乎己不在乎人。所以見用於世而成利天下之功，在義字界說之外。故曰：『不必用。』見用而有利天下之功，仍不失爲義也。」[8]由此觀之，天志所欲人之「義」核心意涵在於己之立志，能有利天下之功固然值得肯定，即使沒有利天下之功，也同樣值得肯定。這是其「不必用」的重要意涵。如此才能深刻把握「義」作爲倫理原則的特點。

我們還可以從《墨子．耕柱》篇的例子爲佐證：「巫馬子謂子墨子曰：『子兼愛天下未云利也，我不愛天下，未云賊也。功皆未至，子何獨自是而非我哉？』子墨子曰：『今有燎者於此，一人奉水將灌之，一人煽火將益之，功皆未至，子何貴於二人？』巫馬子曰：『我是彼奉水者之意，而非夫煽火者之意』。子墨子曰：『吾亦是吾意而非子之意也』。」從救火而未能滅火的情形來看，墨子兼愛天下的行爲並未收到化解天下爭亂實際的效果，但是他的這種行爲是符合「義」也符合「天志」的。由此看來，墨家的行爲規範標準並非完全著重在效果。

由於效益主義是以行爲的後果來確立行爲的價值，墨家哲學雖然有許多地方與效益主義所強調的結果論相似，但是，若追溯到價值的源頭「天志」，或重要的價值原則「義」時，則墨家倫理思想並不能輕率的歸於效益主義。

第二節 墨學與義務論

從上一節墨子與巫馬子的對話，我們可以看到一個具有善良動機或企圖的行爲，並不一定能夠達成預期的效果，墨子懷抱興天下之利的理想宣揚兼相愛、交相利思想，但實際上卻不能達成平治天下之亂的目的，難道這樣的行爲就沒有道德價值了嗎？顯然，墨子還是肯定這種雖不具效果、未達成目的的行爲也是符合天志的。如果墨家哲學不全然是以行爲的效果來判定一個行爲是否符合道德，那麼墨學可歸屬於義務論嗎？

何謂義務論（deontology）？簡單的說，義務論他們看重行爲本身的價值，而不是行爲後果的價值。義務論者認爲，爲了行爲道德性以外的任何條件，都不是眞正的道德行爲，即使它帶來正面的效益，但它與道德無關，沒有道德價值。由此可見，義務論認爲，人不是爲了效益而實踐道德，而是純粹爲道德而實踐道德。道德行爲是無條件的行爲，它的價值由自身而決定。[9]行爲本身的價值與行爲者的動機有關，只要是一個出自善的動機的行爲就是善的。

首先，我們從墨家的「犧牲之愛」來看。〈大取〉說：「愛無厚薄，舉己非賢。」平等之愛在面對人、己相對的情況下，若愛人則有害於己時該如何？墨家認爲聖人爲求愛人，不務愛己；若於己有害，而於人有利，雖摩頂放踵爲之。因此〈大取〉又說：「聖人惡疾病，不惡危難。正體、不動，欲人之利也，非惡人之害也。」聖人厭惡疾病，但不怕危難，鍛鍊身體並自堅其志，不在危難面前動搖，要求利人，但不懼怕人所加諸於己的危害。可見這種價值標準並不是以結果是否有利於己爲判準。

其次，我們從墨經中的某些道德德目來看，〈墨經上〉講「忠」是「以爲利而強君也」[10]。〈經說上〉：「不利，弱孩足將入井之容。」[11]勉強國君去做一件對國家有利的事，就叫做忠。對墨子來說，忠於國君並不是樣樣都要服從國君。〈經說上〉說：就好像當我們看到一個小孩子即將要掉入井中；當國君處在像這樣危急的狀況時，爲臣者爲了天下人的利益，就要勉強國君作他不想做的事，這樣才是眞正的忠；如《荀子．臣道》中講到的「逆命而利君」，爲了有利於君，臣子可以違逆命令。在上述的情境之中，行爲者的動機是善的，但行爲的後果對行爲者是危險的，或不利的；因爲古代國君握有極大的權力，操持生殺大權，如果拂逆國君心意，而導致殺身之禍，對行爲者而言是極不利的選擇。因此從墨家的「忠」此一德目來看，也絕不是效益主義的價值標準，但我們能夠依此推論墨家倫理思想爲義務論嗎？

這要看行爲者的動機是根據「什麼」？依照德國哲學家康德（Kant，一七二四～一八〇四）行爲者的動機必須出於良知、義務或責任。人必須作他應該作的事，而所謂的「應該」就是它的義務，也是一種無上的命令，這種無上的命令所指出的義務是普遍絕對的，就普遍性而言，行爲者的動機必須依照人人都必須遵守的行爲規則，無人能夠例外。無上命令第一種的陳述方式爲：「在考慮意決一個行爲時，如果所根據的格言（maxim），可以成爲一個普遍定律，則這行爲就是必須去做的義務。」我們以墨家論「忠」的思想來比較，如果任何人看到一個小孩將要掉入井裡的情況，當然不能見死不救，因此「救助死難」就是一個人人都應遵守的行為規則。這是從〈經說上〉所舉的例證，來類比說明君臣之間所處的特殊關係，當君之所為，其禍必致殺身或亡國，若不強力阻止，任其亡覆，則非「忠」，必須強力阻止才是眞正的「忠」。如此，根據「救助死難」的普遍原則來看，「忠」的動機是接近義務論的。

就康德來說，義務是所有的人都應該去做的，沒有任何人可以例外，這意味著在「義務」之前，人人平等，大家都必須全力實踐它。如此，沒有任何人可以自認比他人具有更高的存在價值，當然也就不可以純粹利用別人去達成自己的目的。在墨子《法儀》篇中，墨子指出，百工在做事時都有一些標準，如規、矩、繩、墨、懸……等各種工具，同樣的，將相治理國家也需要一些標準才治理得好，那麼什麼原則，什麼對象可以成為價值標準呢？墨子認為「仁」是可以作為標準的。〈經上〉：「仁，體愛也。」〈經說上〉對「仁」的解釋是：「愛己者，非為用己也，不若愛馬」。所謂的「體愛」就是「體己之愛」，也就是從對於自己之愛的體驗去應用於對人之愛，一種「愛人若己」之愛。「仁」也好像愛自己的身體一樣，愛自己的身體不是把自己的身體當成一種手段、工具來使用，並不是為了「用」，若是為了「用」，那就像養一匹馬是為了利用牠來拉車、交通或把牠當成生財工具。因此，僅是有用於己的愛不是「體愛」，也達不到「仁」。我們可以墨家的「仁」來看義務論對於「無上命令」的第二種陳述方式：「當我們在對待人的行為中（無論自己或別人），都要視之為目的，永不能僅視之為手段。」[12]由此，我們可以看到兩者的相似性。

至於「無上命令」的第三種陳述方式：「人在一社群中，他有義務維護這社團的道德性，使人人平等追求個人的目的。」[13]第三中陳述，比較難在墨家思想中找到直接的對應文本，但也可從天志的兼愛與仁人君子的興天下之利，來間接推敲出兩者的相似性。由於「天」欲人生、欲人富，也欲人治，且「天」對於每一個人都是同樣的愛，使每一個人完成自己的目標，這些目標當然會包含著：生存、發展、健康、富有、安全等等；而人的行爲就是要以「天」爲法儀，依照天志而行，勢必要努力維護其社團、國家成爲提供、援助社團中的每一個人得以追求、實現其目的的團體。由此觀之，墨家思想也與義務論有某些面向的相似性。

但是，這些相似性仍有其片面性，仍不足以就此將墨家倫理思想歸諸於義務論，我們若從「用」的觀點審視，又可發現墨學思想與義務論強調動機的差異。

先從墨學之「用」的目的來看，從最高的目標而言，就是順從「天志」；從最大的範圍來看，「用」之目的在於「興天下之利」，而在具體的個別情境中，則是要求實際有助人之「功效」。由於涵蘊功利之行方爲「用」，因此分析「功」的不同性質，可了解墨學所追求的各種目的。

《墨子·經上》：「功，利民也。」所謂的「功」，就是有利於人民，人民代表著大多數的人，古代能夠帶給大多數人福利的，是那些握有權力的王公大人，因此在墨子書中，能夠利民的有功者，常指聖人、君、臣。例如《墨子·尚同中》：「故古者聖人之所以濟事成功，垂名於後世者，無他故異物焉，曰唯能以尚同爲政者也。」此處的濟事成功者就是指聖人。又如

《墨子．親士》：「故雖有賢君，不愛無功之臣。」此處強調了功效的重要，而不是僅僅動機爲善就足夠。此外，又如《墨子．尚賢上》：「故當是時，以德就列，以官服事，以勞殿賞，量功而分祿，故官無常貴，而民無終賤，有能則舉之，無能則下之，舉公義，辟私怨，此若言之謂也。」賢君愛有功之臣，並以功之大小，賞以俸祿。由於官無常貴，只要是有能力的人就可以有利於民，這些思想都強調了行爲結果的實質效益。

然而，要如何才能利民呢？《墨子．經說上》云：「功不待時，若衣裘。」此意即能利民之功用必須適合時宜。[14]夏使穿衣，冬使穿裘，提供人民適時的需要，使人民得到眞正適時的需要，人民自然會快樂歡喜。所以《墨子．經上》解釋「利」說：「利，所得而喜也。」此外，我們也必須注意墨經中以「利」言「義」的意涵，如《墨子．經說上》云：「義，利也。」《墨子．大取》：「義，利；不義，害。」因此，「用」必須有「功」，「功」則須「利民」，而「利」不僅是民得之而喜，還必須符合「時」與「義」的標準。如此看來，墨家倫理思想一方面強調動機，另一方面也看重行爲的結果。

又如墨家思想、言論的根據在於：本之者、原之者、用之者的三表法，其中的「用之者」，就是：「發以爲刑政，觀其中國家百姓人民之利。」觀察執政者經由思想言論所制訂的政策，能否符合百姓人民之大利。如此，從這些強調效果之重要性的墨學內容來看，我們也無法輕率地將墨學倫理思想歸諸於義務論。

第三節 墨學與德行倫理學

我們可以進一步比較墨學與德行倫理學的關係。德行倫理學者認爲道德的主要功能，是培養人的品格。「德行」簡單地說，就是有價值的品格特質。德行倫理學（virtue ethics）較重視行爲者的道德品格或德行。[15]他們主張：行爲的價值建立在它與德性生命的整體上，我們在探討行爲的價值時，不能脫離生命來立論，生命是一完整的整體，不能將每一件行爲視爲獨立的事件，而去評價其中的動機或者結果，去認可其行爲的內在價值或者工具性價值。德行倫理學不是如效益主義和義務論關心：「我應該做什麼？」而是問「我應該是什麼樣的人？」一個道德上對的行爲，其最終之所以爲對，是因爲它以善的性格爲其前提。總之，德行倫理學關心的是行爲者的好或壞，而非對或錯的行爲，所以比較重視長期的行爲類型，而比較不重視個別的行爲。[16]從上述對於德行倫理學的把握，我們可以從墨學中的人性理論、典型人格，以及如何達成的修養方面來進行比較。

首先就墨學中的人性理論來看；在人性的內涵方面，墨子認爲人有感通性，因爲人可以感通天志的好惡，知道天希望人們的行爲要符合「義」，行兼愛。此外，人與人之間也可以相感通，所謂「投我以桃，報之以李」。因爲人際間的互動是相對的，兼相愛、交相利，就是藉著人與人之間的感通性。由於人可以與「天」相感通，墨家倫理學的價值根源就在於「天志」，因而其倫理原則的建立也立基於天人關係，因而人性也就來自感通於「天」的「施厚而不德」之德性。這種關係是一種「愛」的關係。一方面是天對人的愛，另一方面則是人與人之間的彼此相愛。人對於天之愛的回應除了以祭祀表達感恩酬謝之心意，及順從天意行事爲人與他人兼愛互利，形成愛的倫理關係。〈兼愛上〉說：「若使天下兼相愛，國與國不相攻，家與家不相亂，盜賊無有，君臣父子皆能孝慈，若此則天下治。」依墨家觀之，君惠臣忠、父慈子孝的倫理關係在於兼愛。因此實踐兼愛就是有助於整體生命德性的發展。

其次，就長期的氣質、理想人格而言，墨子所標舉的人格典範有君子、仁人或聖人。分別引述如下：

1. 君子，就是以身載道而行的人。《墨子．修身》所謂：「君子以身戴行者也。」而墨家之道其內涵與表現為何？《墨子．兼愛下》：「故君子莫若審兼而務行之，為人君必惠，為人臣必忠，為人父必慈，為人子必孝，為人兄必友，為人弟必悌。故君子莫若欲為惠君、忠臣、慈父、孝子、友兄、悌弟，當若兼之不可不行也，此聖王之道而萬民之大利也。」君子是能明察兼愛的意義與價值，並且親身實踐的人，這種人在各種人際關係中，在任何職位上的表現，都可以恰如其分，切合時宜。這也就是能與天下大利的聖王之道。

2. 仁人，也同樣是與天下之利的人，他在個別的人際關係中或某一種特定職位上，能有一定的德行表現，如《墨子．兼愛中》子墨子言曰：「仁人之所以為事者，必興天下之利，除去天下之害，以此為事者也。」《墨子．非儒下》也說：「夫仁人事上竭忠，事親得孝，務善則美，有過則諫，此為人臣之道也。」

3. 墨學中的「聖人」典範又如何？《墨子．尚賢中》：「聖人之德，章明博大，埴固以脩久也。故聖人之德蓋總乎天地者也。」聖人的德行光明廣大，穩固而長久，可以德配天地。如此偉大的道德人格要如何才能做到呢？《墨子．貴義》「子墨子曰：必去六辟。嘿則思，言則誨，動則事，使三者代御，必為聖人。必去喜，去怒，去樂，去悲，去愛，而用仁義。手足口鼻耳，從事於義，必為聖人。」墨子認為，必須去掉喜、怒、樂、悲、愛、惡[17]六種偏辟的情緒，靜默的時候就深思，言說的時候不忘闡述有助於人的教誨，一舉一動都要做有益於人的事，或思、或言、或行，任何情況都不受偏頗情緒影響，而從事於仁義，如此就可成為聖人。

再者，如何才能達成理想人格？使一般人朝向有德性的仁人、君子、聖人發展？我們可以先從《墨經》中對於「生」的定義來看「人」。〈經上〉二十二：「生，刑與知處也。」生命就是形體與知覺同處的狀態，若分離則爲死亡。經說上：「盈之生，商不可必也。」盈，就是充滿，指形體與知覺相互合一，兩者莫不有彼此，這才是生。商的意思爲常，「商不可必」

是指：人之生常不可定。[18]德行倫理學者也強調，德行不只是以某方式行動的氣質傾向，而且還涉及知覺、綜合能力，使行爲者能清楚掌握特殊情境，而所有這些能力的成長，只能在具體情境的相關認知和行動中才能達成。這些道德知覺和實踐理性的技能不完全可以公式化，所以不能從一個行爲轉移到另一個行爲。[19]這種德行倫理學在具體的道德實踐上，未必能提供處理道德困境的辦法或原則；但是在墨學中，針對道德兩難困境時，則提出了「權」的概念，來對治各別行爲或道德實踐時必須決擇的情況。如〈經上〉：「欲正權利，且惡正權害。」〈經說上〉：「權者，兩而勿偏。」墨家認爲：「正」包括「欲」得其「正」和「惡」得其「正」兩方面。「欲」得其「正」首先要權衡「利」的一面，而「惡」得其「正」，則要權衡「害」的一面，這兩方面都要考慮而無所偏失。從墨家來看，「興天下之利」是全面考量的基礎，但因爲現實外力的限制，有時不得不衡量事態的輕重、做出取捨，這就是所謂的「權」。

「權」的運用，有賴精神上的修養與生理欲望的合宜。在個人修養方面，爲要追求達到聖人的境界，〈經上〉說：「平，知無欲惡也。」〈經說上〉：「平，惔然。」高亨認爲墨家所謂的「平」就是《中庸》喜怒哀樂未發之「中」，是中心恬淡，知無欲惡的狀態。[20]一個人雖然有「興天下之利」的抱負，努力求知、實踐，但是但卻必須經常保持心平氣和。「平」就是指心的安定與寧靜，而「知」是指與外物的接觸，如〈經上〉所謂：「知，接也。」當人在與外物相接觸之時，總會受到外物的影響，進而引起情緒上的反應，甚至行爲上的各種表現。但是，墨家卻強調一種「平」的心靈狀態：「知無欲惡」，也就是雖然我們認知了外界的事物，但不因所知而產生好惡之情，反而能心平氣和，這就是「平」。而所謂的「憺然」則是指恬淡自若，胸懷天下的表現。如此，超越了個人好惡，才能得天下人欲惡之「正」，「權」的運用也才可能兩而勿偏。

此外，在生理欲望的需求方面，墨子強調了「宜」的重要。人有所欲，也有所惡，這是求生之必需。但是所欲與所惡，與損益好壞並無必然的關係。而是所欲與所惡皆能得其「宜」，方能得益；所欲與所惡不得其宜，則必遭損。如〈經下〉所云：「無欲惡之爲益損也，說在宜。」〈經說下〉：「無，欲惡傷生損壽，說以少連，是誰愛也？嘗多粟，或者欲不有能傷也。若酒之於人也。且智人利人，愛也，則唯智，弗治也。」古代的賢者少連認爲人的欲、惡將會傷身損壽，因此主張淡化人的欲惡。[21]這與墨子的「節葬」「非儒」思想有密切的關係，墨子反對儒家的久喪厚葬之禮，而強調生理上之欲惡得其宜的重要。

以上從形體、心智來看墨家對於整體生命、人格典型及修養的看法。一個有價值的行爲是由於它源自於善的性格，這是其他行爲的根本，並且由德性而發的行爲可以使整體生命能有和諧的發展，這種德行倫理學的主張，我們在墨家哲學中也能找到重視人格典範與修養的相應思想，並且墨家還提出了在具體情境中道德實踐的原則。然而，我們仍然不能依此就將墨家倫理思想視爲德行倫理學。從前面第一、二單元的論述中，我們已知墨學倫理思想也有重視行爲本身義務與行爲結果的觀點。

小結

經過前面三節的比較，在墨家倫理思想中都可以找到與現代三種規範倫理學理論相類似的思考觀點、價值標準，或處理問題的方式；但是任何一種理論卻不能完全籠罩墨家的倫理思想，我們也不能像學界輕率的將墨學歸類於其中任何一理論類型。[22]這可使我們進一步反思墨學倫理思想的現代意義。

首先，以西方規範倫理學爲參照，針對不同理論進行對比時，確實有助於我們將墨家倫理思想做有效的理論還原與重構。並提供我們發現墨學中的思想價值與可以改進之處。

其次，墨學是多元化的思想，在倫理思想方面具備了多樣化的觀點，體現著許多倫理學問題的面向，並不能將之局限於某一類型理論。因爲理論如果只是將研究對象或觀察現象，以靜態的方式來把握、分析，或者以斷離式的區分爲行爲動機、過程、結果，而著重某一部分所建立的理論，往往會有所疏失、遺漏。

再者，經過比較之後，我們發現墨學倫理思想在實際道德實踐上的靈活性，特別是「權」的動態校準，在進行道德實踐時，可因應不同的情境變化，做出合宜的行爲調整。當然，從靈活性的另一面看，則是墨學倫理思想參照應用的精確性不夠，因爲當面臨價值抉擇時，究竟要以效益主義的行爲目的之功效爲主，還是要以純然良善的動機爲準，還是要以有助於德性健全的標準爲根據？如果「權」是視情況而定，那麼就必須針對不同情況進行情境分類，並說明哪種情況下其抉擇的標準爲何。不然，面對價值衝突時，僅僅引用「天志」或「義」或「兼愛」，這些概念的內涵，還是不足以提供較精確的行爲準則。這些也是關心墨學發展，使墨家倫理學現代化的同道們，未來可以努力的方向。

總之，墨家倫理思想是多元而豐富的，相較於現代的倫理思想也毫不遜色，它具有理論發展的潛力，未來可朝概念清晰化、理論精緻化、課題現代化等方向發展。

第十一章　墨學價值思想的現代意義

所謂「意義」涉及某一思想的深層內涵，這也是思想本身不同層次的對比。墨家倫理思想的深層內涵涉及價值意識，因爲倫理學關心的是行爲的價值判斷，而價值判斷則基於其意識中的價值標準與價值根源。在西方語言中，倫理學的「價値」，往往是以「善」或「好」（good）來表達，因此以下第一節將介紹墨學對於「善」的看法，指出興利除害之「善」。第二節探討墨學中的「利」「害」所指爲何？由於有利的事物常可從其「用」得見，因此第三節則探討墨學中「用」的意涵。本章闡釋墨學中有關價值思想的現代意義。

第一節　墨學論善

何謂善？從中國字「善」的字源意義來看，金文「善」：林義光氏以爲「言美爲善，羊美省，二言者相善之意。」小篆「善」：從誩從羊，誩音競，乃競言之意，羊爲祥和之意，互道祥和之言爲善，其本義作「吉」解，乃美好之意。[1]從此字源意義推敲，「善」是在一種相互性中呈現的，如彼此互相祝福之言，所呈現的善意；墨家的「兼相愛、交相利」就是一種「善」的表現。在《墨子》書中也有以「善」形容人之言行者，如：「去若不善言，學天子之善言：去若不善行，學天子之善行，則天下何說以亂哉。」（尚同上）除善言、善行之外，在《墨子》書中還有：善意、善射、善事、善為、善政、善功、善笠，為善者富之、兼則善矣[2]等用法。

其次，再從西方哲學對於「善」意義的說明來看：「凡能使某一存有者完美，因而為此一存有者所值得追求欽羨者，均稱為善。這裡我人應區別善的具體存有物，及使此善物之所以成為善的內在基礎，意即善性或價值。依照內容的不同性質，善或價值可分為純物質的、生物的（如健康）、心理的（如快樂）、精神的（如智識上的、審美的、宗教的）。」[3]依此定義來看，「善」的要素必須有：存有者、存有者的欽羨、欽羨的對象、以及此對象使該存有者完美的作用，並且此一對象是值得欽羨者，亦即可透過某種價值標準加以檢證，該對象確實有增進該存有者完美的作用。為了使我們的思考得以聚焦，我們將存有者直接以「人」為例來說明。

所謂「人」？《西洋哲學辭典》中對於人的看法：「人的精神是人的形式，而以身體為質料，二者一起始形成完整的人之實體。」[4]從墨學來看，值得人們欽羨的是什麼呢？最基本的當然就是生存，人活著就有物質與精神的需要，就形體的物質需要而言，必須有衣、食的溫飽，亦即《墨子．尚賢下》：「若飢則得食，寒則得衣，亂則得治，此安生生。」簡單的說，就是吃得飽、穿得暖、社會有秩序、生存有保障，這些都是善。就智識、精神的層面而言，墨家則主張：兼愛、貴義、興天下之利為善。如〈兼愛中〉：「乃若兼則善矣。」〈天志中〉：「義者，善政也。何以知義之為善政也？曰：天下有義則治，無義則亂，是以知義之為善政也。」兼愛、貴義、興利爲何值得人們欽羨、追求呢？能否使人得以完美呢？如何實踐兼愛、行義與興利呢？這涉及墨學的價值根源：天志的信念與人的心志；以下分別從：墨學之善的內涵與善的根源，分別論之。

一、「善」的內涵

(一)墨家的善在於「生」

《墨經》中對於「生」的定義，前一章第三節已論及，生命就是形體與知覺理性同處的狀態。〈經說上〉：「盈之生，商不可必也。」盈，就是充滿，指形體與知性相互合一，兩者莫不有彼此，這才是生。商的意思爲常，「商不可必」是指：人之生常不可定。墨家的意思有二：一、有形體、有知覺爲生。二、生常不可定。依高亨《墨經校詮》的解釋：其中一、是駁斥《莊子．天下篇》中引惠施的觀點：「物方生方死。」惠施認爲物有生必有死，其生之期間，無時不在朝死的方向發展，故曰：「物方生方死。」而墨家以形與知處爲生，形與知離爲死，故物之生即不得云死，物之死即不得云生。〈小取〉：「以名舉實」。〈經上〉：「舉，擬實也。」「生」之名所指之「實」，與「死」之名所指之「實」不同。其中二、所駁斥的是儒家之說，《論語．顏淵》子夏曰：「死生有命。」乃是主張人的生死有定數，人雖不能預知，但卻早已命定。而墨家非命，因此說：「盈之生，商不可必」，而不信「死生有命」之說。[5]此外，《墨子．公孟》篇指出，富貴夭壽，是可以透過後天的學習、努力，而能夠有所改善的。[6]特別是一個人生命的長短，也是可以透過後天的修養、保健，而能夠有所增長。

由於「生」是一切健康、財富、事業、福祿等善的基礎，那麼要如何做才能得此善？墨子認為行事為人必須要符合天意，墨子的「天」是有意志、有好惡、無所不知、無處不在、又能施行審判加以賞罰的最高權威，因此人必須做符合天志的事才能得生。怎樣做才符合天志呢？〈天志上〉：「然則天亦何欲何惡？天欲義而惡不義。……然則何以知天之欲義而惡不義？曰天下有義則生，無義則死；有義則富，無義則貧；有義則治，無義則亂。然則天欲其生而惡其死，欲其富而惡其貧，欲其治而惡其亂，此我所以知天欲義而惡不義也。」可見要得生之美好、富有、平安，必須行天所欲之「義」。

(二)墨家的善在於「為義」

由前述可知，「義」是人得以生的條件，墨子〈貴義〉篇也說：「萬事莫貴於義。」那麼，什麼是「義」呢？〈經上〉對「義」的解釋：「義者，利也」，〈天志下〉：「義者，正也」；指的是一種「正利」，一種公正的利益，包括了「以上正下」的善政，在上位者要匡正在下位者，〈尚賢上〉說：「是故古者聖王之爲政也，言曰：『不義不富，不義不貴，不義不親，不義不近。』」有義才有富、貴、親、近之利。這裡指的「上」，不僅是上到聖王，還必須推到最高的「天」；天所欲之「義」，如前章所述，乃立志以天下人的福利作爲自己的職分，自己擁有的才能，能夠發揮出來而有利於天下人，不一定要出仕爲官，這就是義。如此，以動機（志）與效果（功）的觀點來看；在心志方面，義者必須要有利天下的存心，義者的所作所爲可以有利於人，但不一定被世人肯定而見用於世，即使不能見用於世，也無礙於「義」的價值。

其中，在「志」、「功」之間，還有一個十分重要的環節，就是「爲」，也就是〈經說上〉所謂的「志行」，也就是實踐其所知、力行其志之所向。義者有才能，並且能夠做到眞正實踐有利天下之事，而不是只有存心，而沒有行動；也不是只停留在理論而沒有實踐。如此才能深刻把握「義」的內涵，如此不僅使個人得以保全生命，進而也可使人群、社會得以生存發展，這是墨家所追求的「善」。然而這種以天下人爲眼界、範圍的「善」又如何可能呢？這就涉及墨家的另一個重要理念「兼愛」。

㈢墨家的善在於「兼愛」

天除了要人行義之外，也要求人們兼相愛，或者可以說，兼愛就是一種義行。〈天志上〉：「順天意者，兼相愛，交相利，必得賞。反天意者，別相惡，交相賊，必得罰。」順天意而行兼愛必然可以得到天的獎賞。〈兼愛中〉：「子墨子言曰：今天下之君子，忠實欲天下之富，而惡其貧；欲天下之治，而惡其亂，當兼相愛，交相利，此聖王之法，天下之治道也，不可不務爲也。」「生」的完美在於遵從天志，愈能遵從天志而思考行動者，他愈能達到更高的完美；既然天志要人類實踐兼愛，然則何謂「兼愛」？

由墨學文獻來看，〈經上〉：「體，分於兼也」。〈經說上〉：「若二之一，尺之端也」。「兼」就是整體，「體」則爲部分，又如〈經上〉：「損，偏去也。」〈經說上〉：「偏去也者，兼之體也。」墨家的「兼愛」是對人類整體之愛，而非局部的愛。〈大取〉：「愛衆世與愛寡世相若，兼愛之有相若；愛尙世與愛後世，一若今世之人也。」[7]衆世與寡世乃就廣狹而言，亦即「兼愛」的範圍無論大區域或小區域的人都是兼愛的對象。上世、後世、今世則是就古今而言，亦即兼愛的對象並不受過去、現在、未來的限制。可見墨家的「兼愛」是超越時空的限制，爲對全人類的愛。

至於「兼愛」與儒家基於血緣關係遠近差等之愛的對比，也可見其平等義，我們也可以由〈大取〉的：「愛人之親，若愛其親。」〈兼愛上〉的：「視人之身若其身，……視人之室若其室，……視人之家若其家，……視人之國若其國。」可以看出墨家的「兼愛」是不論關係、親疏、遠近，不論階級、高低、貴賤的平等之愛。這平等之愛，一方面是「人己等視」的以「人若於己」的平等。另一方面也是從所有的個人都是「人」的觀點，人人平等。

此外，我們也可以從「兼愛」的英文翻譯來看它的意義：

1. 梅貽寶、陳榮捷：Universal Love. 強調愛的普遍性與全體性。[8]
2. Stanford Encyclopedia: Inclusive Care. 強調兼愛的非專有的與不排他的特性。
3. Heiner Roetz: Co-love. 指出兼愛的互惠互利、合作之愛。
4. Angus C. Graham: Concern for Everyone. 凸顯兼愛所關懷的是每一個人。[9]

這四種翻譯正指出了「兼愛」在不同觀點下的意義：普遍性、不排他性、相互性與實踐上的關懷每一具體的個人。

再者，墨家的「兼相愛」常與「交相利」相提並論，而墨家的「利」是與「義」有關的，之前就指出，墨家的「利」指的是公利、正利，並且也是具有實際效果之「利益」。墨家的「兼愛」既要求實際的利益，且爲天下之公利；因此，墨子肯定了人際間「投我以桃，報之以李」的互動性。嚴靈峰教授說：「要兼愛，就必須雙方同時履行『相愛』，這樣才能達到『兼相愛，交相利』這個理想的實現。」[10]此同樣點出了「兼愛」的互動性原則。但更深一層的看，這種互動性之前，必有一方意識到「兼愛」的意義，肯定這種努力的價值，因此願意主動的「先愛」，也就是「主動性」，如此才有可能達致互利的結果，若人人都願意關懷他人，自然可以使天下人蒙利。

㈣墨家的善在於「興天下之利」

為何興利要興天下之利才是有價值的？因為人們若只興一己之利、自己家、自己國的利，那麼就會與別人、他家、他國有分別，有了分別心就會損人來利己，如此必有爭亂；並且，就算未損人而利己，由於缺乏整體、全面的視野，當人解決了局部問題，反而有可能會造成整體更嚴重的問題。如今日為發達國家經濟，卻造成全球汙染。所以〈兼愛下〉云：「仁人之事者，必務求興天下之利，除天下之害。今吾本原兼之所生，天下之大利者也；吾本原別之所生，天下之大害者也。是故子墨子曰：別非而兼是者，出乎若方也。」

然而在墨子的時代，其所見之利為何？其害又為何？如〈兼愛中〉：「子墨子言曰：仁人之所以為事者，必興天下之利，除去天下之害，以此為事者也。然則天下之利何也？天下之害何也？子墨子言曰：今若國之與國之相攻，家之與家之相篡，人之與人之相賊，君臣不惠忠，父子不慈孝，兄弟不和調，此則天下之害也。」此說明了當時天下的害在於國家之間的戰爭、人與人之間的賊害、上下長幼倫理關係的破壞。因此，提倡兼愛、非攻的思想，並予實踐，就可興天下之利。

此外還有哪些做法可以興利除害？我們從墨學的文獻考察，還包括：明鬼、非樂、非命也都是興天下之利的方法。如〈明鬼下〉說：「是故子墨子曰：今天下之王公大人士君子，中實將欲求興天下之利，除天下之害，當若鬼神之有也，將不可不尊明也，聖王之道也。」這是要大家了解，確實有超越於人的公義力量存在。〈非樂上〉說：「子墨子曰：姑嘗厚措斂乎萬民，以為大鍾、鳴鼓、琴瑟、竽笙之聲，以求興天下之利，除天下之害而無補也。」這是對於當時王公貴族自己奢侈享樂，而不顧百姓民生疾苦的批判。再者，〈非命下〉說：「今天下之士君子，中實將欲求興天下之利，除天下之害，當若有命者之言，不可不強非也。曰：命者，暴王所作，窮人所術，非仁者之言也。今之為仁義者，將不可不察而強非者，此也。」這是對於掌權者不負責任，推拖心態；百姓面對生活的消極態度，不願努力生產營生的宿命觀提出糾正，因為從墨子看來，天是要人們積極努力，奮發有為的。

以上，「求生」、「兼愛」、「貴義」、「興利」都是墨學中所肯定的「善」，有利於人類的生存發展，值得人們不斷追求，以使人的存在更加美好。

二、「善」的根源：天志與人的立志

人們為什麼應該「求生」、「兼愛」、「貴義」、「興利」呢？這涉及墨子的「價值」理論。「價值」是道德判斷和推理的重要依據。從墨學來看，如何構成「價值」活動？其「價值」構成的條件既非純然客觀的，也不是純然主觀的，而是客觀事態存在於主觀思維之中的一種評價活動。[三]在此活動背後的價值根源是「天志」；然而，「天」有哪些特性？又如何法天呢？

羅光教授《中國哲學大綱》中說墨子的「天」是：「天有意志，天無所不知，天至高至貴，天操賞罰之權，天欲義而惡不義，天爲行政之本。」「大家對墨子『天』都沒有疑惑，都知道他說的天，即是主宰的上帝。」[12]我們若從《墨子》原典上考究，羅光教授對於墨子「天」意涵之把握是相當準確的。〈天志上〉篇指出：如果一個人得罪了家長、國君，還有地方可以逃躲，如果得罪了天，則無處可逃。如：「夫天不可爲林谷幽門（閒）無人，明必見之。然而天下之士君子之於天也，忽然不知以相儆戒，此我所以知天下士君子知小而不知大也。」[13]由上述可見，天是無所不在、無所不知，能賞善罰惡、有意志、有好惡的主宰者。

其次，我們也能從〈尚同下〉：「天下既已治，天子又總天下之義，以尚同於天。」天子並不是最高的統治者，天子還必須統一天下的意見，使之上同於天。〈天志上〉：「曰且夫義者政也，無從下之政上，必從上之政下。是故庶人竭力從事，未得次己而爲政，有士政之；士竭力從事，未得次己而爲政，有將軍大夫政之；將軍大夫竭力從事，未得次己而爲政，有三公諸侯政之；三公諸侯竭力聽治，未得次己而爲政，有天子政之；天子未得次己而爲政，有天政之。」在墨子的心目中，政治制度的運作就在於由上到下層層節制，下必須同於上，不得任意妄爲，而最高的階層並不是天子，因爲天子也必須聽命於「天」。天下各國也都是「天」的城邑，全天下之人也不過是「天」的臣僕罷了。如〈法儀〉所說：「今天下無大小國，皆天之邑也。人無幼長貴賤，皆天之臣也。」可見，在墨子心目中，「天」爲行政之本，是政治上最高的統治者。

再者，王讚源教授指出：「墨子的『天』是創造宇宙的最高神明。他舉〈天志中〉說，天爲了厚愛人民，創造宇宙萬物。[14]進一步考察王教授所根據的原典是：「且吾所以知天之愛民之厚者有矣，曰以磨（離）爲日月星辰，以昭道之；制爲四時春秋冬夏，以紀綱之；雷（隕）降雪霜雨露，以長遂五穀麻絲，使民得而財利之；列爲山川谿谷，播賦百事，以臨司民之善否；爲王公侯伯，使之賞賢而罰暴；賊（賦）金木鳥獸，從事乎五穀麻絲，以爲民衣食之財。自古及今，未嘗不有此也。」[15]由此可見，「天」是天道運行、四時變化、自然規律的制訂者，人類群體生活、社會秩序的管理者，但墨子之「天」是否爲宇宙萬物的創造者，從上述引文中尙難以推定。不過，〈尙同下〉篇有提到：「古者，天之始生民。」人的最初來源還是在於「天」。

墨子的「天」乃「主宰之天」，祂的主宰性表現在對於人事與自然的參與，自然界的萬物發展在於依循祂所賦予的規律，祂也是人類社會秩序的最高管理者。祂的管理方式在於賞善罰惡，而賞罰的標準在於人是否依循「天志」。由於「天」具有道德性，天的意志就是要人們從事符合正義之事；由於「天」對於人的愛具有普遍性，提供了全人類求生的各方所需，因此祂要求人們也要普遍地愛天下所有的人；又由於「天」具有無所不能、無所不在的永恆性，因此祂是社會正義、天下之公益的最後基礎與根據，人也無法逃離「天」基於公義評價的賞罰。

墨家的思想發端於戰國初期，雖然傳承著殷代宗教性主宰之天的內涵，但墨家之「天」

將傳統的「天命」改爲「天志」，雖然僅是一字之差，但是其中蘊涵著哲學思想的重要轉變。「命」從口從令，原有命令與命定之意。[16]從墨家之「天」爲權力上的最高主宰者來看，天的命令義並未取消；但是從墨家非命思想來看，則墨家所欲取消的是「天」的命定義，或至少人生在世消極或積極的人生態度、勤勞或懶惰的後果不是命定，因此墨家特別標立一「天志」。

我們看「志」的意義，金文與小篆「志」略同，小篆「志」，從心之，亦從之聲，之有適、往、至、與的意思，心之所適、往、至、與者即志。其本義做「意」解，乃即將見諸行動的一種意向，亦即心所專注之一種意念。[17]因此，天志就是天意，天雖然愛天下人，也希望天下人彼此兼相愛交相利，但是人會違逆天意，使天之意志不能全然實現。天的意志不能貫徹實現，肇因於有自由意志的人，因此明於天志之人有責任努力實現天志；墨子就是明於天志者，故墨家提倡兼愛、非攻、貴義、尙同、尙賢、非樂、非命等思想。當然，人的意志所向之理想也未必能一一實現，因此墨家既重視行事的功效，也肯定心志動機的價值。這也就是在人方面，立志的重要。因爲「志」含有在行爲進行過程中的持續督促力，而在朝向目標實踐過程中，實踐者可不斷師法天志；以追求與天下之利的善。

因此，價值的根源「天志」，顯示出：何以爲善、價值的判準、追求價值的動力，人之立志的企向，及以天爲法儀的實踐過程。然則「天」爲人所法的特質爲何？除「義」與「兼愛」之外，〈法儀〉篇說：「天下之爲父母者衆，而仁者寡，若皆法其父母，此法不仁也。法不仁，不可以爲法。當皆法其學奚若？天下之爲學者衆，而仁者寡，若皆法其學，此法不仁也。

法不仁，不可以爲法。當皆法其君奚若？天下之爲君者衆，而仁者寡，若皆法其君，此法不仁也。法不仁不可以爲法。故父母、學、君三者，莫可以爲治法。然則奚以爲治法而可？故曰莫若法天。」可見只有「天」才是至仁、全仁者，足以成爲人們效法的對象。而「仁」乃「體愛」，也就是「體己之愛」，也就是從對於自己之愛的體驗去應用於對人之愛，一種「愛人若己」之愛。

「善」的根源在於天志，善的追求則在人立志法天而行。至於善的實踐，「求生」須求天下人之生，「兼愛」乃愛人若己之愛，「貴義」即貴衆人之公利，「興利」在於興天下人之利，如此才能使生命完善。不過在具體實踐善的過程中，仍有許多難題須要克服。

三、「善」的追求

墨學中「善」的內涵，一言以蔽之即「利」，此「利」乃爲天下人之大利，從不同面向觀之，包含：人人得生之利，公正無私的貴義之利，普遍互助的兼相愛、交相利。「善」即「利」，「利」爲何值得人們欽羨追求？〈經上〉二十七：「利，所得而喜也。」因爲「利」可以滿足人的需要而喜樂。從墨學的內容來看，人有生理物質上的需求，也有精神價值上的需求；不僅要滿足個人的需求，更要滿足群體的需求。在生理物質需求方面有衣食足生、民富國治等內涵。在精神價值的追求方面有：貴義、兼愛、興天下之利。這些值得人們追求欽羨的價值，其善的根源在於天志，人須立志法天，追求普遍、公義、平等、互利等價值。從實際面來看，善的實踐在「求生」的欲求上要合宜，在「貴義」方面要權衡利害，在「兼愛」方面要依志求功、以功遂志，進而除天下之害，興天下之利。

一概念的內涵可以透過比較而呈現，比較則至少涉及兩方面，這兩方面往往又有其相對性與差異性，在善的比較上，一般而言以較佳者爲善。在比較的過程中又必須運用衡量的標準，此一衡量標準的取擇，一方面有衡量者的主觀性，如：得利而喜的感受程度因人而異。但另一方面，該評價標準之所以能成其爲評價標準又必須具備一定的客觀性，也就是能爲多數人所認同者。從墨家來看，眞正客觀而能被多數人所認同的判準，乃是具有終極價值根源的—天志。因爲「天」是比較者以及比較兩端事物的存在根源。

從相對性來看，生相對於死，生較死佳。兼愛相對於別愛所導致的社會亂象，兼愛較佳。貴義相對於私益的爭奪，貴義較佳。天下之利相對於個人私利的競逐，天下之利較佳。墨家雖然重視天下人之利，但如前章所論，並非倫理學上的效益主義或規則效益主義。

從實踐上來看，墨家十分強調「志行」的努力，史華茲在《古代中國的思想世界》指出墨家：「最重要的是，善不是事先給定的東西，善的東西必須努力才能獲得。」[18]（Above all, however, the good is nothing pregiven. The good must be achieved!）生、貴義、兼愛、興天下之利，這些值得人們追求的目標，必須透過切實的努力實踐，才能獲得。

透過墨學中「善」的探討，使我們了解到，人對於「善」的渴望，對於自我完善的追求，自古迄今並未改變，現代人是否較古人更爲完善？現代人在哪些方面需要更加努力才能日趨完善？這是値得我們繼續追問、反省的問題。

第二節　墨學論利害

上一節我們談到墨學的「善」：是興天下之利，除天下之害。這一節我們要針對「利」、「害」這一組概念的內涵作進一步的探討。

一、墨家對「利」、「害」的看法

先從「害」的方面看，墨家所認爲的「害」爲何？〈兼愛中〉：「天下之害何也？子墨子言曰：今若國之與國之相攻，家之與家之相篡，人之與人之相賊，君臣不惠忠，父子不慈孝，兄弟不和調，此則天下之害也。」〈兼愛下〉：「又與今人之賤人，執其兵刃、毒藥、水、火，以交相虧賊，此又天下之害也。」國家之間的戰爭、人與人之間的傷害、倫理關係的破壞、以及人民生活的困苦，如〈非樂〉所稱民之三患：「飢者不得食、寒者不得衣、勞者不得息。」這些都是墨家眼中的「天下之害」，必須藉著「兼愛」才能轉害爲利。依此看來，兼愛的實踐是得天下之利的方法。

墨家的「兼相愛」常與「交相利」相提並論，墨家的「利」與「義」的關係密切，墨家的義利觀既不是儒家的義利拒斥說，也不是道家主張「絕仁棄義」、「絕巧棄利」《老子．十九章》的義利雙棄說，更不是法家的重利賤義說，以尚法治而棄仁義爲獲取公利的方法；墨家乃是義利互涵說。[19]〈墨經〉所下的定義是：「義，利也。」又〈天志上〉云：「義，正也。」所謂以「正」治人。因此，墨家的「利」指的是公利、正利，並且也是具有實際效果之「利益」。如〈經上〉：「利，所得而喜也。」墨家的「利」與儒家不同，孔子的弟子說孔子「罕言利」，孔子說：「君子喻於義，小人喻於利」《論語．里仁》。孟子在見梁惠王時也說：「何必曰利，亦有仁義而已矣」《孟子．梁惠王》。之後，董仲舒更提出：「正其誼不謀其利，明其道不計其功。」《漢書．董仲舒傳》而墨家則把「爲義」解釋爲「興天下之利，除天下之害」，把「中國家百姓人民之利」作爲三表法中「用之者」的標準。在墨家看來，「聖人有愛而無利，儒者之言也，乃客之言也」〈大取〉。[20]這裡的「客」是指墨家的對立面，這種觀點乃空談仁愛而忽略實際利益的論敵觀點。[21]

墨家所謂的「利」一方面有全天下的視野，強調「公利」，另一方面也從個人的感受方面加以定義，如〈經上〉：「利，所得而喜也。」〈經說上〉：「利，得是而喜，則是利也。其害也，非是也。」因此「利」在獲得時可以帶給人們喜樂之感，而「害」則是令人厭惡的。如〈經上〉：「害，所得而惡也。」〈經說上〉：「害，得是而惡，則是害也。其利也，非是也。」其實，整體與個人這兩方面的「利」可以是一致的，因為整體的利益就包含著個人的受惠。例如：國家的進步就促進個人生活的改善。〈尚賢中〉：「賢者之長官也，夜寢夙興，收斂關市、山林、澤梁之利，以實官府，是以官府實而財不散。」其中關市、山林、澤梁之利出於人民之努力，使國家富有，這是「公利」。「公利」又可再用之於百姓，每個人民在食、衣、住、行各方面皆能受惠，這也就是個人的「利」。如〈辭過〉：「古之民未知為舟車時，重任不移，遠道不至，故聖王作為舟車，以便民之事。其為舟車也，全固輕利，可以任重致遠，其為用財少，而為利多，是以民樂而利之。法令不急而行，民不勞而上足用，故民歸之。」又如〈節用中〉所提到的：「衣之利」，「劍之利」、「甲之利」、「車之利」、「舟之利」等等，都是「公利」與「個人之利」的統一。

以上所論之「利」其「利」的對象在於人，在墨家的思想中其所利的對象不只利人，還要利鬼、利天。如〈非攻下〉：「子墨子言曰：今天下之所譽善者，其說將何哉？為其上中天之利，而中中鬼之利，而下中人之利，故譽之與？意亡非為其上中天之利，而中中鬼之利，而下中人之利，故譽之與？雖使下愚之人，必曰：『將為其上中天之利，而中中鬼之利，而下中人之利，故譬之。』今天下之所同義者，聖王之法也。」由此可見，墨子所「利」的對象除了人之外，還包括了天、鬼。從墨家的觀點來看，天、鬼之利與人之利也有其一致性，因爲「天」愛所有天下萬民，欲天下之治、欲萬民之富，〈天志上〉指出天之所以愛人的理由是：明之、有之、食之，因而人們要祭祀天以感謝天恩。〈明鬼下〉篇則說明了天與鬼神的關係：鬼神乃是執行「天」的命令，貫徹「天」的意志，執行「天」的賞罰。人只要行「天」之所欲，則「天」就使人得其所欲。〈天志上〉：「然則天亦何欲何惡？天欲義而惡不義。然則率天下之百姓以從事於義，則我乃爲天之所欲也。我爲天之所欲，天亦爲我所欲。然則我何欲何惡？我欲福祿而惡禍祟。若我不爲天之所欲，而爲天之所不欲，然則我率天下之百姓，以從事於禍祟中也。」人得其所欲乃人之利，人爲天之所欲則爲天之利、鬼之利。天所欲爲何？天欲義，惡不義；天欲人兼相愛、交相利。是以，人只要順「天志」而行，則天、鬼、人之利乃是相通無礙、相互一致的。

時至今日，當以兼愛的精神建構和諧社會時，遭逢各種現實上的問題又該如何取捨？例如：環保與經濟發展相衝突的情況下，兼愛對各層面之「利」是否必然一致？又如：某些社會福利的救濟政策反而養成部分民衆之惰性，如此一來兼愛的實踐是否必然有利而無害？兼愛的實踐是否必然利多而害少？兼愛的精神與利害的考量是否會有所衝突？如果當兼愛的心志與利害的後果並非如當初的預期，完全一致，那麼在墨學理論中何者占有更重要的地位？是秉持著兼愛精神來決定何者爲利、害，方予取捨？還是權衡利、害之後，再來決定兼愛的方式？這些問題是墨學兼愛思想落實於現代社會必須考慮的問題。

二、兼愛實踐中的利害抉擇

墨家的「善」，也在於兼愛；透過兼愛以成就交相利，與天下之大利。兼愛的「兼」就是不偏愛，當我們從實踐層面來看兼愛時就會發現，眞正做到不偏的困難。這時我們就必須從墨學中另一個重要概念〈大取〉篇中的「權」來看。

價値規範與倫理原則的確立是屬於理論層次上的建構，一旦進入實際變化的各種情境中，如何衡量事態變化的可能性，並運用這些規範和原則，則是實踐層次的問題。在秉持兼愛而權衡利害的狀況下，可能遭遇的困境有：

㈠多重角色下的利害抉擇。例如一個人既是父親又是兒子、既是老師又是學生、既是長官又是部屬、既是先生又是義工等。如果在實踐兼愛的過程中，當他的父親、與兒子、部屬之間有利害衝突時，或者他的妻子與他的長官、他的老師利害衝突時，他要如何做才符合兼愛的精神，就是一項考驗。

㈡所愛對象的差異性下之利害抉擇。例如爲了愛人而充分利用大地資源，爲了窮人生活的改善而過渡開發自然環境，以致使得雨林消失、水源汙染或臭氧層破壞等，這也是必須深思熟慮的。

㈢兼愛實踐在質與量上的利害抉擇。若有十分的「愛」是要把幾分放在自然環境上、幾分放在他人身上、又幾分放在自己身上；又一個國家的政策要將多少預算分配在社會福利上才算恰當？

兼愛天下人是全面考量的基礎，但因爲現實外力的限制，有時不得不衡量事態的輕重、做出取捨，這就是所謂的「權」，就像「指」與「腕」，在不能兼存的情況下，由於腕重於指，指輕於腕，故斷指以存腕，較爲有利。斷指之事單獨來看，是一件有害之事，但是與斷腕合觀比較，則斷指可以存腕就變成一件有利的事。「權」有以下之步驟：先對於未來事態發展的可能性加以認知把握、其次對未來事態發展的可能性予以評估、再依「利之中取大，害之中取小」的原則做出取捨。舉例如下：

1. 以多重角色的衝突權衡爲例，兼愛既要愛自己的家人，也要愛工作上自己服務的對象，假設一艘海上巡邏船的船長，接到求救的訊號，有一場爆炸造成多人落海，他立即趕往救援：正在此時，他兒子的漁船也漏水下沉向他求救，但是他兒子所在的水域卻在相反更遠的方向，隨著天氣轉壞，再加上沒有船隻回應求救信號，該船長了解到，只要排在救援第二順位者，就很可能一命嗚呼。在此情況下，「害」已是無法避免的，但爲求更大之利，船長若秉持兼愛的原則，很可能會是繼續他的航向，先去救那些落海的人。

2. 以所愛對象之差異的環保議題爲例，目前地球很多地區都面臨逐漸沙漠化的困境，就整個中國而言，沙漠面積每月增長二百平方公里。其中雖然不乏大自然的力量所致，但人們不當使用土地也是重要因素。由於人口的急速增加，導致糧食作物的不足，從兼愛的觀點，爲使「飢者得食、寒者得衣」必須增加糧食生產，這是興利的作爲，但是我們必須評估其中利害的相對大小，在短期與長期的比較下，其利弊得失如何？當人們持續大量開墾耕地，擴大放牧的面積之時，土地的地力一直沒有足夠的時間恢復，甚至因而遭到破壞，造成沙漠化現象，長此以往，將來的糧荒問題將更爲嚴重；因此禁止濫墾濫伐，鼓勵植樹育林，留給後代子孫得以生存發展的環境，才能眞正符合兼愛的精神。

3. 再以兼愛實踐之質量分配的社會福利政策爲例，一個發達和有文化的國家或地區，是應該給予本國的人民適當的社會保障和福利。但過份的保障卻往往適得其反，弊多於利，而且再好的保障和福利也往往敵不過人性的弱點。什麼是人性弱點？就是自私和貪婪。瑞典有八百九十萬人口，卻有一千一百三十億瑞典克朗的社會福利開銷，相當於國家全年預算的百分之十六。其中有六分之一處於工作年齡的瑞典人，竟然因爲疾病或受傷需要靠政府的基金生活。美國在二〇〇六年結束前已有一四兆美元外債和加拿大的八千多億加元外債，很大程度上皆來自福利開支的大幅提升。就以加拿大爲例，失業救濟金，老人金，單親家庭津貼，傷殘津貼，醫療津貼等等，便已經耗去了加拿大大量的政府收入。[22]這就不是興天下之利了。因爲這種福利政策會養成人民好逸惡勞的惡習，也會拖垮了政府財政，而要從其他辛勤工作者的稅收中支應。

由以上的例證可知，兼愛精神的實踐，不能只從狹隘的觀點，顧全少數人而忽略多數人長遠的公利，這就必須考察墨家「權」的思想，來取得最合宜的作爲。「權」的作用是在一種周全的思慮之下做成的抉擇，是在行事作爲過程中的思慮，〈經上〉：「慮，求也」〈荀子・正名〉：「情然而心爲之擇，謂之慮。」所以〈大取〉：「於事爲之中，而權輕重之謂求。」[23]到底是秉持「愛心」來行事而不計利害？還是爲獲得大利、公利而選擇不同實踐兼愛的方式？筆者認爲當然是後者方爲可取。因爲如果自以爲是「兼愛」而實際上害多而利少，則其行事並不能稱爲兼愛，因爲兼愛的本質意義就包含著盡可能寬廣的視野，盡可能周詳的考慮，盡可能使相關的人獲得最大的利益。這涉及認知的深度、廣度、權衡的原則、以及結果的評估等相關的問題。

三、基於善與兼愛以權衡利害

由於「善」的實踐在權、宜，以兼愛做爲「善」的核心概念，在實踐過程中難免需要權衡利害。當代倫理學理論中，不論是目的論或義務論，常是藉著一些包含衝突的情境，來探討某種規範原則的普遍性。就倫理情境的動態把握而言，對道德義務衝突情境的思考，的確幫助我們反省不同倫理學理論的價值，但「衝突情境」卻常是不足或不完備的倫理情境，因其掌握的現象，仍處在變化不定的情況中，就每一次道德實踐的過程觀之，總有一些無法準確估計的因素摻雜其中，因此一個行爲者在面臨倫理情境的抉擇時，他必須對情境中的事態加以認知，並且在動態的發展過程中不斷尋求適宜的動態校準活動，考慮其動機、過程中的手段與結果。

整體而言，墨子既重視人行爲的動機，也重視行爲的結果。並且指出「志功爲辯」也就是心志與功效的不同。如《魯問》篇：魯君謂子墨子曰：「我有二子，一人者好學，一人者好分人財，孰以爲太子而可？」子墨子曰：「未可知也，或所爲賞與爲是也。魡者之恭，非爲魚賜也；餌鼠以蟲，非愛之也。吾願主君之合其志功而觀焉。」在這個例子中，墨子指出我們未必能從一個人的行爲表現，得以判斷他的動機，就好像釣魚捉鼠者看似恭敬或施以小利，但並非眞的尊重魚、喜愛鼠，必須同時觀察行爲者的動機與效用，才能有正確的判斷。

一般的「愛」往往關注的是當下的對象，眼前的事態，或者以爲從一善的動機出發即可，但若從「兼愛」的觀點來看，只關心眼前所愛的對象之福利是不足的，只有善良的動機也是不夠的；必須將眼界擴大，將時空拉長，並考慮多數人長遠福利；不僅在心志動機上有兼愛的觀點，更要在實際結果功效上，盡可能達到兼愛的要求，因此，我們必須基於兼愛來權衡利害，如此才能獲得最大的公利。

基於兼愛來權衡利害，除了就「利害」關係著眼之外，也涉及事態的因果關係、人際間的倫理關係，以及人與自然、人與自我的多重關係。從「兼愛」之「愛人若己」來看，其中最首要的，就是人與自己關係的和諧，例如：自己要能反省與自我的關係，個人的欲望是否糾葛不休？面對自己能否心安理得？要能排除自己內在的衝突與矛盾，如此才能坦然的面對外在世界的人、事、物。其次，從「兼愛」的根源來自於「天」的觀點，則應追求天人關係的和諧，其中包含著人與大自然關係的和諧，人對終極關懷的把握，以及生命意義的實現。再者，倫理關係也是墨家所重視的，〈兼愛上〉所謂：「若使天下兼相愛，愛人若愛其身，猶有不孝者乎？視父兄與君若其身，惡施不孝？猶有不慈者乎？視弟子與臣若其身，惡施不慈？……若使天下兼相愛，國與國不相攻，家與家不相亂，盜賊無有，君臣父子皆能孝慈，若此則天下治。」因此，基於兼愛的精神以權衡利害，可以透過因果關係及其他各層關係的掌握，以達到人際關係的和諧，進而邁向和諧的社會。

第三節 墨學論用

由於墨家之「善」在於「義」，而「義」的界說中包含著「不必用」，墨家「善」的根源在「天」，「天」之內涵包括「仁」，而「仁」的界說中指出：「愛己者，非為用己也。」可是，另一方面《墨子》一書中又有許多地方提到「用」、肯定「用」。並且，從「功」的角度來看，在「志」「功」之間，還有一個十分重要的環節，就是「爲」，所爲而有功，有功則有「用」。因此本節特別針對墨家的「用」概念，深入探討其內涵。

一、「用」與思、言、行

何謂「用」？就字源的意義而言，甲骨文「用」的字形，葉玉森以爲：「象梃上有枝形；置干於架，有事則用之，似含備物致用之意，故用亦訓備。」[24]小篆「用」：從卜中，卜其事而占斷得宜，則可奉卜施行，故其本意作「可施行」解（見說文許著），即行使之意。此外，「用」的引申義也可訓爲「功」，如《論語．學而》：「禮之用，和爲貴。」《易．繫辭》：「顯諸仁，藏諸用。」因此，「用」是事前的準備、事中的實踐、以及事後的功效。事前的準備涉及「思」與「言」，事中的實踐即「行」，事後的功效乃「功」。「思」與「言」是一種理論的建構，而「行」與「功」則是理論的實踐與效果。

墨學一向重視理論的實用性，「用」在墨子書中一共出現一百七十六次。如《墨子．非命上》三表法中「廢（發）以爲刑政，觀其中國家百姓人民之利」的「用之者」，《墨子．兼愛下》所謂：「且焉有善而不可用者？」或《墨子．耕柱》篇所謂的：「（言）不足以舉行而常之，是蕩口也。」等等都可以顯示墨學對於「用」的重視。本文以墨學之「用」爲中心，探討與「用」相關的「思」、「言」、「行」、「功」等實踐之範疇。指出墨學中「用」的意義、「用」的目的、「用」的種類、及其現代意義。

在用與思、言、行的關係方面，墨子認為言論反應著思想、而施用也以思想為根據；例如《墨子．節葬下》：「意亦使法其言，用其謀，厚葬久喪實不可以富貧衆寡，定危理亂乎。」其中「法」包含著「行」，「謀」就是「思」，墨子對於厚葬久喪者的言論、思想、乃至於實踐之後的結果都持否定的態度，而墨子表達中的重要概念範疇正是用、思、言、行等。又如《墨子．尚同下》：「故當尚同之為說也，尚用之天子，可以治天下矣；中用之諸侯，可而治其國矣；小用之家君，可而治其家矣。」其中尚同之「說」就是思想與言論，而上、中、小「用」則是指尚同的思與言在不同領域的實行與功用，此亦可見「思」、「言」、「行」與「用」之間的關係。在墨子書中相關的表述方式相當多，像《墨子．尚賢中》：「然後聖人聽其言，跡其行，察其所能，而愼予官，此謂事能。」謹愼給予官職的條件考察其言、行、及能力所能達成的效果。還有《墨子．尚賢中》：「……聖人者，謹其言，愼其行，精其思慮，索天下之隱事遺利，以上事天，則天鄉其德，下施之萬民，萬民被其利，終身無已。」聖人對於自己的要求也是言、行、思慮幾個層面，然後再施用於萬民。

在思、言、行、用的過程中，「思」是言、行、用的基礎，似乎最為重要；但若進一步考察「思」的產生，則發現思想的醞釀、分析、歸納、推敲、統整等，都與思想者的現實生活有關，亦即與行和用有關。人活在這個世界上，一方面被動地適應生存的環境，一方面在與周遭事物互動的過程中爭取主動，去發現資源，發明工具，製作器物，設計制度，制定規範，解決問題。人在這被動、互動、主動的不同階段中，「思」的作用使人不斷修正、調整自己的「行」，而「用」則使人化被動爲主動。若無「思」則不知如何「行」，若不「行」則無以爲「用」。若不行、無用，則無法進行「思」的作用，因爲不思、不行就失去了認知的對象、反省的內容；因此，「思」有賴於「用」，而「用」也有賴於「思」，兩者相輔相成，關係密切。

其次，「言」與「用」有什麼關係？在思、言、行、用的脈絡中，「言」一方面反應思想，一方面呈現於行爲，如此才能發揮其「言」的功用，由於言論能改變別人的思想、行爲，因此，言能發揮很大的功用。例如：《墨子．公輸》篇中，墨子藉著他的言論，指出了公輸盤爲楚國製作攻城器械乃爲不義之舉，並說服楚王停止攻打宋國的計畫，阻止了一場血腥的戰爭；可見「言」之「用」何其大。墨子於〈耕柱〉篇也訓示其弟子們：「能談辯者談辯，能說書者說書，能從事者從事，然後義事成也。」如此，亦可見「言」與「用」的關係是十分密切的。

再者，「行」與「用」又有什麼關係呢？「行」與「用」一般而言其意義十分接近，「行」是一種實踐，一種外顯的行爲，其效果常與行爲的進行同時發生，因此，常有人認爲：可行的就是有用的。像墨子就有類似的看法，《墨子．兼愛下》篇中，墨子在談兼愛之可用時說：「且焉有善而不可用者？」並舉「兼士」、「兼君」，「別士」、「別君」的言論、行爲差異，使人選擇必選「兼士」、「兼君」，以證明兼愛之可用。人們的選擇是一種「行」，這種行就是對兼愛的「用」，也就是使用了「兼愛」這種思想，或者「兼愛」的思想指導了人們的行爲。從這意義上來說，「行」也就是一種「用」。但若再進一步追問，人們爲什麼會選擇兼愛？究其緣由，乃因選擇實行兼愛的「兼士」、「兼君」，對自己最有利，也就是兼愛是有實際功效的；從這意義上看，「用」必須包含有利的效果，如果一種沒有功利的行爲，這種「行」就不能算是「用」。因此，「用」必然包含「行」，但「行」則未必會有「用」。

思、言、行、用的關係密切，但未必皆能一致，隨著經驗的累積，人們的思維漸趨複雜，言論與行爲往往只表現出思想中的某一部分，或某一層面；例如某些政治語言、外交辭令。言論與思想之間也經常會出現落差，有時言論可能呈現的只是思想中理想的層面，行爲則未必能與言論一致。不過，思、言、行之間的不一致，都可以透過「用」的目的、效果，來進行協調；「用」可立於指導者的角色來調整思、言、行。

二、「用」之目的

要了解「用」如何來調整思、言、行的一致性？必須先說明墨學之「用」的目的爲何？從最高的目標而言，就是順從「天志」；從最大的範圍來看，「用」之目的在於「興天下之利」，而在具體的個別情境中，則是要求實際有助人之「功效」。由於涵蘊功利之行方爲「用」，因此分析「功」的不同性質，可了解墨學所追求的各種目的。

《墨子・經上》：「功，利民也。」所謂的「功」，就是有利於人民，人民代表著大多數的人，古代能夠帶給大多數人福利的，是那些握有權力的王公大人，因此在墨子書中，能夠利民的有功者，常指聖人、君、臣。例如《墨子・尚同中》：「故古者聖人之所以濟事成功，垂名於後世者，無他故異物焉，曰唯能以尚同爲政者也。」此處的濟事成功者即指聖人。又如《墨子・親士》：「故雖有賢君，不愛無功之臣。」《墨子・尚賢上》：「故當是時，以德就列，以官服事，以勞殿賞，量功而分祿，故官無常貴，而民無終賤，有能則舉之，無能則下之，舉公義，辟私怨，此若言之謂也。」賢君愛有功之臣，並以功之大小，賞以俸祿。由於官無常貴，只要是有能力的人就可以有利於民。

然而，要如何才能利民呢？《墨子・經說上》云：「功不（必）待時，若衣裘。」此意即能利民之功用必須適合時宜。[25]夏使穿衣，冬使穿裘，提供人民適時的需要，使人民得到眞正適時的需要，人民自然會快樂歡喜。所以《墨子・經上》解釋「利」說：「利，所得而喜也。」此外，我們也必須注意墨經中以「利」言「義」的意涵，如《墨子・經說上》云：「義，利也。」《墨子・大取》：「義，利；不義，害。」因此，「用」必須有「功」，「功」則須「利民」，而「利」不僅是民得之而喜，還必須符合「時」與「義」的標準。

什麼是「時」呢？「時」就是肯定在變化的情境中，有最合宜、最恰當的作爲，可以使人得利、建功、致用。相應於「時」才能有最大之「利」，而這就必須透過《墨子．大取》篇中「權」的思想，權衡事態的輕重、利害，與時機有關。原則上當然是趨利避害，但在現實生活中有許多事情都是利弊互見、利害交參，有此利就難無彼害；因此，在什麼時機？該怎麼做？就是「時」與「權」的關係；權衡、趨避之間必須把握正確的「時」，才能獲取較大之「利」。

「用」的目的在於功、利，而「利」則相關於時、義。就「義」而言，又可從志、功的觀點考察。「志」乃初衷、心志，是主觀的；而「功」乃實際之效果，是客觀的。《墨子．大取》：「義，利；不義，害。志功爲辯。」行義必有利於人，不義則有害於人，從「志」「功」爲辯的觀點來看，在心志方面，義者不但要有利天下的動機、存心，還必須要求有實際的行爲效果，不能只有存心，而沒有行動；或只停留在理論而沒有實踐。另一方面，「志」、「功」是相互辯證的，「志」是「思」，「功」則是有利之「行」，「志功爲辯」就是「思」與「行」基於是否有利，是否有「用」，所做出動態的調整。例如《墨子．貴義》篇中有人問墨子說：「現今天下人都不肯爲義，而你卻要自討苦吃，免力爲義，還是算了吧！」墨子回答：「今有人於此，有子十人，一人耕而九人處，則耕者不可以不益急矣。何故？則食者衆，而耕者寡也。今天下莫爲義，則子如勸我者也，何故止我？」權衡天下的狀況，天下既然無人肯爲義，墨子就更加努力去做。在上述的例子中，功與目的有關，墨子雖然知道一個人能發揮的作用有限，但他的所作所爲、所言所行仍然有趨近此一目的之作用，因此他仍然盡其在我地努力去做。這就是墨子對於「用」的深刻體會，而在思、言、行上所做的調整。又如：《墨子．魯問》：「故翟以爲雖不耕而食飢，不織而衣寒，功賢於耕而食之、織而衣之者也。故翟以爲雖不耕織乎，而功賢於耕織也。」不同的工作，有不同的作用，墨子有鑑於不同事務功用的大小，而在行爲上有所抉擇。

現代社會中的個人，必須擔任許多角色，可能父親、兒子、老師、學生、長官、部屬等許許多多的身分集於一身，他的思想會因他角色的不同而有不同的考量，他的言語、行爲也會因爲他身分的不同，而有不同的表達方式、處理方式，而在此錯綜複雜的變化中，是什麼因素作爲他最後的依據？從墨學來看，就是「用」。以墨學理論的最終根據「天志」來看，不論兼愛、非攻、尙同、尙賢、節用、節葬…等興天下之利的作爲，都是爲了要符合「天」此一至仁之法儀、最終的標準。符合天意，才有大用，因爲如此才能終極的得賞、避罰。因爲墨子的「天」是公義的「天」，祂終將施行審判，實現各人的報應賞罰。這也就說明了爲什麼「用」可以協調思、言、行的一致性。不過，「用」有許多不同的層面、層次，有「大用」、有「小用」，有「短用」、有「長用」。會因人眼光的長短、心胸的寬狹，而對於「用」有不同的把握，不過，總的來說，「用」在思、言、行、功的過程中，仍居於主導地位。

三、「用」的種類

前面曾提過，人生在世，有兩大部分，一是形體，一是其思想、智慧。墨學中「用」的種類也可分爲：「形」之用、與「智」之用。在「形」之用方面可分爲：體能之用、資財之用、器物之用。而在「智」之用方面，則有：道義之用、名辯之用、以及問題意識之用。

首先，就「形」方面的體能之用而言，《墨子．節葬下》：「處喪之法將奈何哉？曰哭泣不秩聲翁，縗絰，垂涕，處倚廬，寢苫枕塊，又相率強不食而爲飢，薄衣而爲寒，使面目陷陬，顏色黧黑，耳目不聰明，手足不勁強，不可用也。」居喪守孝的禮節又如何？是不分晝夜的啼哭，哽咽不成聲，披麻帶孝，臉上掛著涕淚，睡在一旁房內的茅草上。大家又強忍飢餓不進食，少穿衣服忍受凍寒，已致精神不振，形容沮喪，面色黑黯，耳目昏頓，手足無力，這樣是不能做事發揮作用的。此外，《墨子．耕柱》篇：「大國之攻小國，譬猶童子之爲馬也。童子之爲馬，足用而勞。」大國攻打小國就像小孩在玩騎竹馬一般，不是馬在跑而是小孩的腳在跑，大國就算戰勝，也要付出慘痛的代價。其中的「用」，都是指手足、體能之「用」。

在資財之用部分，如《墨子．天志中》：「上強聽治，則國家治矣，下強從事則財用足矣。」《墨子．貴義》：「貧家而學富家之衣食多用，則速亡必矣。」其中的「用」，則是指衣食、資財之「用」。

在器物之用部分，如《墨子．非樂上》：「吾將惡許用之？曰：舟用之水，車用之陸，君子息其足焉，小人休其肩背焉。」水上的舟船、路上的車輛，都有用於貴族或人民。《墨子．雜守》：「藺石、厲矢，諸材器用，皆謹部，各有積分數。」守城時，壘石、箭矢各種建材、兵器，都要謹慎布署，各有總數與局部的數量統計。其中的「用」，就是指器材、物品之「用」。

其次，就「智」方面的「道義之用」而言，《墨子．尚賢下》云：「是故古之聖王之治天下也，……惟法其言，用其謀，行其道，上可而利天，中可而利鬼，下可而利人，是故推而上之。」《墨子．尚賢中》云：「故古聖王以審以尚賢使能爲政，而取法於天。雖天亦不辯貧富、貴賤、遠邇、親疏、賢者舉而尚之，不肖者抑而廢之……故先王之言曰：此道也，大用之天下則不窕，小用之則不困，脩用之則萬民被其利，終身無已。」以尚賢之道大用之以治理天下，就不會缺損。用到小處也不會窮困，長久用它則萬民受其利，終身不止。墨子之「道」其實包含著尊天、事鬼、兼愛、非攻、尚同、尚賢、節用、節葬、非樂、非命等「十論」思想。此外，《墨子．耕柱》篇也說：「今用義爲政於國家，人民必眾，刑政必治，社稷必安。所爲貴良寶者，可利民也，而義可以利人，故曰，義天下之良寶也。」「義」也是墨子一再強調之觀念。

好的觀念符合道義的思想，必須要能明確的表達出來，與人溝通，進而說服別人，於是墨家發展出一套說辯之學，而有「名辯之用」。如〈小取〉：「是故辟、侔、援、推之辭，行而異，轉而危，遠而失，流而離本，則不可不審也，不可常用也。故言多方，殊類異故，則不可偏觀也。夫物或乃是而然，或是而不然。或一周而一不周，或一是而一不是也，不可常用也。」「辟」是比喻、比方，「侔」是兩個類似語句的類推，「援」是援引對方的話來做類比推論，「推」是雙重關係的關係類比，亦稱歸謬式的類比推理。[26]是而然、是而不然、一周而一不周等是推論的不同狀態，推理的方法和推論的狀態當然是可加以掌握使用的，但由於論辯的過程中，有許多複雜的變化因素，因此必須謹慎地運用，而不可隨意的使用，如此才能發揮「名辯之用」的最大效果。

在「問題意識之用」方面，是指在墨學理論的建構中，所掌握其面對實際情境的基本態度與思路，包含著：1.天下之亂象爲何？2.天下何以會亂？3.如何治天下之亂？以及如何實際改善社會大衆的生活？[27]等相關問題的提出與處理。此「問題意識之用」最能與現代生活相結合，因爲在墨學的理論建構過程中，就已受到現代的觀點、以及對於所謂「理論」的要求。墨學發問型態的現代思考，包含著：1.今日政治、經濟、教育、交通、環保等亂象的準確描述。2.造成這些亂象之原因的細部分析、層次分析、動態分析。3.基於墨學精神來化解今日種種亂象的策略、方法、步驟之擬定與實施。以及4.掌握、釐清、導正今日社會所追求的各方目標，進而闡明達成與天下之利的具體作法等相關問題。

四、墨學之「用」的現代意義

以「用」爲核心，在時間歷程中，思、言、行既是在前的，也是在後的。一個人先有思想，次有語言表達，再有行爲以發揮某種功用；如此，「用」乃是在思、言、行之後。但是，思想的產生往往是在某種有目的的行爲之後，因爲達不到目標，或達成的目標有限，而在思想上做出修正。例如：墨家非攻的思想，若是只有兼愛的理想、雄辯的口才，想要以此說服當時各國停止軍事侵略活動，來達成國際和平的理想，其所達成的目標是有限的；因此墨子就必須修正他的思想，還必須加上軍事防禦的實力才行，這就是因著「用」才產生思、言、行，如此一來，思、言、行就後於「用」了。

「用」的內涵含有功、利，功、利是在人民身上的效果；而利與時、義相關，因爲對人民是否有利，是在於恰當的時機與符合正義的標準。而時又與權有關，因權衡的關鍵因素在於時機是否恰當。此外，義則與志、功相關，因爲義的實現必須結合主觀的心志，與客觀的效果一起看才夠完整。如此構成一個以「用」爲核心的概念系統，時、義、權爲第二層，志、功、利爲第三層，這三層概念結構代表「用」的實踐運作系統，而思、言、行則代表認知、思維、表達的輔助作用系統，如此，呈現出墨學思想的特色。但此一思想特色的現代意義爲何呢？我們如何將墨學在這個時代發揮其應有的影響？

從「用」觀其現代意義，就是把握墨學思想的特色、及其超越於時空的思想精神，而有「用」於我們所處的時代。以下我們從三方面來看墨學之用的現代意義：

一、從「形」之用來看，《墨子》書中多處顯示其學說的目的，是在改善人民的物質生活。例如墨子〈非樂〉篇中提到人民所欲脫離的三患是：「飢者不得食，寒者不得衣，勞者不得息。」而墨子〈非樂〉及其他許多篇思想，就在於爲人民除去這些禍患。在〈魯問〉篇說：「公輸子削竹木以爲鵲，成而飛之，三日不下，公輸子自以爲巧。子墨子謂公輸子曰：『子之爲鵲也，不如匠之爲車轄。須臾斫三寸之木，而任五十石之重。故所謂功，利於人謂之巧；不利於人謂之拙。』」墨家也曾製作許多農具、器械，軍事上許多防禦的戰車、兵器，及生產技術上的一些工具。由此可見，墨子不論在體能之用、資財之用、器物之用皆有利於人，體能之用在於鍛鍊健康的體魄，用此健康的身體去作有益人群社會的事情；資財、器物之用在於滿足人們生活所需，以達到安全、便捷、舒適等目標。因此，健康的身體、衣食無缺的生活、便利的生活環境，就是墨學「形」之用的現代意義。不過，〈魯問〉篇中能飛三日而不下的竹木之鵲，從人類科技的長遠發展來看，則未必不利於人。

二、從「智」之用來看，墨學的「道義之用」可以發展節欲進取之幸福觀，墨子的節用、節葬思想，從「智」的觀點來看，就是節制人的欲望。幸福是與人的所得成正比，而與人的欲望成反比，因此，在所得不變的情況下，人的欲望越少，則越能得到更多的幸福感。然而，實際上人的所得是會變化的，從墨子〈非命〉、〈貴義〉的思想來看，則要求人們積極進取，努力增加自己之所得；如此，一方面增加自己之所得，另一方面又節制隨著所得而可能膨脹的欲望，如此必能增加人們的幸福感。當然，所謂的「得」不僅僅是財貨上、物質上的所得，從墨家〈兼愛〉、〈天志〉的思想來看，此「得」還包括著得人之欣賞、得天之獎賞，也就是要有良好的人際關係、關懷周遭的人，以及待人處世要符合良心道義、符合「天所欲之義」。這種精神之「得」比物質之「得」還更重要。

在「名辯之用」方面，〈小取〉篇中的辟、侔、援、推等論辯方法，基本上都是推類法，以「知彼」爲原則，掌握對方可以認同的合理性標準，進行談判、說服。可應用於今日政治、外交、商業、管理各方面。在「問題意識之用」方面也可多方運用於經濟、教育、交通、環保各方面，掌握其中現象，發掘各層面問題，並思求解決之道。今日的墨學研究必須向所有學科開放，從各專業領域中吸收各種專業知識，以發揮最大作用。

三、從用的不同層次來看，1.能夠達成理想之用。這是思、言、行、用皆能一致的理想狀態。2.趨近理想而未能達成理想的「用」，如奉水者與實踐兼愛者，雖然「功皆未至」卻仍不失其用。墨學雖然強調言必信、行必果的第一種「用」，但是並沒有忽略第二種「用」的價值。有些事情並非現在做了，馬上就可以有立竿見影的效果。像教育是十年樹木，百年樹人的工作，或學術研究是涓滴成河，日積月累的事業。同樣，兼愛精神的提倡，墨學理想的推廣，也不是短期能成功的事，須要有心人不斷努力再努力。當然前述兩種「用」皆有價值，第二種「用」以第一種「用」爲目標，而不能做爲停滯不前的藉口。第二種「用」是第一種「用」的過程、助力。使人在過程中不致灰心喪志。墨學之「用」深具現代意義。

小結

墨學中「善」的內涵，一言以蔽之即「利」，此「利」乃爲天下人之大利，從不同面向觀之，包含：人人得生之利，公正無私的貴義之利，普遍互助的兼相愛、交相利。然而墨學中的「利」及其相反的概念「害」又所指爲何？

墨家的「利」與「義」的關係密切，墨家的義利觀乃是義利互涵說，也是「公利」與「個人之利」的統一。墨家所謂的「利」一方面有全天下的視野，強調「公利」，另一方面也從個人的感受方面加以定義，「利」在獲得時可以帶給人們喜樂之感，而「害」則是令人所厭惡。在墨家的思想中其所利的對象不只利人，還要利鬼、利天。秉持兼愛而權衡利害的狀況有：多重角色下的利害抉擇、所愛對象的差異性之利害抉擇、兼愛實踐在質與量上的利害抉擇。透過以兼愛精神爲基礎的利害抉擇，有助於人與己、人與人、人與天關係的和諧。

由於墨學中「利」與「用」的關係密切，本章第三節專文探討墨學中「用」的意義、「用」的目的、「用」的種類及其現代意義。「用」的種類有：體能之用、資財之用、器物之用、道義之用、名辯之用、問題意識之用、至功之用以及未盡其功之用等。「用」的目的在於功、利，而「利」則相關於時、義等概念。「用」的現代意義在於秉持兼愛精神，將各種類型之「用」作最大化的發揮。

第十二章　墨學思維方法的現代意義

前面從思、言、行的架構探討，可見「思」的重要性；從「名辯之用」與「問題意識之用」也可以了解墨家對於談辯、思維方法的重視。所謂的「現代意義」包含著對於某一思想後設方法的掌握與應用，這是方法與目的之對比，也是內容與形式的對比。思想內容之於思維方法，就如同火車之於鐵軌，思維方法是墨學思想產生的過程與路徑，而墨學思維方法的現代意義就在於呈現其方法，並應用於今日中國哲學之研究。

第一節　墨家的推理方式

推理的方法涉及推理的目的、推理的起點，以及推理的過程。墨家的推理方式有其獨具的特色，並且對於先秦的名辯思想的影響極大。

首先就推理的目的而言，可分爲認知目的與說服目的。認知目的是爲了從已有的知識透過推理，以掌握新的知識。這種推理的形態可以從局部的分析了解其推論的方式，其結論在推理進行中尙屬未知，至推論完成，推論者或可獲得新知。是一種擴散式的推理，由小到大，從局部到整體。如：《經上》：「知，聞、說、親，名、實、合、爲。」之中的「說」。[1]就知識獲得的方式而言，有親身經歷的經驗性知識，有聽聞而來的知識，以及藉由已知的知識經由推理過程而獲得的新知識。「說」就是這種形態的推理。

但是在中國古代流傳至今的文獻中的許多推理文字，其目的著重於說服。如說服君王，或者說服王公貴族或士人採行某種學說。如《呂氏春秋》、《韓非子》、《孟子》，以及《墨子》書中的許多內容。[2]這種類型的推理形態，並不是爲了求取新知，而是爲了發揮說服的作用；因此在推理活動進行之前、進行之中，推論者早有定見。所謂的結論只是導引著推理思路進行的方向。如：《墨子．小取》：「夫辯者，將以明是非之分，審治亂之紀，明同異之處，察名實之理，處利害，決嫌疑。焉摹略萬物之然，論求群言之比，以名舉實，以辭抒意，以說出故，以類取，以類予。」其中「以說出故」的「說」，包含著大量說服性的辯論。

以認知爲目的的推理和以說服爲目的的推理，由於是同一主體的理性運作，其思路的發展，雖然有一定的相似之處，但是也存在著差異，其中最大的不同在於，以說服爲目的的推理必須考慮聽者的處境、地位與其思維狀態。首先，表達者必須考慮對象的所知爲何？其次必須考慮表達者與對象間的關係爲何？要用怎樣的言語、怎樣的表達方式才能打動對方的心。這也就是《墨子．小取》中所提出的：「舉他物而以明之也」的「辟」；以及衍生而出的「曰子然，我奚獨不可以然」的「援」；以及「以其所不取之，同於其所取者，予之也」的「推」，這些都有對象性預設的推理形態。其中，「辟」的舉他物，是對方所熟悉的「他物」；「援」式中的「子然」乃事先掌握對方所肯定之事理；而「推」中之「不取」與「所取」則是掌握對方所否定與肯定者爲何，進而將「不取」與「所取」歸爲一類，而顯示對方的自相矛盾。

這種以說服爲目的的推理方式，由於結論早定，乃是以其整體思想爲其每一推論步驟、及思路發展的根據。因此這種推理是融貫式的推理，是由大而小，從整體到局部。從這種推理的起點來看，必須是在有了一定的認知結果之後，才能形成定見，這定見可以表達出來，也可以不表達而存在思想主體之內，直到各方面需要表達的要素成熟之後，思想主體才會開始表達。由於思想界的內容有許多表達的方式，一方面與所要表達的對象有關，另一方面也與思想內容的性質有關；[3]而以說服目的爲主之推理也只是衆多表達方式之一。

以下將針對這種以說服目的爲主之推理。其結論表面上是以數個思想單位融合爲一的整體思想爲其論據，而支持其結論的成立，但實際上卻是其早有的定見支持著推論過程中的每一思想單位之成立。這種爲說服對方所進行的推理，包含著：情境構作、情境處理（理由分析）與情境融合等幾個層面。

第二節 墨家說服性推理的分析

(一)情境構作

情境構作是指說服者根據對象的特性、自己所欲表達之義理、及對象可能的質疑，構建出一種假設性的情況，使聽者的思緒進入說服者所設計的情境中。

1. 對象與處境

《墨子．公孟》篇中，公孟子對墨子說：「一個君子面對國君的時候，應當拱手侍立，等待國君發問，有問有答，無問不答。好像一口鐘，敲它才響，不敲不響。」墨子回答：「是言有三物焉，子乃今知其一身（耳）也，又未知其所謂也。」[4]墨子對於進諫的情況分爲三種，面對淫暴的國君以及左右大臣的讒言，一個君子會遲疑而不先發言，但是當面臨國家緊急的危難，以及國君計畫攻打無罪的國家時，就算無人扣問，君子也要鳴響，主動發言的。因此，談辯要掌握對象以及處境等因素，才能達成進言的目的。

2. 表達的義理

情境構作除了對象因素，所要表達的義理內容也是重要的因素。如《墨子．天志上》：

「子墨子言曰：今天下之士君子，知小而不知大。何以知之？以其處家者知之。……雖處國亦然。處國得罪於國君，猶有鄰國所避逃之，然且親戚兄弟所知識，共相儆戒，皆曰：『不可不戒矣！不可不愼矣！誰亦有處國得罪於國君，而可爲也！』此有所避逃之者也，相儆戒猶若此其厚，況無所避逃之者，相儆戒豈不愈厚，然後可哉？且語言有之曰：『焉而晏日焉而得罪，將惡避逃之？』曰：『無所避逃之。』」

其中的情境構作有：處家者、處國者及處天下者，情境中的共通之處在於：皆有得罪於最高統治者，有罪想要逃亡者。小與大的差別則在於處家者、處國者可逃，而處天下者無處可逃。表達者之所以構作如此的「逃亡情境」，他所要表達的義理在於，從家長、國君類比於天的最高權威性、有好惡、能賞罰，以及「天」的無所不知，與無事不能的特性。進而指出人必須順天之意，趨利避害。因此，表達的義理也會影響情境的構作，情境構作的作用正在於烘托義理的呈現。

3. 對象的質疑

在對話進行的過程中，對象的質疑也會引發表達者做出回應式的情境構作。如在《墨子．兼愛下》反對兼愛者認爲兼愛雖善，但不可用。於是墨子用「兩而進之」的方法，構建了「兼士」、「別士」的思維情境，並指出即使一個反對兼愛的人，在某些抉擇的情況下，也必然會選擇兼士。[5]又如：有反對兼愛者認爲兼愛有礙於孝，墨子就構建出所謂的孝子爲父母設想的情境，進而指出兼愛不僅無礙於孝，反而有利於孝。[6]這些情境構建都與質疑者的問題有關，因此，基於對象質疑的回應，也會影響情境構建的內容。

情境構作是墨家推理的一個重要層面，它會受到表達對象特性、義理內容以及對方質疑等因素的影響，而構建出不同的思維情境。

(二)情境處理

情境構作是設想一種情況，說明其中有哪些人、事、物，以及他們之間的關係、產生的情節。而情境的處理則是根據情境的構作，指出某一將要發生的狀況，並導引對象設想在該情境中合理的處置爲何；或構思與原先情境衝突的情況，或者根據情境構作來進行推理問答，以呈現所欲達成言辯遊說的目的。可分爲：情境延伸、情境衝突與脈絡推理三種型態。

1. 情境延伸

如《墨子．非儒》：「儒者曰：君子必古服古言然後仁。應之曰：所謂古之言服者，皆嘗新矣。而古人言之服之，則非君子也。然則必服非君子之服，言非君子之言，而後仁乎？」這種情境處理，是順著對方提出的情境，延伸此一情境的廣度；也就是拉大了視域，將焦點轉向君子所仿效的古人當時的時空情境，墨家指出在當時初制之時，古人的言論、服飾都曾經是新的；這樣說來，古人就不是君子，你們儒者認爲學習仿效非君子的言論、服飾才算是符合

「仁」，豈不自相矛盾。從而指出一味模仿古人而不知創新的不恰當。

又如《墨子．兼愛下》墨子舉出「兼士」（奉行兼愛者）、「別士」（有差別心者）的例子；墨子在說明了兼士、別士他們的言、行都完全一致之後，延續此一情境指出：「然即敢問，今有平原廣野於此，被甲嬰冑將往戰，死生之權未可識也；……然即敢問，不識將惡也家室，奉承親戚，提挈妻子，而寄託之？不識於兼之有是乎？於別之有是乎？」墨子指出：當一個人在面對未來生死不確定的狀況下，人們會選擇「兼士」還是「別士」來安頓自己的家室，照顧自己的父母妻小？透過此一延伸的情境，即使反對「兼愛」的人也必然會選擇「兼士」，寄託他們的父母妻小。如此，用這種情境延伸的方式來處理，達到說服的目的，指出「兼愛」是可用的。

2. 情境衝突

《墨子．耕柱》巫馬子反對兼愛，而說明不能實行兼愛的理由，他對墨子說：「我與子異，我不能兼愛。我愛鄒人於越人，愛魯人於鄒人，愛我鄉人於魯人，愛我家人於鄉人，愛我親於我家人，愛我身於吾親，以爲近我也。擊我則疾，擊彼則不疾於我，我何故疾者之不拂，而不疾者之拂？故我有殺彼以利我，無殺我以利彼。」[7]巫馬仔指出，在相對關係中，他只能愛與他親近的人，並且推論到最後，他只愛他自己，因爲擊打別人他不會痛，擊打他則他會痛，他當然要爲自己來防衛。子墨子曰：「子之義將匿邪，意將以告人乎？」巫馬子曰：「我何故匿我義？吾將以告人。」子墨子曰：「然則，一人說子，一人欲殺子以利己；十人說子，十人欲殺子以利己；天下說子，天下欲殺子以利己。一人不說子，一人欲殺子，以子爲施不祥言者也；十人不說子，十人欲殺子，以子爲施不祥言者也；天下不說子，天下欲殺子，以子爲施不祥言者也。說子亦欲殺子，不說子亦欲殺子。」墨子指出，要是巫馬子的理論推廣出去，反對他的會殺他，因爲他散播不祥的言論。反對的人越多也就有越多的人要殺他。信奉他的理論的人也會殺他以利己，相信的人越多，也就會有越多的人要殺他以利己。這就是與巫馬子之前構作情境相衝突的處理方式。

3. 情境脈絡推理

情境脈絡推理也就是從某一情境的後續發展做理由分析。如：墨子爲說明「天」愛天下百姓，所作的脈絡推理：「然則何以知天之愛天下之百姓？以其兼而明之。何以知其兼而明之？以其兼而有之。何以知其兼而有之？以其兼而食焉。何以知其兼而食焉？四海之內，粒食之民，莫不犓牛羊，豢犬彘，潔爲粢盛酒醴，以祭祀於上帝鬼神，天有邑人，何用弗愛也？」〈天志上〉這也是從人民的祭祀活動反推：「天」供給食物使人得以生存，是以人民爲「天」所擁有，所以「天」對於萬民的鑑察一律公正嚴明，是以「天」愛天下萬民的情境脈絡推理。

㈢情境融合

情境融合必須考察三方面，首先是思想單位[8]本身的情境構作層與情境處理層的協調程度。也就是所構作的人、事、物等事態，其情境延伸發展是否協調，情境脈絡推論是否合理。其次，是思想單位間情境構作的連續、一致性，這是指表達者本身思想的一致性，其中也包含著該思想單位與先見的融合關聯性。最後，就說服的效果來看，表達者所構作的情境能否與對象的思維情境相融合，也是十分重要的。

1. 情境構作與情境處理的融合性

在《墨子．尚賢上》中，有一段墨子構建了：富人擁有高牆深宮，爲何只開一門的情境，來談「爲政一術」的道理，墨子說：「是故古者聖王之爲政也，言曰：『不義不富，不義不貴，不義不親，不義不近。』是以國之富貴人聞之，皆退而謀曰：『始我所恃者，富貴也，今上舉義不辟貧賤，然則我不可不爲義。』親者聞之，亦退而謀曰：『始我所恃者親也，今上舉義不辟疏，然則我不可不爲義。』近者聞之，亦退而謀曰：『始我所恃者近也，今上舉義不辟遠，然則我不可不爲義。』遠者聞之，亦退而謀曰：『我始以遠爲無恃，今上舉義不辟遠，然則我不可不爲義。』逮至遠鄙郊外之臣，門庭庶子，國中之衆、四鄙之萌人聞之，皆競爲義。是其故何也？曰：上之所以使下者，一物也，下之所以事上者，一術也。譬之富者有高牆深宮，牆立既，謹上爲鑿一門，有盜人入，闔其自入而求之，盜其無自出。是其故何也？則上得要也。」其中，盜人在富人深宮中無法遁形的道理與富、貴、親、近、遠者若不以義爲標準，即無法得利的道理是相通的，在上位者治理國家的要領就在以「義」爲唯一標準，就像富家深宮只開一門，是一樣的。情境構作與情境處理因道理的相通而融合。

2. 涉及說服者本身思想單位間的融合性

從墨子〈天志上〉：「天下士君子知小而不知大也。」的例子來看，其中的情境構作有：處家者、處國者、及處天下者，其情境處理是：有罪而欲逃者；其中的「小」爲處家、處國，而「大」則爲處天下，從家長、國君類比於天的最高權威性、有好惡、能賞罰，以及「天」的無所不知，與無事不能的特性。由這三個部分的情境處理，構成一相互聯繫的思想單位，進而指出今日士君子知小也必須知大，而所謂的「知大」，即在於了解：天的特性、天與人的關係、以及人面對天的態度、應有的作爲等等。而此一思想單位又與〈天志上〉篇的另外幾個思想單位相融合。如人爲了趨利避害必須知天之所欲，天所欲爲義，而義「必從上之正下」，此與〈尚同〉篇思想相融合。又從「順天之意者，兼相愛，交相利」此與〈兼愛〉篇思想相融合。又從「順天之意者，義政也」而義政即「處大國不攻小國，處大家，不篡小家」此與〈非攻〉篇思想相融合。再從「我有天志，譬若輪人之有規，匠人之有矩，輪匠執其規矩，以度天下之方圜」此與〈法儀〉篇思想也有相互融合之關係。這些都是在「人需要知天、順天」的定見之下展開其推論，同時也顯示了說服者本身思維情境的融合性。

3. 涉及對象思維情境的融合性

如：《墨子．小取》：「推也者，以其所不取之，同於其所取者，予之也。」其方法是用對方所不贊同的，來論證對方所贊同的，以推翻對方的論點。進一步來看，對方所贊同的，卻是我方所反對的；先構作一與其所贊同之論點同類之主張，但此一主張必須爲對方所反對，如此構成矛盾以歸謬，反顯我方所反對的論點無誤。此一原則的運用，在墨子「止楚攻宋」的例子中就有成功的融合。因爲公輸盤已經表達了「爲義不殺人」的思想，而墨子成功地將「助楚國攻打宋國就等同於殺人」，如此成功地與對象情境相融合，而說服了公輸盤。[9]

然而在《墨子．兼愛下》反對兼愛者提出「兼愛有礙於孝」的反駁中，就沒有成功的情境融合，因爲墨子所構作的情境在於「孝子是會爲父母著想，若希望別人對你的父母好，就要先對別人的父母好。」但是，若當物資不夠，而必須先照顧自己父母時，如何能先對別人父母好？若行兼愛將有礙於孝道，這是反對「兼愛」者所設想的可能情況。墨子並未從這提問者的設想情境出發，而是從人與人之間的互動性著眼，所謂「投之以桃，報之以李」的情境構作來申論；此雖然就墨子本身思想的情境融合沒問題，但是與說服之對象的情境構作有落差，因而說服力不夠。

第三節 墨家思維方法的現代應用

思想包含著思維情境中的各種內容，而理路則是隱含在思想中具有因果關聯性的道理路徑。所謂「思想單位」是指有意義的思維情境，它是由思維情境所產生，但不等同於思維情境；其中包含著思想內容所構成的思路。墨家思維方法中的說服性推理，可以從思想單位間的結構與關係進行分析，並將其擴展為應用於研究古代文獻的方法。

一、思想單位間的推理關係

說服性推理是一種經過包裝的推理，其中有情境的烘托，意志的貫徹，以及理路的延展。基本上是談事中之理，乃是理事不分的，乃所謂「事理」。如果剝除了事態情境，則只能夠看到理路的延展，而無法說明此一理路如此發展的所以然。一旦將事態情境一併觀察，則足以掌握思路轉折的所以然。思想單位從情境處理的理由分析來看，可以轉換為「問題與答案」。[10]以下以一問答作為一思想單位，以展示純理路發展的模式：

$$Q_{a1} \rightarrow Q_{an}：Q_{a1} \longleftrightarrow Q_{a2} \longleftrightarrow Q_{a3} \cdots\cdots Q_{an}$$

$$Q_{a1} \rightarrow Q_{a2}：Q_{a1.1} \longleftrightarrow Q_{a1.2} \downarrow \rightarrow Q_{a1.3} \cdots\cdots {}_{Qa2}$$

$$Q_{a1.1} \rightarrow Q_{a1.2}：Q_{a1.11} \longleftrightarrow Q_{a1.12} \longleftrightarrow Q_{a1.13} \cdots\cdots Q_{a1.2}$$

其中，Q_a爲思想單位，「↓」代表思路的發展方向。「⟷」代表單位思想與單位思想間的融合關係，此一融合關係理想上，對於每一問題的答覆是完全的，但實際上只是從某些特定的觀察角度回答（此與情境構作有關），這不完全的部分答案又會影響著接續的問題提出。例如：Q_1的答案有 a_1、a_2、a_{33}個部分，而Q_2的提問是從 a_2而發，未從 a_1、a_3繼續提問，Q_3又從Q_2答案的某一部份繼續追問，如此發展下去而呈現一定之理路；如此，對於說服者所想要表達者，也是在特定思路的發展下完成（此與情境處理有關）。每一思想單位間都有問答的相關性，假設Q_{a1}中其答案有三個部分，Q_{a2}的提問部分只處理其中的兩個部分，就不如處理三個部分來得更完全（此與情境融合有關）。思想單位的融合會形成更大的思想單位。如：Q_{a2}、Q_{a3}都與Q_{a1}有關，爲Q_{a1}所延伸。此外，每一思想單位也可以朝更小的單位分化。如$Q_{a1} \rightarrow Q_{a2}$，$Q_{a1.1} \downarrow Q_{a1.2}$還可以繼續分化成更小的思想單位。整體而言，系統理論的完成不必然會如上圖的理想形式，通常會有跳躍。並且，提問的方式也未必會從前一問題的答案內部發展，也可以從對象認定（是什麼？）、因果關係（爲什麼？）、變化過程（如何轉變？）、操作過程（怎樣操作？）、主體與現象關係（怎麼樣？）等不同方向提問。此需要日後建立其他的處理模式予以說明，本文僅就《墨子》思想單位間的推理關係爲例：

Q1. 天下何以會亂？

a1. 起於不相愛，天下之人虧人而自利。〈兼愛上〉

a2. 起於民之無正長以一同天下之義。〈尚同中〉

a3. 起於使不智慧者治國家也。〈尚賢中〉

a4. 起於天下士君子不明於天意，天下無義。〈天志下〉

a5. 起於疑惑鬼神之有與無之別，不明乎鬼神之能賞賢而罰暴也。〈明鬼下〉

上述五點正是墨子原典中直接提到造成天下亂的原因，所引皆節錄自原典中，爲突顯其結構性之理路，故以較簡明的方式呈現。[11]

Q2. 如何治天下之亂？

a1. 使天下人兼相愛、交相利。（→1.1）

a2. 立正長以一同天下之義。（→1.2）

a3. 尙賢使能以爲政。（→1.3）

a4. 明天之義，義自天出。順天之意，義之法也。（→1.4）

a5. 明乎、信乎鬼神之能賞賢罰暴。（→1.5）

以下從思想單位結構的三個層面予以說明：

㈠與情境構作有關的部分

思維情境烘托著理路的進行，所構作的情境也顯示著某種特定的觀點，如：天下何以會亂？此一問題，在先秦儒家、道家、法家各家的觀點與承載理路發展的情境各不相同。如：孔孟以周文疲弊、禮制崩解，人未能發揮本心善性，未能攝禮歸義、歸仁，故天下亂。老莊則以當時禮制的僵化、人們對於物質欲望的過度追求，使人未能見素抱樸，回歸自然，故天下亂。韓非以人性自爲，人人自私自利，而主事者無勢，君主無術以御臣，又不能使事統之於「法」，故天下亂。如此可見，對同一問題會有許多不同的觀點與看法。[12]而墨家也有自己的一套看法，從上述五點指出天下的亂因。

㈡與情境處理有關的部分

如前述，Q_1中答案的每一部分，在Q_2都有對應的答案，這是十分理想的情況。但我們若進入更細的問題探索，則發現有不同的思路發展。例如：在Q_2之後，針對其a_3可問：

Q_3.何謂賢能者？依《墨子．尚賢上》爲：1.厚乎德行。2.辯乎言談。3.博乎道術。

接著可問：

Q_4.如何「辯」乎言談？依《墨子．小取》爲：1.以類取、以類予。2.有諸己不非諸人，無諸己不求諸人（意即：「自己所採取的立場、觀點，不能反對別人採取；自己不採取的立場、觀點，也不能強求別人採取。」）

接著可問：

Q_5.如何「以類取、以類予」？依《墨子．小取》爲：1.辟、2.侔、3.援、4.推

此一思路的發展，在Q_3是針對2.「辯乎言談」而提出Q_4，在Q_5則針對1.「以類取、以類予」提出問題。於是形成的思路就是：$Q_{2a.3} \rightarrow Q_{3a.2} \rightarrow Q_{4a.1} \rightarrow Q_5$，如果從$Q_{3a.1}$或$Q_{3a.3}$開展出的思路及內容又會有所不同。整體看來，墨家在道德修養與心性論方面的思想，就不如儒家的豐富，但是在名辯思想方面確有豐富的成績。我們可以從上述的理路分析看出一些端倪。因此，這也就是情境處理值得進一步探討之處。

(三)在情境融合方面

每一思想單位有階層上的區分，也有義理上的相通，且皆可融合在一思想整體之內。如以墨家思想來看，都可以「天志」作爲兼愛、非攻、尙同、尙賢、節用、節葬、非樂、非命等思想的核心，各篇思想也有理路之間的融合性。在說服性推理方面，是以各單位思想融合的程度來評斷，融合性越佳，則說服力越強。

在說服性推理的過程中，若類比於三段論證的推論方式，從已知的兩個前提推出第三個原本未知的結論，如果以命題作爲思想單位，則是基於兩個思想單位的各種關係，[13]而推導出第

三個思想單位。說服性推理則是基於每一思想單位中情境的融合性，而導引出說服者原本已有的定見。從差異的方向看，說服性推理並不是從已知推出未知，而是一種已知之理的事態化、具體化。已知的是理，藉由事將理寓於其中。而其所構作的情境，必須能與所說服對象的思維情境相融合，與說服者其他思想單位相融合。因此「理」的普遍性，由於情境的具象化，而成爲相對普遍。成功的說服並不是展現普遍爲眞的眞理，而是在說服對象心目中視其爲有用的事理。

小結

中國古代的推理常以說服爲目的，墨家推理思想中更有許多鮮明的例證。說服性推理是中國古代思想中的一個特色，而思想單位的探討則是研究思維方法中說服性推理的思想單位爲何？這些思想單位相互間的關係如何？在預設有一定對象的情況下，說服者往往會以特定觀點構作情境，在一定理路下進行情境處理與因果分析，並且各思想單位會與先見的核心思想有一定的融合性，各思想單位間也有理路上的聯繫性，使整個思想如有機體般彼此聯繫。

思想單位，是人們思想、意識流當中有意義的思維情境，而情境的形成或建構往往都有一定的主觀性。所謂「有意義」是指帶有一定道理的思維內容，這道理可藉由「說」的方式表達出來，並可以轉化爲問答的形式。在思想之流運行時，它的流程有一定的前後次序，但並不一定先出現的就是原因，後出現的就是結果。在說服性推理之中，思想之流中的每一思想單位，其中的「理」是相聯繫的，都有「故」的作用。

以墨家而言，就表達者、說服者本身的定見或先見而言，很簡要地說：「因爲天志，所以兼愛、非攻。因爲天志，所以尚同、尚賢。因爲天志，所以節用、節葬。因爲天志，所以非樂、非命。」當被說服者出現時，上述的因果關係，整體成爲「故」，所謂「以說出故」，就是要把上述那整體的「故」藉由類比、推論等方式呈現出來。在進行「說」的時候，會受到對象特性或環境等因素及義理本身的影響，而有不同的情境構作。又由於上述「因爲……所以……」這整體之「故」，蘊含許多理路，因此說服者要在已構作的情境中，進行情境處理或理由分析，其處理的方式有：情境延伸、情境衝突、與脈絡推理等方式。又由於先見之「故」是一整體，因此，其中的理路相互聯繫，彼此融合。情境融合涉及思想單位本身的情境構作層與情境處理層的協調。其次，是思想單位間情境構作的相關性。最後，是表達者所構作的情境與對象的思維情境相融合，如此才能達到說服的目的。

思想單位既是有意義的思維情境，其「意義」又在於道理的掌握，而道理與道理之間又有一定的聯繫性，因此，隨著認知者對於道理掌握的多少，或融會貫通的程度，他所形成的思想單位可大可小。小的思想單位可因道理的相通而與其他思想單位融合成更大的思想單位；而一個整體之「故」的大思想單位，也會因爲外在對象、情境的變化，而可分化爲若干較小的思想單位。

從墨家思維方法所發展出來的思想單位解析方法，特別是在中國哲學方法論的建構與應用方面，可呈現墨學的現代意義。

第十三章　墨學精神的現代意義

人是活在對過去賦予意義、對未來有所期待的現在。未來有許多事情值得期待，但統合各種期待的最高點則是理想，這理想也是人們心中的希望、目標。他對未來的構思，來自於過去生活經驗對他而言的意義，而其現在的行動方向，卻受到他所追求的理想所導引。

人類生活在一個「所謂的客觀世界」中，這客觀世界是人們感官見聞的經驗世界，也是人們相互溝通、彼此互動的共同存在場域。但是若仔細分辨每個人的價值觀、觀察事物的觀點、賦予所觀察事物的意義、評價，以及內心深層的感受等，卻不完全相同。因爲每一個人、或每一個學派、每一個社會、傳統所建構的意義世界並不完全相同。因此，「所謂的客觀世界」是一回事，每一個人所建構的「意義世界」則是另一回事，而後者才是眞正主導人們認知、思考、表達、行爲的關鍵因素。

所謂「意義世界」包含著整體性、創造性與理想性。所謂整體性是指將宇宙、人生做整體的把握，形成一種可以理解、言說、思考與傳達之物。其中的創造性是適應變化所提出的新觀點，而理想性則是相對於現實所追求的目標。「意義世界」雖然與當時的現實世界有關，但是更與建構者的生活經驗以及傳統的思想、傳統的價值觀等相聯繫著。現實的世界雖然影響著人們的生活，但是哲學家們所建構的「意義世界」卻更深刻的影響著人們的思想與行爲。

一個學派的精神是推動其「義意世界」發展的動力，也是其「義意世界」中的最高理念，深深影響該世界中人們的行爲表現。所謂的墨學精神就是在墨家哲學的整體把握下的理想性，以及在現實生活中解決問題的動力與根據。以下從墨家的理想來看墨學的精神，再從墨學的精神來看現代的問題，以及解決之道。從此一探討過程發掘墨學精神的現代意義。

第一節　墨家的理想

墨家的理想，要從「人」的問題著眼。透過對於天地萬物的了解，進而探討人與天地的關係？人性爲何？生命的意義？人生的理想？達成理想的方法？以及達成理想過程中困難的克服……等等問題。在墨家哲學中，其理想的根據在於「天」；人生在世的最高目標是順從天的意志到與天的意志相合。

墨家所了解萬物根源的「天」，不但制訂了自然界的規律，也建立了人事管理的制度，使天下人得以生存與發展；這一切都可顯示天對人的愛。人必須充分運用天所賦予的能力來完成這樣的使命。這是墨家的「天人合一」。

由於「天」愛天下人，因此墨家敬天也愛人。並且其理想在於以人合天，思天志之所向，爲天之所欲；也就是人要學習、效法萬物根源「天」所運行於世的精神與作法，這樣的理想包含著人內在心境的提升，以及面對現實世界缺限的不斷改善。人立志爲義，以利天下爲自己的本分，就是對這種理想的一種意向、抉擇與終極目標的確立。

墨學的理想爲何？簡單的說就是：天下太平、人人相愛。爲求天下太平，必務求興天下之利，除天下之害。爲使人人相愛，必提倡兼相愛、交相利的思想。且唯有人人彼此相愛、互利，才能促成天下太平。理想是由現實中的欠缺、不完滿所形成，爲解決現實生活中的問題、改善實際生活中不合情理、公義的狀況，所以在〈兼愛下〉篇墨子指出天下的大害就在於人的自私自利，只愛自己而不愛別人。因此，興天下之大利就在於以「兼愛」改變「別愛」，轉化人性中自私自利的部分，使人了解到愛人實有利於己的道理。

墨家興天下之利的理想以兼愛爲方法，人與人之間互相幫助，使每一個人都能得以生存發展，如〈兼愛下〉所說：「以兼爲正，是以聰耳明目相與視聽乎？是以股肱畢強，相與動宰乎；而有道肆相教誨，是以老而無妻子者，有所侍養以終其壽，幼弱孤童之無父母者，有所放依，以長其身。」在此一理想願景中，社會中的弱勢族群能夠受到照顧，社會上有能力的人願意主動幫助他人，有如：《禮記·禮運》篇所說：「故人不獨親其親，不獨子其子，使老有所終，壯有所用，幼有所長，鰥寡孤獨廢疾者皆有所養。」這些理想都含有人人平等的精神。

墨家的「兼」就是整體之意，「兼愛」就是對人類整體之愛。〈大取〉篇說：「兼愛」的範圍無論大區域或小區域的人都是兼愛的對象。在時間上，不論過去的人、未來的人，都要像對待現在的人一樣地愛他們。可見墨家的「兼愛」是超越時空的限制，是廣包全人類的愛。這種愛要以愛自己的方式來愛別人，《兼愛上》就告訴人們要「愛人若己」，〈大取〉篇也說：

「愛人之親，若愛其親。」可見墨子所主張的兼愛，是不論關係親疏遠近、不論社會階級高低的平等之愛。

因此，如前所述，「兼愛」是超越時空的整體人類之愛、平等之愛，追求實際的公衆利益，其方法乃愛人若己，藉著人際間的互動性來完成的互利之愛。並且更重要的是，我們必須意識到兼愛的發生條件，在於人人基於自由意志，願意主動地先去關懷人，如此才有可能進行兼相愛而達致互利的結果。

此主動而互利之「兼愛」的根據在於「天志」。〈天志中〉有云：「愛人利人，順天之意。」又如〈天志下〉：「順天之意若何？曰：兼愛天下之人。」可見兼愛的根源乃本於天。出於天之意志的「兼愛」是普遍之愛，具體實踐時要如何落實呢？〈修身〉篇說：「近者不親，無務求遠；親戚不附，無務外交。」由此可見在兼愛的實踐上，又是由近及遠而有親疏之別。如此與具平等性的「兼愛」是否矛盾？其實不然，因為「視人之父若己之父」並不等於抹煞人父與己父的一切差別。王讚源教授說：「兼愛，從順承天志來說是無差等的，這是心量、精神的層次。從具體實踐上說是有差等的，這是事實、行為上的層次。[1]所以墨子才說：『志功不可以相從』」。〈大取〉也有「志功為辯」之語。志，是指心願、意志；功，是指事功、實效。從〈墨經〉中可看出「兼愛」是指在精神層面上的愛心，〈墨經上〉：「無窮不害兼。」意指：雖然人類無數，但不妨礙心志上對人類全體之愛；還有「不知其處，不害愛之」意指：即使不知道對象實際存在於何處，也不影響內心對其之愛，凡此等等皆是例證。因此可知，墨家所強調的「兼愛」就「志」而言，是無差等的，但在「功」方面，則有等差之別，正如《孟子．滕文公》記載墨子的弟子夷之所說：「愛無差等，施由親始。」

以上「兼愛」的特色可分爲理念層次與實踐層次；理念層次的兼愛有：超越性、普遍性、平等性，以天志爲其理論的基礎。在實踐層次的兼愛有：主動性、交互性與具體對象的差別性。個體存在於整體中，並與整體發生關聯而展現其生命意義。個體由對一己之愛，擴大爲對整體之愛，進而落實於其他個體，這就是墨子「兼愛」思想在理念層次與實踐層次的統一。

墨家認爲，在一個理想的社會關係中，個人對社會和他人所做出的貢獻，最終會以各種形式得到回報；個人對社會所具有的價值如果得到社會的承認，那麼社會也會通過各種渠道，來滿足個人相應的、合理的需求。墨家「兼相愛、交相利」的主張和對等互報的原則，就是要建立這樣的一個理想社會。例如：鋪路工人、公車司機、農夫、飯館老闆、電信人員、老師以及菜販等，社會中不同職業的人，他們的工作以及對於社會的貢獻，都會以不同的形式回報他們，他們也都享有別人工作的成果，想像這些人都坐在同一輛公車上，他們享受著公車司機的服務，公車能平穩的行進，又可四通八達，這是鋪路工人的功勞；他們的子女，有賴老師的教導，使他們能夠專心的工作；他們利用手機與別人溝通聯繫，則要靠電信人員的努力；再者，公車上的每一個人都要吃飯，這是農夫或飯館老闆所能提供的服務，而飯館老闆的菜，則必須向菜販購買；如果他們有願意爲別人服務的心，那麼這些都是「兼相愛、交相利」的表現。

天下太平，不僅在於人們的兼相愛、交相利，其基本目標在於使天下人生活無慮，衣食無缺，工作、休息能在安定的社會秩序中進行。所以，興天下之利就必須如〈非命下〉所云：「必使飢者得食，寒者得衣，勞者得息，亂者得治。」這也是領導者、管理者所應努力達成的目標。〈尙賢下〉：「爲賢之道將奈何？曰有力者疾以助人，有財者勉以分人，有道者勸以教人。若此則飢者得食，寒者得衣，亂者得治。若飢則得食，寒則得衣，亂則得治，此安生生。」人人將一己之所長，貢獻給需要幫助的人，使人人衣食無缺、安全無慮，使人民生活在有秩序的社會中，人際關係祥和，國際關係和諧，人人相愛，天下太平，這才是墨家兼愛的理想社會。

第二節　墨家觀點下的今世亂象

今日世界與墨子所見的天下亂象，從民生問題、人際關係、社會治安、國際關係、以及環保問題上是相似的。兩千多年以來，人類爲何始終不能擺脫免於恐懼、不安的處境？依墨子來看，當人人只愛自己，不顧別人時，如《墨子．兼愛上》：「盜愛其室，不愛異室，故竊異室以利其室；賊愛其身，不愛人，故賊人以利其身。」人人都自私自利只愛自己，那麼惶恐、懼怕、不安之情就必持續存在。

從地球上的部分區域來看，二十一世紀的今天，人類在科學、技術、經濟、政治、社會福利等各方面的確有長足的進步，但是若從「天下」，也就是全世界的觀點來看，則人類的社會距離墨學的理想還十分遙遠。

1. 在民生問題方面

墨子十分重視民生問題，〈非樂上〉云：「民有三患，飢者不得食，寒者不得衣，勞者不得息，三者民之巨患也。」從「飢者不得食」來看今日的「天下」：

聯合國祕書長安南在一九九七年，曾經呼籲各國致力改善世界饑荒情況，希望到二〇一五年可以把長期飢餓的人口減少一半。但至今人數不但沒有減少，反而從當年的八億人增加至今天的十一億，占全球六十億人口的六分之一。但是，根據世界觀察研究所的報導，今天因飲食過量而身體超重的也有十一億人。這是人類自有歷史紀錄以來，首次出現過飽與過飢人數相同的情況。這種兩極化的現象說明了什麼？事實上，地球上的糧食總產量是可以滿足所有人的需要，就算增加糧食生產也不會完全消除饑荒。據美國「加州食物及發展政策學會」（Institute for Food and Development Policy in California）的理事Peter Rosset稱，按每人每日吃四．三磅食物計算，今天全球的糧食總產量應該足夠滿足所有人的需要；另一項研究也指出，全球每年有二億噸穀糧出口，供應非農業國家，所以暫時還不應有缺糧的情況。這反映產量的多寡不是直接導致饑荒出現的原因，增加糧食生產也不會完全消除饑荒。

美聯社報導，受到戰爭、乾旱、政治動亂、食物價格飆漲與貧窮等因素交互影響，「不斷創下新紀錄，令人覺得前景黯淡」。聯合國世界糧食計畫署也表示，「飢餓的世界也是危險的世界……因爲人民若沒東西吃，就只有暴動、移民或死亡這三種選擇，但這都不是好的選擇」。聯合國估計全球人口將於二〇二五年增加至八十億，每年以百分之八的速度增長。有些人認爲，爲了避免糧食求過於供，控制人口的增長是解決饑荒的唯一方法，然而在八〇至九〇年代初，不少非洲國家如肯亞等國積極控制人口增長率，使人口大幅下降，但飢餓的情況不但沒有改善，反而因缺少勞動力而造成經濟倒退。因此減少人口也未必能解決饑荒問題。

爲何增加糧食生產、控制人口的增長，都不能解決饑荒的問題，從墨家來看，其根本原因就在於人與人之間的不相愛，有能力的人、有能力的國家或國際社會並不眞正關心這些受饑荒蹂躪的人。

2. 在人際關係方面

《墨子・明鬼下》：「是以存夫爲人君臣上下者之不惠忠也，父子、兄弟之不慈孝弟長貞良也。正長之不強於聽治，賤人之不強於從事也。」我們從「父子、兄弟之不慈孝弟長貞良」來看看臺灣的情形：

我們觀察臺灣兒童的處境，隨著家暴案件量倍數成長，根據臺灣內政部統計處資料，二

○○八年家庭暴力通報案件計七萬九千八百七十四件，較二○○七年約七萬件增加百分之十，續呈逐年增加趨勢，其中兒少遭受暴力案件增幅達百分之二十。年家庭暴力通報案件以婚姻、離婚或同居關係暴力占百分之五十八・三最多；惟兒少保護案件所占比重逐年增加，由二○○五年之百分之十四・二增至二○○八年之百分之二十一・四。二○○八年家庭暴力通報被害人計七萬五千四百三十八人，其中女性占百分之七十五・九。婚姻、離婚或同居關係暴力案件被害人中，女性高達九成，兒少保護案件被害人中，則以男性占百分之五十二略多。此外，二○○三年至二○一○年臺灣社會因刑案致死的人數也從一萬九千八百七十二人增長至三萬七千五百十二人。這些令人怵目驚心的數字，可以看到我們社會的人際關係的惡化狀態，而官方數據很可能僅是冰山一角。

有關暴行方面，在過去十年，一半的罪案都是年輕人犯的。今天青少年之問題嚴重，已非獨青少年之本身問題，也是所有成年人之責任；因爲成年人所營建之環境，暗藏太多之圈套、陷阱，引誘青少年誤入而犯罪。這也就是所謂的「別相惡、交相賊」，所以成人都當自問：我們平日所言所行，所營造出的，是什麼樣的氣氛？怎麼樣的環境？因爲每一成年人之不當言行，都會推波助瀾，直接或間接促成不良環境的形成，並沒有可置身事外者。故唯有人人潔身自愛，愛人若己，大環境清新光明，在其中生活之兒童、青少年，才有生機，不良的人際關係也才能改善。

3. 在社會治安方面

《墨子．明鬼下》：「民之爲淫暴、寇亂、盜賊，以兵刃、毒藥、水火，退無罪之人乎道路率徑，奪人馬車、衣裘，以自利者並作。由此始，是以天下亂。」我們可以從世界各地的暴行，與恐怖主義的橫行來看今日的亂象：

世界衛生組織的一份報告說：「在世界各地，每年有一百六十萬人死於暴力罪行。在非洲，據估計每十萬人當中，每年就有六十．九人因暴力罪行而喪生。」《生活在恐懼中—拉丁美洲街頭暴力實況》一書中說：「在拉丁美洲許多國家的首都，治安都極爲惡劣，居民經常生活在恐懼中。在這片廣大地區，每年約有十四萬人死於暴力；每三個市民就有一個曾直接或間接受暴力所傷害。」在許多國家，貧富懸殊的現象日益嚴重，窮人憤恨的情緒愈來愈深。許多貧民搶奪鄰近的高尚住宅區。

這幾年，世界每個地區都出現了恐怖主義攻擊事件。二〇〇二年十月在巴里島發生的恐怖主義爆炸事件奪走了二十幾個國家大約二百人的生命。同一個月，恐怖主義分子在莫斯科一家劇院把八百人劫爲人質，這是迄今以來最大的一次恐怖主義綁架事件。恐怖主義分子還襲擊了蒙巴薩，造成一家旅館內的十五人死亡，同時向一架民用客机發射導彈，企圖殺害更多的人。二〇〇二年的恐怖主義活動造成七百二十五人死亡。此外，二〇〇一年九月十一日，兩架飛機撞進美國金融中心「雙子星大樓」，以及美國軍事重鎭「五角大廈」也繼而遭到飛機重創，此歷史上最嚴重的恐怖攻擊行動，至今仍使人餘悸猶存。最近又發生駭人聽聞的大屠殺事件，二

○一一年七月二十二日，挪威接連發生重大攻擊事件，首先在首都奧斯陸的政府大樓發生爆炸，造成八死九十傷，兩個小時後，兇嫌穿著警察制服搭船抵達於特島，對著七百名參加夏令營的青年大開殺戒，至少六十九人慘死，傷者無數。挪威總理史托騰伯格指出，這起連環攻擊是挪威二次世界大戰以來最悲慘的一天，「一座天堂島嶼竟轉變成煉獄」。根據中國時報二○一一年八月十六日綜合外電報導：「在挪威首都奧斯陸和鄰近的於特島發動恐怖攻擊、造成七十七人喪生的極右派分子布瑞維克，十三日在武裝警員押送、多架警用直升機空中戒護下，搭船重回於特島停留八小時，模擬作案經過，重新還原案情。布瑞維克在模擬時神情冷漠、毫無悔意，甚至露出得意之色。」

兩千多年以來，人類為何不能擺脫免於恐懼的處境？當人只愛自己，只愛自己所歸屬的團體，而不顧別人死活時，這種惶恐、懼怕、不安之情就必存在。

4. 在國際關係（戰爭）方面

《墨子·兼愛上》：「雖至大夫之相亂家，諸侯之相攻國者亦然。大夫各愛其家不愛異家，故亂異家以利其家；諸侯各愛其國，不愛異國，故攻異國以利其國，天下之亂物，具此而已矣。察此何自起？皆起不相愛。」

二十世紀以來，兩次世界大戰是使用最現代化的科學技術手段，來進行人類有史以來最大規模的血腥殺戮和殘暴摧毀。第一次世界大戰使全球三十五個國家和地區參戰，對陣雙方動員軍隊六千五百四十萬人，死亡軍民二千一百多萬人，直接戰爭費用一千八百六十三億美元，財產損失三千三百億美元。第二次世界大戰參戰國六十一個，動員軍隊一億一千萬人，軍民死亡七千萬人，財產損失高達四萬億美元，直接戰爭費用一萬三千五百二十億美元。

冷戰時期到八〇年代末，大大小小的局部戰爭連衝突算在一起，據統計約有二百八十次，平均起來，一年六．二次。冷戰後這十年，最多的年分達到四十八次之多。局部沖突的規模在減小，但是數量在增加。戰爭的形態在變化，向非核的、高技術的這樣一種戰爭形態變化。

事實證明，在和平與發展的時代條件下，仍然有戰爭，而且戰爭還十分頻繁。二十世紀最後十年國際上的局部衝突和戰爭，例如車臣戰爭、科索沃戰爭、以阿衝突、印巴克什米爾沖突、阿富汗戰爭等。《原子科學家公報》指出，在二〇〇七年全球仍有大概二萬七千個核子武器，其中有二千個是「可以隨時發射」的。即使這些核武器中只有一小部分被引爆，後果也會不堪設想！

為何在人類的歷史上，始終無法享有真正的和平？戰爭、殺戮、殘暴、憤恨代代延續，這些始終與資源的爭奪、權力的掌控、意識形態與宗教信仰的執著有關。如果「愛」只能在小範圍內的「我們」中流通，人不能去愛「你們」與「他們」，不能認知到我們都是「人類」的生命共同體，大家都在各自的「我們」之中，那麼在各國的軍備競賽之下，只有自我毀滅一途。

5. 在環保方面

〈天志中〉：「且吾所以知天之愛民之厚者有矣，曰以磨（離）爲日月星辰，以昭道之（即照明引導人民）；制爲四時春秋冬夏，以紀綱之（即作爲人民作息之常規）；雷（隕）降雪霜雨露，以長遂五穀麻絲，使民得而財利之。」

墨家所感知的「天」是厚愛萬民的主宰，日月星辰的運行有一定的秩序，四季的更迭有一定的規律，寒溫氣候的變化也有助於萬物的生長，有利於人的生存。然而曾幾何時，人類不僅不知感恩惜福，珍惜這使我們得以生生不息的大自然，反而肆無忌憚的破壞自然環境，浪費大地資源。地震、海嘯、水災、土石流，許多所謂的天災，其眞正主因在於人禍，是人們濫墾濫伐，是人們把房屋建在行水區，是人們製造了空氣汙染，是人們產生的廢物汙染了水源，來自全球的媒體不斷地報導著：地球暖化、臭氧層破口擴大、森林面積減少、保育動物瀕臨滅絕、能源危機等問題。許多科學家們認爲人類不當地使用科技，加上破壞環境，很可能會對地球的生態造成永久的損害，甚至會摧毀人類自身的文明。

高科技的發展，使得人們有機會欣賞到地球的容顏是如此的寧靜、湛藍、美麗，太空中的地球沒有國界、種族、語言的分別，它靜默地孕育著萬物生靈；如果人類不知珍惜，那將會如〈天志中〉所說：「然有所不爲天之所欲，而爲天之所不欲，則夫天亦且不爲人之所欲，而爲人之所不欲矣。人之所不欲者何也？曰病疾禍祟也。」

全球性的問題與危機日益嚴重，這是大家有目共睹的事實，雖然共識的形成不易，理想的實現更加困難，但在墨家兼愛精神的指引下，興利除害，實現墨學理想仍是值得我們努力的。

第三節　墨學精神與解決之道

首先，墨學含有客觀與邏輯的科學精神。王讚源先生歸納墨子的科學精神有：「當而不可易」「無徵不信」以及作為合理標準的「法儀」[2]。〈公孟〉篇記載：墨子與程子爭辯，墨子引孔子的話來非難程子。程子說：「你們墨家非儒，為何又肯定孔子所說的話呢？」墨子說：「如果孔子所說的話是正確與恰當的，就不能更改。就像鳥見到天氣變熱就往高空飛去，魚知道天氣變熱就會往水深之處游去。對於天氣變化的預測，即使是禹湯之智謀，也是不能改易的。」墨子這種「當而不可易」的心態，正是就事論事、實事求是的科學精神。此外，〈非命〉篇所提出的「三表法」：本之者、原之者、用之者，也都有一定的可經驗性、可檢證性，〈明鬼下〉子墨子曰：「天下之所以察知有與無之道者，必以眾人耳目之實，知有與亡為儀者也。」此也強調出「信而有徵」、「無徵不信」的可經驗性科學對象的特徵。再者，〈法儀篇〉云：「天下從事者不可以無法儀，無法儀，而其事能成者無有也。雖至士之為將相者皆有法，雖至百工從事者亦皆有法。百工為方以矩，為圓以規，直以繩，正以縣，平以水，無巧工不巧工，皆以王者為法。巧者能中之，不巧者雖不能中，放依以從事，猶逾已，故百工從事皆有法度。」法儀也就是墨子所把握的合理標準，這標準具有客觀性、普遍性和必然性。法儀的建立，也是墨學科學精神的表現。此外，《墨經》中所探討有關數學、幾何、物理、光學、機械等科學知識，也都可見墨學中的科學精神。

然而，墨學中的科學精神以倫理精神為導向，這也是我們在前兩章所探討墨子的倫理思想與價值思想，這些思想以「兼愛」為核心。兼愛的對象不受到過去、現在、未來的限制，也不受空間的限制。「兼愛」是超越時空限制，乃對全人類的愛。《墨子》書中多處顯示其自然科學思想的目的，是在改善人民大衆的生活。〈魯問〉篇說：「公輸子削竹子和木頭，製成一隻木鵲，做好了以後放上天去飛，三天都不會落下來。公輸子自己認為再巧妙不過了。可是，墨子卻對公輸子說：『你製造的木鵲，還不如我做的車轄這種輪軸上的小機關。只需片刻的工夫，就可以斲成三寸的木片，卻可以用來載五十石重量的貨物。所以要論東西的功用，有利於人的就謂之巧；不利於人的就謂之笨拙。』」推廣來看，科學上的發明，要以能否造福人類為其價值標準。此外，墨家也曾製作發明許多農具、器械，軍事上許多防禦的戰車、兵器，及生產技術上的一些工具，如運用槓桿原理的桔槔機、轆轤、滑車等，來保障人民的生存，改善人民的生活。由此可見，墨子對於科學的發展乃是以倫理精神為基礎，使科技的發展為人類的幸福而效力。

再者，墨學以兼愛爲核心的倫理精神廣大而平實，在個人方面，包括：節儉勤勞、積極任事、法天行義的精神；在群體生活方面包括：犧牲奉獻、團結合作、服務人群的精神；在人類整體方面，包括：救世之亂、追求和平、興天下大利的精神。這些精神我們在墨子的生平事蹟，以及〈節用〉、〈節葬〉、〈非命〉、〈貴義〉、〈天志〉、〈法儀〉、〈大取〉、〈兼愛〉、〈耕柱〉、〈非攻〉、〈非樂〉等，《墨子》書中各篇可見。這些精神可以聚焦於下列的具體做法：

1. 個人方面，實踐兼愛，從生活周遭的人開始做起

墨家的兼愛不只是理論，他的價值更是要人們在日常生活中加以實踐，雖然在心志上，要胸懷天下，但是落實在生活中，就是要從周遭的父母、師長、同學、朋友、以及街上碰到的陌生人開始做。

2. 群體生活方面，要發揮急難相救的精神

人人應擴大視野、超越親情。墨家的「兼愛」強調相互性、平等性，不可大欺小、衆暴寡，爲得一己之利而不顧別人死活。要從愛人若己的方法，體會人溺己溺、人飢己飢，發揚急難相救的精神。

3. 人類整體方面，要超越有限時空的愛，重視全球倫理

從天志的價值根源省思人與自然的關係，從今天的全球觀點，每一個人或社群都是地球村的一份子，要對自然環境的保護，盡一分心力，要將兼愛的精神推廣應用於個人、社會、經濟、環保各層面。

以墨學精神解決現今世界的問題，首先，在心態方面必須要能使人們調整視域，要有「全天下」的眼光，也就是當我們在思考問題、解決困難時的思想背景，不能只停留在習慣性的眼前、當下，或小範圍的家庭、社會，而必須是全天下。如果我們所關心的只是自己、自家、自國的事，而沒有放眼全世界的眼光，那麼解決局部的小問題，很可能會造成整體的大問題。例如：把自家的垃圾往外亂扔，自己的家是乾淨了，但社區環境卻給破壞了，由於家在社區中，所以社區環境的汙染所滋生的蚊蟲、病毒、汙水，一樣會汙染自己的家。

其次，要有「類存在」的一體感。由於個體是依賴群體才得以生存，因此個體不能對「類存在」漠視或遺忘。雖然，個體是具體實在的可感受性存在，而群體的「類存在」是抽象、非感受性的心靈存在，但如果我們忽略他的價值，則會使自己的存在也失去了意義。因為個人的自我實現往往都與群體有關，個體與「類存在」有必然的聯繫。對人類而言，我們說「職業無貴賤」，因為從事任何職業的個人對其所屬的群體都有一定的貢獻，個人的想法、信念、或所建構的理論，都會有普遍化的要求或傾向，期待他人的理解與認同，並能在群體中發揮有效的影響力；從歷史上看，在任何群體中，為族類生存而犧牲個體的權益甚至是生命，往往被肯定

具有高度的價值，像殺生成仁、捨身取義、以及墨家的兼愛、貴義、與天下之利等，都肯定了「類存在」的價值，我們也必須要有「類存在」的一體感，才能推進墨學理想的實現。

再者，人必須謙卑的看到人類自身的渺小與有限，人類的生命、萬物的存在並不是來自人類自己，而是來自超越的「天」，因此人類必須順天而行，身體力行，墨學「兼愛」精神的理想才可能實現。近年來，整個社會的潮流呈現重科技、輕人文的失衡發展，就是研究科學技術的「人」，已經將科學發展的成果取代了「天」的地位，相信科學萬能，因而爲全人類帶來莫大的災難。如環保問題以及極端氣候變遷問題不僅是全球性的，且延伸向未來，這正是爲逆天的結果，也違反了兼愛的精神。是故，墨學精神的現代意義，就是「人」應再次反省人與天的關係，重新看清人在宇宙中的地位。以敬天愛人、貴義力行的態度來生活。

小結

在墨家哲學中，其理想的根據在於「天」；人生在世的最高目標是順從天的意志，而最終的理想是人人彼此相愛、天下太平。在一個理想的社會關係中，個人對社會和他人所做出的貢獻，最終會以各種形式得到回報。人人將一己之所長，貢獻給需要幫助的人，使人人衣食無缺、安全無慮，使大家生活在有秩序的社會中，人際關係祥和，國際關係和諧，人人相愛，天下太平，這是墨家兼愛的理想社會。

從民生問題、人際關係、社會治安、國際關係、以及環保問題上觀察，今日世界與墨子當時所見的天下亂象，有一定的相似性。全球性的問題與危機日益嚴重，但在墨家兼愛精神的指引下，興利除害，追求墨家理想的實現仍具有現代價值。

墨學含有客觀與邏輯的科學精神，其科學精神則以倫理精神爲導向，其倫理精神的核心爲兼愛。在個人方面，包括：節儉勤勞、積極任事、法天行義的精神；在群體生活方面，包括：犧牲奉獻、團結合作、服務人群的精神；在人類整體方面，包括：救世之亂、追求和平、興天下大利的精神。墨學兼愛精神的發揚，在眼界方面要有「全天下」的眼光，與地球村的一體感，以及敬天愛人、貴義力行的生活態度。

總之，墨學的現代意義在於：掌握墨家思想方法，從思想到行動，從理論到實踐；在行動中學習，在學習中修正，在實踐中進步，進而發揚墨家的倫理精神，實現墨家的兼愛理想。

結論：古今轉型謀發展，中西合璧探眞意
普世價値創福祉，現代意義展新機

(一)古今轉型謀發展

美國科學哲學家庫恩（Kuhn，一九二二——一九九六）認爲科學革命的實質，是研究範式轉換的過程，範式轉換，導致理論方法的變革，標誌發展的不同階段。範式有公認性，綱領性和可持續性，是共同體團結一致，協同探索的紐帶，研究開拓的平臺，預示發展的方向。

借鑑庫恩範式轉換論的觀點方法，分析墨學研究歷程，可知在清代以前的古代，在二十世紀以後的近現代，呈現兩種不同的研究範式。雖都稱爲墨學研究，但在主體、主題、成果、形態、語言、層次、方法等方面，有不同的元性質。

前五世紀墨學產生，到二十世紀初孫詒讓《墨子閒詁》刊行，共二千四百年的墨學研究，歸入古墨學、舊墨學階段。二十世紀初近現代以來，由梁啓超、胡適領軍的墨學研究，呈現嶄新的範式，用現代語言和科學方法，古今中外融會貫通，在繼續提高《墨子》文獻整理水準的基礎上，闡發墨學深層義理。把這一時期的墨學研究，歸入今墨學、新墨學階段。在新墨學中，有一部分屬於研究方法論的建構，具有新墨學靈魂和統率的功能，稱爲元墨學。

新舊墨學的分水嶺和里程碑，舊墨學的終結和新墨學的起點，是梁啓超一九〇三年在日本創刊《新民叢報》發表的《子墨子學說》和《墨子之論理學》（後匯編爲《墨學微》）。學者嚴靈峰《墨子集成·序》說：「清末新會梁啓超，所著《墨學微》一書，泛論墨子學說，蹊徑獨辟，別開生面，爲墨學研究創歷史之新頁。從茲各方探究之成績乃漸可觀，梁氏宣導之力也。後之學者，倘能繼往開來，吸取西方科學方法，融會貫通，使百尺竿頭更進一步，發揮而光大之，則墨學之昌明與中華民族文化之復興豈有既乎！企予望之！祝而禱之！」恰當說明梁啓超墨學研究的關鍵歷史作用。

墨學現代化是客觀的歷史現象。墨學的現代性改變，貫穿墨學現代化的全過程。在二十至二十一世紀世界全球化的新時代，墨學研究必然發生現代性的變化，這一趨勢全然一貫，不會改變。

墨學現代化趨勢的理論淵源（內因、根據和直接因素），是墨學自身的生命活力。墨學是中國傳統學術中最富科學和人文精神的優秀文化遺產，蘊涵著「施諸四海而皆准，行諸百世而不悖」（胡適語）的普遍眞理成分，有重要的普世價值（世界意義）和現代價值。墨學以自身的生命活力，遇到合適的土壤和氣候條件，必然抽芽生長，開花結果。

墨學現代化趨勢的歷史淵源（外因、條件和間接因素），是全球化時代、世界地球村意識的衝擊，中華民族弘揚傳統文化的精神驅動。墨學現代化的趨勢，是墨學內在生命活力和時代外在需要的綜合作用。現代學者面對新時代的科學難題，從墨學中借鑑豐富的哲理資源，汲取深湛的思想智慧，墨學現代化的趨勢應運而生，不可阻擋。

爲揭示墨學現代化和墨學元研究的機理，創建新墨學和元墨學，推動墨學現代化和墨學元研究的進展，需從超越、整體角度，揭示古今墨學研究主體、主題、成果、形態、語言、層次、方法等元性質，見表十六。

表十六 古今墨學元性質

墨學元性質	古墨學元性質	今墨學元性質
主體	先秦墨家	現代學者
主題	戰國課題的墨學應對	現代課題的墨學借鏡
成果	戰國課題的墨學答案	現代課題的墨學鏡鑑
形態	古墨學論著	今墨學論著
語言	古代語言	現代語言
層次	第一層次元研究	第二層次元研究
方法	古代哲學方法	現代哲學方法

1. 古今墨學研究的主體

古墨學研究的主體是先秦墨家。古墨學是先秦墨家的一家之言，適應戰國時代的需要，代表從手工業者上升知識分子的利益，有派別和時代的局限，亟待今日學人批判繼承、發揮發展和總體超越。

今墨學研究的主體是現代學者。梁啓超代表二十世紀中國傳統文化前進的方向，以弘揚中華學術爲己任，宣導民族文化的復興、再興和振興，在《子墨子學說》中說，今欲救中國，「厥惟墨學」，「學眞墨」，列舉「假言命題」例句：「假使今日中國有墨子，則中國可救。」他順應中華民族發揚傳統文化，適應世界進步潮流的全局需要，揭開墨學現代研究的序幕。

胡適受梁氏影響，激發墨學現代研究的興趣，用英文撰寫博士論文，主張依靠當時知識界領導人物的遠見和歷史連續性的意識，依靠機智和技巧，能夠成功地把現代文化的精華與中國自己的文化精華聯結起來。中國哲學的未來，大有賴於和絕對需要復興非儒學派，從中可望找到移植西方哲學和科學最佳成果的合適土壤。

當代中國哲學的責任是借鑑和借助於現代西方哲學，去研究這些久已被忽略了的本國學派，用現代哲學，去重新解釋中國古代哲學，又用中國固有的哲學，去解釋現代哲學，渴望利用和借助於中國哲學中許多已經失去的財富，重新獲得西方的方法，希望這種比較的研究，可以使中國的哲學研究者，能夠按照更現代的和更完全的發展成果，批判那些前導的理論和方法，並了解古代的中國人，爲什麼沒有因此得到現代人所獲得的偉大成果。

所謂復興偉大的非儒學派，首指墨家。胡適稱讚墨翟是在中國出現過的最偉大人物。眞正有價值的唯一著作，是名爲《墨子》的五十三篇論文集。墨者是偉大的科學家、邏輯學家和哲學家，是一種高度發展的和科學的方法的創始人，對演繹和歸納具有相當時髦的概念，是發展歸納和演繹方法的科學邏輯的唯一的中國思想學派，在整個中國思想史上，爲中國貢獻了邏輯方法的最系統的發達學說。胡適借用西方邏輯概念，創造性詮釋墨家的「故、理、類」範疇和「譬、侔、援、推」等論辯方法，與梁啓超同爲墨學現代研究的開拓者。

2. 古今墨學研究的主題和成果

古墨學研究的主題，是戰國課題的墨學應對，成果是戰國課題的墨學答案。《魯問》載門徒問墨子：「看到四方君主，您先說什麼？」墨子脫口而出：「凡入國，必擇務而從事焉。國家昏亂，則語之尚賢、尚同；國家貧，則語之節用、節葬；國家憙音湛湎，則語之非樂、非命；國家淫僻無禮，則語之尊天事鬼；國家務奪侵淩，即語之兼愛、非攻。」

從「國家昏亂」到「務奪侵淩」，是墨子面臨的戰國課題，是當時社會政治倫理和宇宙人生的重要難題，當務之急。墨子選擇從「國家昏亂」到「務奪侵淩」十大難題、急務、要務和實踐，認識趨向的目標，作爲墨學研究的主題，提出從《尚賢》到《非攻》十大論題的論證，表現墨學產生的深刻歷史根源、文化傳承和強烈人文精神。

《墨經》是一部濃縮的古代科學人文元典，留有未來學人說明發揮的廣袤空間，是有開端、無終點、有預想，待完善的中華科學化與邏輯化的理想藍圖。以《墨經》爲對象，以現代科學爲工具性元理論的現代詮釋發揮和發展，是更有價值、更具吸引力和啓發性的墨學現代化要務，是創立新墨學、元墨學的重要使命和目標。

今墨學研究的主題，是現代課題的墨學借鏡；研究成果是現代課題的墨學鏡鑑。今墨學研究的機理，是以墨學爲研究對象，以現代科學理論爲工具性元理論，把墨學和時代需要相結合，實現創立新墨學的目的、結果、宗旨、動機和理想，就像用畫筆、色彩和畫技的完美結合，產生最新最美的圖畫。

3. 古今墨學研究的形態

古墨學研究的形態，是古墨學論著用古漢語表達，是今墨學研究的對象、資料，它就像是冶金的礦料。今墨學研究的形態，是今墨學論著用現代語表達，是今墨學研究的成品結果，猶如用冶金礦料熔鑄爲最新最美的產品。

4. 古今墨學研究的元語言工具

古墨學研究的元語言工具是古漢語。古漢語文字簡略，慣用缺省，《墨經》則更爲凝煉濃縮。《墨經》命題缺乏係詞，肯定聯結詞和全稱量詞常省略。語句、命題常簡化、濃縮爲語詞、片語。說明、論證常簡化、濃縮爲「論題＋說在＋例證理由」的提示語。經審慎研究，結合語境，準確理解其濃縮、缺省的文字，適當添加語詞元素，才能實現創造性的詮釋轉換，表達爲通順流暢，通俗易懂的現代語。

墨家各派俱誦的《墨經》式先秦古漢語，不適合現代廣大讀者閱讀理解和應用。孫詒讓說，《墨子》在先秦諸子中最難讀，《墨經》在《墨子》中最難讀，「幾於九譯乃通」，「學者之罕能盡逮也」。（《墨子閒詁·序》、《總目》；《籀廎述林·與梁卓如論墨子書》）

今墨學研究的元語言工具，是現代語。現代邏輯學家塔爾斯基提出語言層次論，區分被斷言和分析的語言，即對象語言以及用以斷言和分析對象語言的工具性元語言。英國邏輯學家羅素說，每一種語言可有另一種處理其結構的語言，這種語言有一種新結構。

現代墨學研究的元語言工具，是滲透現今人類共同知識的現代語。現代學人的使命是在審愼研究，理解原文的基礎上，把墨學所用的古漢語，創造性轉化爲滲透現今人類共同知識的現代語，讓現代廣大讀者能讀懂應用。

5. 古今墨學研究的層次

古墨學研究的層次，是第一層次的元研究。墨學是墨家從戰國時代課題升華概括的元理論成果。針對當時社會普遍不相愛導致的亂象，概括「兼愛」的道德、義務、理想的模態概念、命題。「兼愛」是墨家依靠集體智慧，費時二百年提純、升華、概括的第一層次元墨學概念、命題，至今仍有重要的認識、理論和實踐價值。

今墨學研究的層次，是第二層次的元研究。以廣義模態邏輯爲工具性元理論，對墨學「兼愛」說進行超越、總體研究。從概念說，「兼愛」指普遍、平等、無差別地施愛於一切人；施及過去、現在、未來人；不分民族、階級、階層、等級、關係親疏、居住地；包括別人和自己；奴隸、僕人也在內：只要是人都普遍施愛。墨家「兼愛」等同「盡愛」、「周愛」，貫穿普遍人文精神。墨家將「兼」語義提純、升華爲表示整體、集合的哲學、邏輯概念、範疇。

從命題說，「兼愛」是「所有人應該愛所有人」句義的濃縮。其中「應該」是道義（道德、義務、理想、規範）概念，加進「所有人愛所有人」的眞值命題，構成廣義模態邏輯（道義邏輯）的「必須肯定命題」。這種闡釋是依據全部墨學和廣義模態邏輯語境的理解，創造性詮釋的結果，與墨學「兼愛」說全部話語的語義協調一致，切中墨學肯綮，有助於墨學的現代發展和創造性轉化。

6. 古今墨學的研究方法

古墨學的研究方法，是古代哲學方法。廣義研究方法，包括研究方向（主題、目的、宗旨，研究什麼，解決什麼問題）。狹義研究方法，指理論建構的途徑、手段、工具和程式（怎樣研究）。

墨家有明確的方法論思想。墨子把「依規矩成方圓」的工匠經驗，上升爲自覺的方法論概念。工匠用矩尺量度製作方物，《天志下》載墨子問：「此其故何？則方法明也。」《法儀》載墨子把「爲方以矩」的工匠經驗，概括爲「天下從事，皆有法」的普遍方法論原則。《非命上》載墨子制定立言「三表」法（建構理論的三條普遍方法）：「上本之於古者聖王之事；下原察百姓耳目之實；發以爲刑政，觀其中國家百姓人民之利。」從邏輯看，這是尋求立論的根據，有演繹、歸納論證和觀察、實驗萌芽。從認識論看，「三表」法概括理論的歷史、現實根源和以應用價值爲檢驗標準三要素的本質。

墨子十大論題的論證，普遍應用「三表」法和《小取》總結的譬、援、推法（類比證明和歸謬反駁）。《墨經》概括的理論建構方法辯、名、辭、說、或、假、效、辟、侔、援、推、止等，需用現代方法進行創造性詮釋轉換，才有助於當今廣大讀者理解應用。

今墨學的研究方法，是現代哲學方法。以現代科學爲工具性元理論的超越、總體研究。現代科學是全球化進程中從域外引進的客觀普遍眞理，對全人類的實踐和認識普遍有效，是墨學研究的犀利工具。

㈡中西合璧探眞意

今日的新墨學研究，在方法論上最重要的特點是比較研究。中外合璧探眞義意謂只有通過認眞深刻和實事求是的比較研究，才能正確把握墨學的眞實意義和深層蘊涵。（合璧：指把不同東西放在一起，配合得宜，對比參照。）

現代新墨學研究的開拓者梁啓超說：「凡天下事，必比較然後見其眞。無比較則非惟不能知己之所短，並不能知己之所長。」[1]致力於中西哲學比較研究的胡適說：「只有那些在比較研究中（例如在比較語言學中）有類似經驗的人，才能眞正領會西方哲學在幫助我解釋中國古代思想體系時的價值。」預測他對墨學比較研究的成果，「可能對於這方面的未來研究者有幫助」。[2]

畢生致力於中西哲學比較研究的賀麟說：「我們不但可以以中釋西，以西釋中，互相比較而增了解，而且於使西方哲學中國化以收融會貫通之效，亦不無小補。」[3]孔子說：「工欲善其事，必先利其器。」（《論語・衛靈公》）《詩・小雅・鶴鳴》說：「他山之石，可以攻玉。」這都可用來恰當形容墨學比較研究的意境。

比較是辨別事物同異的思維方法。正確運用比較研究法，不等於比附。比附是拿不能相比的東西勉強相比。比附與科學的比較研究，不能混同。百年來比較研究方法的運用，是由低級到高級，由簡單到複雜，由抽象到具體的認識發展過程，其中經驗教訓，成績缺點，應實事求是分析，正確總結，不能因噎廢食，以偏概全，否定一切，走向極端。

墨學現代化，從方法論說，是古今中外哲學的互據互釋（互爲工具，互相解釋）的比較研究進程。古今中外哲學的比較研究，有助於全球化時代，人類不同思想文化傳統的對話交流，和諧相處。在全球化的世界地球村，古今中外文化的比較研究，融匯貫通，是必然一貫，不可阻擋的歷史趨勢。

把古今墨學元性質的認識，轉化爲完善新墨學和元墨學的實際行動，將促進墨學現代化目標的實現。墨學現代化是現代學者的共同使命，需海內外學者通力合作。墨學現代化的趨勢，進入更爲波瀾壯闊的新高潮，古舊墨學將質變轉型，成爲適應現時代需要，更爲強勁有力的新墨學。

㈢普世價值創福祉

「社會正義」的觀念一直是中西文化與哲學所追求的目標與共識，自古至今一直未曾改變過。在中國先秦禮壞樂崩的年代，儒家是以此爲追求的目標，而墨家更是不遑多讓。墨家雖然在達成目標的出發點與手段上與儒家有別，而令人印象深刻的是在實踐社會正義的理想上，墨家的「義利一元」說正可爲社會正義的實現提供一個解釋性、理論性的基石。「士志於道」，以道自任，爲道犧牲，爲正義而赴湯蹈火，又是墨家鉅子與其弟子的寫照。

「義利一元」在道德實踐的層面上，創造出一個與儒家所主張的「義利互斥」相迥異的概念，墨家從生活的實際面出發，主張「義者，利也」，此利是「利他之功利主義」，是利親、利民、利是所得而喜。社會正義的實現，不能忽視現實世界的需求及客觀條件，各種利益的追求必須統合在「利天下而爲之」的前提之下，於是墨子開出不同格局的道德功利，舉凡在生活層面的利親、利己、利人，或是倫理實踐層面的諸德定義，如仁、義、禮、行、孝、信、任、勇等觀念，皆強調需秉持人人利之、兼相愛與交相利的普遍公義與正義。這樣的定義與內涵，使得利不再局限於自我之利、經濟之利與功利之利，而是提升到道德動機（應當如此）與價值層次，人的生命意義之展現得到一個新的理解。

其次，我們看到墨家面對一些社會既成的事實如「命」之觀念，採取一種強硬的態度，並且勇於破除此種「命定」之說，要人徹底拋棄「執有命」之說，做自己的主人，此種認知和態度亦是他能和儒家分庭抗禮的原因。「做自己的主人」意謂著生命的開發與完成是操之於己，而非操之於人，如果人僅是聽天由命，人的價值即僅停留於客體與被創造，是命運的被安排，無法作哲學的突破，非命的主張彰顯自己才是生命的主人。是故必以「強力」破除執命之言，回歸生命主體應有的決心與作爲，梁任公孫讚譽墨子的「非命」，評價爲：「墨子非命，眞千古之雄識哉！」誠是由衷之言。

在面對情勢險惡，有志難伸的艱困處境時，有許多人可能會見風轉舵、轉而趨炎附勢，或是遁離煩塵、沒入隱逸而逃於閒雲野鶴，但墨家不是如此，他們選擇了一條壯烈而精采的人生大道，儒家言「知其不可而爲之」，而墨家之精神與執著可說有過之而無不及，在墨者的心目中充滿人道主義的關懷，對普世受苦之民伸出熱情的雙手，身先士卒爲天下正義而奔走，在他們的庶民生活的價值選擇是崇儉去奢，在今日看來似過於迂腐而不知享受人生，然墨家之言猶如暮鼓晨鐘，聖人以仁者之姿是爲天下度，堅毅自苦而卓絕的道德人格而自我挺立，而有莊子「眞天下之好」之美譽，觀墨家之思言與行確實是擲地有聲、震古而鑠今。

(四)現代意義展新機

墨學與現代規範倫理學：效益主義、義務論、德行倫理學的比較，在墨家倫理思想中都可以找到與現代三種規範倫理學理論相類似的思考觀點、價值標準，或處理問題的方式；但是任何一種理論卻不能完全籠罩墨家的倫理思想，我們也不能像學界輕率的將墨學歸類於其中任何一理論類型。[4]這可使我們進一步反思墨學倫理思想的現代意義。

墨學是多元化的思想，在倫理思想方面具備了多樣化的觀點，體現著許多倫理學問題的面向，並不能將之局限於某一類型理論。因爲理論如果只是將研究對象或觀察現象，以靜態的方式來把握、分析，或者以局部性的區分爲：行爲動機、過程、結果，而著重某一部分所建立的理論，往往會有所疏失、遺漏。

若以西方規範倫理學爲參照系，針對不同理論進行對比時，確實有助於我們將墨家倫理思想做有效的理論還原與重構，並提供我們發現墨學中的思想價值與可以改進之處。

經過比較之後，我們發現墨學倫理思想在實際道德實踐上的靈活性，特別是「權」的動態校準，在進行道德實踐時，可因應不同的情境變化，做出合宜的行爲調整。當然，從靈活性的另一面看，則是墨學倫理思想的理論精確性不夠，因爲當面臨價值抉擇時，究竟要以效益主義的行爲目的之功效爲主，還是要以純然良善的動機爲準，還是要以有助於德性健全的標準爲根據？如果「權」是視情況而定，那麼就必須針對不同情況進行情境分類，並說明哪種情況下其抉擇的標準爲何。不然，面對價值衝突時，僅僅搬出「天志」或「義」或「兼愛」，這些概念的內涵，還是不足以提供較精確的行爲判準。這些也是關心墨學發展，使墨家倫理學現代化的同道，未來可以努力的方向。

墨家倫理思想是多元而豐富的，相較於現代的倫理思想也毫不遜色，它具有理論發展的潛力，未來可朝概念清晰化、理論精緻化、課題現代化等方向發展。

其次，倫理思想以價值觀爲基礎。在墨學價值思想中「善」的內涵，一言以蔽之即「利」，此「利」乃爲天下人之大利，從不同面向觀之，包含：人人得生之利，公正無私的貴義之利，普遍互助的兼相愛、交相利。然而墨學中的「利」及其相反的概念「害」又所指爲何？

墨家的「利」與「義」的關係密切，墨家的義利觀乃是義利互涵說，也是「公利」與「個人之利」的統一。墨家所謂的「利」一方面有全天下的視野，強調「公利」，另一方面也從個人的感受方面加以定義，「利」在獲得時可以帶給人們喜樂之感，而「害」則是令人所厭惡。在墨家的思想中其所利的對象不只利人，還要利鬼、利天。秉持兼愛而權衡利害的狀況有：多重角色下的利害抉擇、所愛對象的差異性之利害抉擇、兼愛實踐在質與量上的利害抉擇。透過以兼愛精神爲基礎的利害抉擇，有助於人與己、人與人、人與天關係的和諧。

由於墨學中「利」與「用」的關係密切，前文曾專門探討墨學中「用」的意義、「用」的目的、「用」的種類及其現代意義。「用」的種類有：體能之用、資財之用、器物之用、道義之用、名辯之用、問題意識之用、至功之用以及未盡其功之用等。「用」的目的在於功、利，而「利」則相關於時、義等概念。「用」的現代意義在於秉持兼愛精神、將各種類型之「用」作最大化的發揮。

再者，從名辯之用來看墨學在思維方法上的現代意義。我們發現中國古代的推理常以說服爲目的，墨家推理思想中更有許多鮮明的例證。說服性推理是中國古代思想中的一個特色，而思想單位的探討則是研究思維方法中說服性推理的思想單位爲何？這些思想單位相互間的關係如何？在預設有一定對象的情況下，說服者往往會以特定觀點構作情境，在一定理路下進行情境處理與因果分析，並且各思想單位會與先見的核心思想有一定的融合性，各思想單位間也有理路上的聯繫性，使整個思想如有機體般彼此聯繫。

思想單位是人們思想、意識流當中有意義的思維情境，而情境的形成或建構往往都有一定的主觀性。所謂「有意義」是指帶有一定道理的思維內容，這道理可藉由「說」的方式表達出來，並可以轉化爲問答的形式。在思想之流運行時，它的流程有一定的前後次序，但並不一定先出現的就是原因，後出現的就是結果。在說服性推理之中，思想之流中的每一思想單位，其中的「理」是相聯繫的，都有「故」的作用。

以墨家而言，就表達者、說服者本身的定見或先見而言，很簡要地說：「因爲天志，所以兼愛、非攻。因爲天志，所以尙同、尙賢。因爲天志，所以節用、節葬。因爲天志，所以非樂、非命。」當被說服者出現時，上述的因果關係，整體成爲「故」，所謂「以說出故」，就是要把上述那整體的「故」藉由類比、推論等方式呈現出來。在進行「說」的時候，會受到對象特性或環境等因素及義理本身的影響，而有不同的情境構作。又由於上述「因爲……所以……」這整體之「故」，蘊含許多理路，因此說服者要在已構作的情境中，進行情境處理或理由分析，其處理的方式有：情境延伸、情境衝突、與脈絡推理等方式。又由於先見之「故」是一整體，因此，其中的理路相互聯繫，彼此融合。情境融合涉及思想單位本身的情境構作層與情境處理層的協調。其次，是思想單位間情境構作的相關性。最後，是表達者所構作的情境與對象的思維情境相融合，如此才能達到說服的目的。

思想單位既是有意義的思維情境，其「意義」又在於道理的掌握，而道理與道理之間又有一定的聯繫性，因此，隨著認知者對於道理掌握的多少，或融會貫通的程度，他所形成的思想單位可大可小。小的思想單位可因道理的相通而與其他思想單位融合成更大的思想單位；而一個整體之「故」的大思想單位，也會因爲外在對象、情境的變化，而可分化爲若干較小的思想單位。

從墨家思維方法所發展出來的思想單位解析方法，特別是在中國哲學方法論的建構與應用方面，可呈現墨學的現代意義。

最後，在墨家哲學中，其理想的根據在於「天」；人生在世的最高目標是順從天的意志，而最終的理想是人人彼此相愛、天下太平。在一個理想的社會關係中，個人對社會和他人所做出的貢獻，最終會以各種形式得到回報。人人將一己之所長，貢獻給需要幫助的人，使人人衣食無缺、安全無慮，使大家生活在有秩序的社會中，人際關係祥和，國際關係和諧，人人相愛，天下太平，這是墨家兼愛的理想社會。

從民生問題、人際關係、社會治安、國際關係，以及環保問題上觀察，今日世界與墨子當時所見的天下亂象，有一定的相似性。全球性的問題與危機日益嚴重，但在墨家兼愛精神的指引下，興利除害，追求墨家理想的實現仍具有現代價值。

墨學含有客觀與邏輯的科學精神，其科學精神則以倫理精神爲導向，其倫理精神的核心爲兼愛。在個人方面，包括節儉勤勞、積極任事、法天行義的精神；在群體生活方面，包括犧牲奉獻、團結合作、服務人群的精神；在人類整體方面，包括救世之亂、追求和平、興天下大利的精神。墨學兼愛精神的發揚，在眼界方面要有「全天下」的眼光，與地球村的一體感，以及敬天愛人、貴義力行的生活態度。

總之，墨學的現代意義在於：掌握墨家思想方法，從思想到行動，從理論到實踐；在行動中學習，在學習中修正，在實踐中進步，進而發揚墨家的倫理精神，實現墨家的兼愛理想。

參考書目

一、王讚源：《墨子》，臺北：東大圖書公司，一九九七年。

二、王冬珍：《墨學新探》，臺北：世界書局，一九八九年。

三、王秀芝：《墨子學說新編》，臺北：臺灣書店，一九八九年。

四、戶川芳郎．姜鎮慶譯：《古代中國的思想》，北京：北京大學出版社，一九九四年。

五、布魯格（Brugger）編著、項退結編譯：《西洋哲學辭典》，臺北：國立編譯館出版，一九七六年。

六、史華茲（Benjamin I. Schwartz，一九一六—一九九九）著，程鋼譯：《古代中國的思想世界》，南京：江蘇人民出版社，二〇〇四年。

七、宇野精一主編，林茂松譯：《中國思想㈢》，臺北：幼獅文化事業公司，一九九四年。

八、李賢中：《墨學—理論與方法》，臺北：揚智文化公司，二〇〇三年。

九、李甦平：《韓非》，臺北：東大圖書公司，一九九八年。

十、李澤厚：《中國古代思想史編》，臺北：三民書局，一九九六年。

十一、李紹崑：〈墨子思想〉，《中國哲學辭典大全》，韋政通主編，臺北：牧童出版社，一九八三年。

十二、余英時：〈古代知識階層的興起與發展〉，《中國知識階層史論（古代編）》，臺北：聯經出版公司，一九九三年。
十三、吳進安：《孔子之仁與墨子兼愛比較研究》，臺北：文史哲出版社，一九八三年。
十四、吳進安：《墨家哲學》，臺北：五南圖書出版公司，二〇〇三年。
十五、杜保瑞、陳榮華：《哲學概論》，臺北：五南圖書出版公司，二〇〇八年。
十六、汪浦豪：《中國游俠史》，上海：文化出版社，一九九四年。
十七、林火旺：《基本倫理學》，臺北：三民書局，二〇〇九年。
十八、周云之：《墨經校注．今譯．研究——墨經邏輯學》，甘肅：甘肅人民出版社，一九九三年。
十九、周長耀：《墨子思想之研究》，臺北：正中書局，一九七七年。
二十、姜寶昌：《墨經訓釋》，濟南：齊魯書社，一九九三年。
二十一、胡適：《先秦名學史》，學林出版社一九八三年版。
二十二、高亨：《墨經校詮》，臺北：世界書局，一九八一年。
二十三、高懷民：《大易哲學論》，臺北：成文出版社，一九七八年。
二十四、高樹藩編纂：《正中形音義綜合大字典》，臺北：正中書局，一九八四年。
二十五、梁啓超：《墨經校釋》，臺北：臺灣中華書局，一九六八年。
二十六、梁啓超：《子墨子學說》，臺北：臺灣中華書局，一九八一年。
二十七、梁啓超：《先秦政治思想史》臺北：東大圖書公司，一九八七年。
二十八、梁啓超：《論中國學術思想變遷之大勢》，《飲冰室合集》第一冊文集之七，中華書局一九八九年版。
二十九、陳孟麟：《墨辯邏輯學新探》，臺北：五南圖書出版公司，一九九六年。
三十、陳癸淼：《墨辯研究》，臺北：臺灣學生書局，一九七七年。
三十一、陳俊民：〈中國知識分子的功利意識〉，《中國哲學研究論集》，臺北：臺灣商務印書館，一九九四年。
三十二、陳顧遠：《墨子政治哲學》，臺北：新文豐出版公司，一九七四年。
三十三、陳問梅：《墨學之省察》，臺北：學生書局，一九八八年。
三十四、黃光國：〈中國人的人際關係〉，《中國人：觀念與行爲》，文崇一．蕭新煌主編，臺北：巨流圖書公司，一九九二年。
三十五、馮友蘭：〈原儒墨〉，《中國哲學史》，北京：商務印書館，一九三六年。
三十六、張奉箴：《洛克、休莫及康德的哲學思想舉例》，臺南：聞道出版社，一九九五年。
三十七、勞思光：《新編中國哲學史》(一)，臺北：三民書局，一九九一年。
三十八、項退結：《人之哲學》，臺北：中央文物供應社，一九八二年。
三十九、賀麟：《哲學與哲學史論文集》，商務印書館一九九〇年版。
四十、鄔昆如：《西洋哲學史》，臺北：中正書局，一九七一年。
四十一、鄔昆如：《政治哲學》，臺北：正中書局，一九九〇年。
四十二、聞一多：〈關於儒、道、土匪〉，《聞一多全集》，北京：三聯書店，一九八二年。

四十三、劉仲容：《西洋哲學史》，臺北：國立空中大學，一九九九年。
四十四、魯迅：〈三閑集，流氓的變遷〉，《魯迅全集第四卷》，北京：人民文學出版社，一九七三年。
四十五、盧建榮：〈使民無訟，朴作教刑—帝制中國的德治與法治思想〉，《理想與現實》，臺北：聯經出版事業公司，一九八二年。
四十六、羅光：《中國哲學大綱》（上冊），臺北：商務印書館，一九五二年。
四十七、譚家健、孫中原譯注：《墨子今注今譯》，北京：商務印書館，二〇〇九年。
四十八、嚴靈峰：《墨子簡編》，臺北：商務印書館，一九九五年。
四十九、蕭公權：《中國政治思想史上》，臺北：聯經出版事業公司，一九七九年。
五十、孫詒讓：《墨子閒詁》，臺北：華正書局一九八七年。
五十一、孫中原：《中國邏輯史》（先秦），北京：中國人民大學出版社，一九八七年。
五十二、孫中原：《墨子及其後學》，北京：新華出版社一九九一年第一版，一九九三年修訂版，中國國際廣播出版社二〇一一年新版。
五十三、孫中原：《詭辯與邏輯名篇賞析》，臺北：水牛出版社，一九九三年。
五十四、孫中原：《中國邏輯學》，臺北：水牛出版社，一九九三年。
五十五、孫中原：《墨學通論》，遼寧：遼寧教育出版社，一九九三年。
五十六、孫中原主編：《墨學與現代文化》，北平：中國廣播電視出版社，一九九八年；北京：中國廣播電視出版社二〇〇七年修訂版。
五十七、孫中原：《墨者的智慧》，北京：三聯書店一九九五年版；二〇〇三年第二次印刷更名《墨子說粹》。
五十八、孫中原：《墨經分類譯註》，杭州：西泠印社，二〇〇四年。
五十九、孫中原：《中國邏輯研究》，北京：商務印書館，二〇〇六年。
六十、孫中原：《中華先哲的思維藝術》，北京：北京大學出版社，二〇〇六年。
六十一、孫中原：《中華大典·哲學典·諸子百家分典》，雲南：雲南教育出版社，二〇〇七年。
六十二、孫中原：《邏輯哲學講演錄》，廣西：廣西師範大學出版社，二〇〇九年。
六十三、孫中原：《諸子百家的邏輯智慧》，北京：機械工業出版社二〇〇四年。
六十四、孫中原：《墨子鑑賞辭典》，上海辭書出版社二〇一一年。
六十五、Shelly Kagan, Normative Ethics（Boulder, Colorado: Westview Press，一九九八年。

註釋

第一章

【1】【德】卡爾．雅斯培：《人的歷史》，見《現代西方史學流派文選》，上海：上海人民出版社，一九八二年，頁三八～四〇頁。

【2】王贊源：《創造性的詮釋學家——傅偉勳教授訪問錄》，《哲學與文化》第十二期，一九九七年，頁一一九四～一二〇四。

【3】以下引《墨子》，只標篇名。

【4】任繼愈：《墨子與墨家》，北京：商務印書館，一九九八年，頁一一～一二。

【5】楊伯俊：《孟子譯注》，北京，中華書局，一九六〇年，頁四五九。

【6】《貴義》：「子墨子南游於楚，見楚惠王，惠王以老辭，使穆賀見子墨子。子墨子說穆賀，穆賀大悅，謂子墨子曰：『子之言，則成善矣！而君王天下之大王也，毋乃曰賤人之所為而不用乎？』，子墨子曰：『唯其可行，譬若藥然，草之本，天子食之，以順其疾，豈曰一草之本而不食哉？今農夫入其稅於大人，大人為酒醴粢盛以祭上帝鬼神，豈曰賤人之所為而不享哉？故雖賤人也，上比之農，下比之藥，曾不若一草之本乎？』」唐余知古《渚宮舊事》二說：「墨子至郢，獻書惠王，王受而讀之曰：『良書也！是寡人雖不得天下，而樂養賢人。』墨子辭曰：『翟聞：賢人進，道不行，不受其賞；義不聽，不處其朝。今書未用，請遂行矣。』將辭王而歸，王使穆賀以老辭。魯陽文君言於王曰：『墨子，北方賢聖人，君王不見，又不為禮，

毋乃失士。』乃使文君追墨子，以書社五里封之，不受而去。」

【7】方授楚：《墨學源流》，北京：中華書局，一九八九年，頁二一五。

第二章

【1】希臘語sophia詞義最初指技藝，特別是手工技藝的精巧，然後發展為一般實踐和政治的智慧，最後為泛指理論和科學的智慧。見汪子嵩等：《希臘哲學史》，北京：人民出版社，一九九三年，卷二，頁六〇。《墨經》兼有這些智慧，可說是濃縮的古希臘。

【2】西周：《百學連環》，《西周全集》，日本評論社，昭和二〇年，頁一四五～一四六。

【3】西周：《百一新論》，《西周全集》，日本評論社，昭和二〇年，頁二八九。

【4】吳壽彭譯，亞里斯多德：《形而上學》，北京：商務印書館，一九五九年，頁一。

【5】同註四，頁一。

【6】高亨：《墨經校詮》，科學出版社，一九五八年，頁八八。

第三章

【1】嚴復譯：《穆勒名學》，南京：金粟齋，一九〇五年木刻版及商務印書館，一九一二年。

【2】孫中原：《中華先哲的思維藝術》，北京：北京大學出版社，二〇〇六年。

【3】孫中原：《中國邏輯史》（先秦），北京：中國人民大學出版社，一九八七年，頁二六。

【4】〔波蘭〕沙夫：《語義學引論》，羅蘭、周易譯，北京：商務印書館，一九七九年，頁二〇〇。

第四章

【1】〔英〕李約瑟，陳立夫主譯：《中國古代科學思想史》，南昌：江西人民出版社，一九九〇年，頁二三一～二三四。

【2】胡適：《中國哲學史大綱》（卷上），北京：商務印書館，一九八七年影印第一版，一九一九年，頁二二六。

【3】梁啟超：《墨子校釋·自序》，載《墨子大全》（第二六冊），北京：北京圖書館出版社，二〇〇四年，頁一八七。

【4】羅慧生：《西方科學哲學史綱》，天津：天津人民出版社，一九八八年，頁三〇五～三〇六。

第六章

【1】高懷民教授針對先秦時期的思想演化，提出了三階段演化之主張。高教授認為：「由思想型態的改變上看人的進步歷程：天道思想而至神道思想在至人道思想。」參閱其所著《大易哲學論》，臺北：成文出版社，一九七八年，頁二三〇～二五一。

【2】吳進安：《孔子之仁與墨子兼愛比較研究》，臺北，文史哲出版社，一九八三年，頁七〇。

【3】李紹崑：〈墨子思想〉，《中國哲學辭典大全》，韋政通主編，臺北：牧童出版社，一九八三年，頁七九〇。

【4】梁啟超：《墨經校釋》，臺北，臺灣中華書局，一九六八年，頁六。

【5】王冬珍：《墨學新探》，臺北，世界書局，一九八九年，頁三七一。

【6】陳癸淼：《墨辯研究》，臺北，臺灣學生書局，一九七七年，頁二三一～二三二。
【7】陳癸淼：《墨辯研究》，頁二三一～二三二。
【8】梁啟超：《子墨子學說》，臺北：臺灣中華書局，一九八一年，頁三〇。
【9】孫中原：《墨者的智慧》，北京，新華書店，一九九五年，頁一九五。
【10】黃光國：〈中國人的人際關係〉，《中國人：觀念與行為》，文崇一．蕭新煌主編，臺北：巨流圖書公司，一九九二年，頁四三～六九。
【11】陳俊民：〈中國知識分子的功利意識〉，《中國哲學研究論集》，臺北：臺灣商務印書館，一九九四年，頁二三七～二四二。
【12】陳癸淼：《墨辯研究》，頁九。
【13】《呂氏春秋．當染篇》，卷二，頁十六～十七。
【14】項退結：《人之哲學》，臺北：中央文物供應社，一九八二年，頁一四二。
【15】李奭學：《追尋烏托邦的屐痕——西洋上古文史裡的烏托邦思想》，當代雜誌，第六一期，一九九一年，頁四十。
【16】劉仲容等編著：《西洋哲學史》，臺北：國立空中大學，一九九九年，頁五一。
【17】柏拉國的「理想國」或稱「共和國」，在希臘原文為「民法」，此書共分十卷，在「成熟期」中是以第三卷到第十卷，第一卷則在早期思想的「特拉西馬可士」Thrasymachos對話錄中。依鄔昆如教授的解釋，「理想國」的目的是要把「生」的對話錄中提出的「愛」，以及「死」的對話錄中舉出的靈魂「不死」的主要概念，化成信念而付諸實行，而且實行到國家政治中。請參閱鄔昆如：《西洋哲學史》，臺北：正中書局，一九七一年，頁八五～一四三。

【18】《荀子．禮論》。

【19】陳俊民：〈中國知識分子的功利意識〉，《中國哲學研究論集》，臺北：臺灣商務印書館，一九九四年，頁二三七～二四二。

【20】織田萬原著．劉崇佑譯：《法學通論》，緒言，頁三。轉引自盧建榮：〈使民無訟，朴作教刑——帝制中國的德治與法治思想〉，《理想與現實》，臺北：聯經出版事業公司，一九八二年，頁一六一。

第七章

【1】譚家健：《墨子研究》，貴陽：貴州教育出版社，一九九五年，頁一九三。

【2】譚家健，頁一九三～一九七。譚家健在文中也對墨子「強力」之概念加以剖析，並指出主觀意志的實現，仍須輔之以客觀條件的配合，方能有成。

【3】梁啟超：《子墨子學說》，臺北：臺灣中華書局，一九八五年，頁一七。

【4】《莊子．天下》。

【5】余英時：〈古代知識階層的興起與發展〉，《中國知識階層史論（古代編）》，臺北：聯經出版公司，一九九三年，頁三五。

【6】同前註，頁四八。

第八章

【1】戶川芳郎著．姜鎮慶譯：《古代中國的思想》，北京：北京大學出版社，一九九四年，頁一四～一五。

【2】同前註，頁一五。

【3】陳顧遠：《墨子政治哲學》，臺北：新文豐出版公司，一九七四年，頁一六～一八。

【4】宇野精一主編，林茂松譯：《中國思想㈢》，臺北：幼獅文化事業公司，一九九四年，頁九。

【5】鄔昆如：《政治哲學》，臺北：正中書局，一九九〇年，頁八。

【6】梁啟超：《先秦政治思想史》，臺北：東大圖書公司，一九八七年，頁一三七。

【7】王讚源：《墨子》，臺北：東大圖書公司，一九九七年，頁二六一～二六二。

【8】梁啟超：《墨子學案》，臺北：中華書局，一九八五年，頁二九。

【9】同註四，頁五九～六〇。

【10】李澤厚：《中國古代思想史編》，臺北：三民書局，一九九六年，頁五一～五四。

【11】王秀芝：《墨子學說新編》，臺北：臺灣書店，一九八九年，頁四五。

【12】蕭公權：《中國政治思想史上》，臺北：聯經出版事業公司，一九七九年，頁一三六。

【13】同註一，頁一六。

【14】同註一，頁一九。

【15】戶川芳郎，《古代中國的思想》，頁一六。著者認為墨家集團可分為初期、中期與末期三時期，每個時期均有他們特別關注之論點，發揚墨子學說是共同的特色。

【16】魯迅：〈三閑集，流氓的變遷〉，《魯迅全集第四卷》，北京：人民文學出版社，一九七三

年，頁一二三。

【17】聞一多：〈關於儒、道、土匪〉，《聞一多全集》，北京：三聯書店，一九八二年，頁四六九。

【18】同註十七，頁四六九。

【19】馮友蘭：〈原儒墨〉，《中國哲學史》，北京：商務印書館，一九三六年，頁三一。

【20】汪浦豪：《中國游俠史》，上海：文化出版社，一九九四年，頁三三～三四。

【21】余英時：〈古代知識階層的興起與發展〉，《中國知識階層史論》，臺北：聯經出版事業公司，一九三三年，頁三八。

第九章

【1】周長耀：《墨子思想之研究》，臺北：正中書局，一九七七年，頁七九。

【2】L. W. Milbrath, *Envisioning a Sustainable Society: Learning Our Way Out*.鄭曉時譯：《不再寂靜的春天》，臺北：天下出版社，一九九四年，頁三六五。

【3】陳問梅：《墨學之省察》，臺北：學生書局，一九八八年，頁二二五。

【4】王冬珍：《墨學新探》，臺北：世界書局，一九八九年，頁一九三。

第十章

【1】此分類方法根據Shelly Kagan, *Normative Ethics* (Boulder, Colorado: Westview Press, 1998)，頁

二。

【2】校文參考陳孟麟著：《墨辯邏輯學新探》，臺北：五南圖書出版公司，一九九六年，頁四一五～四一七。

【3】杜保瑞、陳榮華著：《哲學概論》，臺北：五南圖書出版公司，二〇〇八年，頁四八。

【4】譚家健、孫中原譯注：《墨子今注今譯》，北京：商務印書館，二〇〇九年，頁三五五。

【5】參閱林火旺著：《基本倫理學》，臺北：三民書局，二〇〇九年八月，頁八一。

【6】王讚源著：《墨子》，臺北：東大圖書公司，一九九六年九月，頁八五。

【7】「分」原作「芬」，參見周云之著：《墨經校注．今譯．研究──墨經邏輯學，（甘肅人民出版社，一九九三年六月，頁一一八。

【8】高亨：《墨經校詮》，臺北：世界書局，一九八一年，頁三五～三六。

【9】杜保瑞、陳榮華著：《哲學概論》，臺北：五南圖書出版公司，二〇〇八年一月，頁五八。

【10】「君」原作「低」從孫詒讓解。孫詒讓著：《墨子閒詁》，臺北：華正書局一九八七年三月，頁二八二。

【11】依高亨：《墨經校詮》，臺北：世界書局，一九八一年，頁三八。

【12】同註九，頁六二。

【13】康德這第三公式，完全取自盧梭。參見張奉箴：《洛克、休莫及康德的哲學思想舉例》，臺南：聞道出版社，一九九五年，頁一二九。

【14】姜寶昌著：《墨經訓釋》，濟南：齊魯書社，一九九三年，頁五七。

【15】同註五，頁一五五。

【16】同註五，頁一八三。

【17】俞樾云：「『去愛』下，當有『去惡』二字，傳寫脫之。喜怒樂悲愛惡，其六者，皆宜去之。即上文所謂六辟也。」見孫詒讓：《墨子閒詁》，臺北：華正書局，一九八七年，頁四〇五。

【18】高晉生：〈墨經校詮〉，《名家六書、墨經教詮》，臺北：世界書局，一九八一年，頁四三～四四。

【19】同註五，頁一八三。

【20】高晉生：〈墨經校詮〉，《名家六書、墨經教詮》，臺北：世界書局，一九八一年，頁四五。

【21】《禮記．雜記下》孔子說少連善於居喪，《孔子家語．子貢問篇》孔子也說少連達於禮，但是少連在居喪期間不吃不睡，深深的悲哀三年之久以合乎禮，這在墨子看來，這分明是自殘身體傷身損壽之舉，這種行為是愛父母還是愛自己？其實是兩方面都有偏失。人們需要食物來汲取營養，維持生命。吃飯就是人之所欲，多吃飯才能使身體健康，因此合宜的食欲對人而言是無傷的。就像適量飲酒對人的健康也有益處是一樣的。有智慧的管理者懂得滿足人民的欲望需求，而有利於人，他們不會叫人們禁欲、無欲以致於傷身損壽的。

【22】西方學界普遍都將墨家倫理學定位於效益主義。如：Angus C. Graham、Benjamin I. Schwartz以及Stanford Encyclopedia of Philosophy，都視墨家思想為效益主義。

第十一章

【1】高樹藩編纂：《正中形音義綜合大字典》，臺北：正中書局，一九八四年，頁二二九。

【2】參見〈天志中〉、〈備城門〉、〈天志下〉、〈非命中〉、〈尚同下〉、〈耕柱〉、〈公孟〉、〈兼愛中〉等篇。

【3】布魯格（Brugger）編著、項退結編譯：《西洋哲學辭典》，臺北：國立編譯館出版，一九七六年，頁一八〇。

【4】同上，頁三九二。

【5】高晉生：〈墨經校詮〉，《名家六書、墨經教詮》，臺北：世界書局，一九八一年，頁四三～四四。

【6】公孟子曰：「貧富壽夭，齰然在天，不可損益。」又曰：「君子必學。」子墨子曰：「教人學而執有命，是猶命人葆而去亓冠也。」公孟子說：「貧窮或富有，長壽或短命，都是由天命所決定，是不能夠改變的。」他又說：「君子必須要求學。」墨子說：「一方面教人學習，另一方面又認為一切都是命中註定，這就好像一方面叫人把頭髮包起來，另一方面又命人將他的頭冠去掉一樣，是自相矛盾的。」

【7】原文作「愛眾眾世，與愛寡世相若，愛尚世與愛後世，一若今之世人也。」從孫詒讓校改。見孫詒讓著：《墨子閒詁》，臺北：華正書局一九八七年，頁三七一。

【8】Wing-Tsit Chan: "*A Source Book in Chinese Philosophy*" Translate and Compiled by Princeton, New Jersey Princeton University Press，一九七三, P.P.二一二～二一三。

【9】孫中原主編：《墨學與現代文化》，北京：中國廣播電視出版社，二〇〇七年，頁二一六～二一八。

【10】嚴靈峰著：《墨子簡編》，臺北：商務印書館，一九九五年，頁三六。

【11】李賢中：《墨學一理論與方法》，臺北：揚智文化公司，二〇〇三年，頁一二八～一二九。

【12】羅光著：《中國哲學大綱》上冊，臺北：商務印書館，一九五二年，頁二四八～二五四。

【13】林谷幽門之「門」當為「閒」，乃閒隙之處，據孫詒讓：《墨子閒詁》，臺北：華正書局，一九八七年，頁一七五。

【14】王讚源：《墨子》，臺北：東大圖書公司，一九九七年，頁一五二～一五三。

【15】其中磨（離）乃分別之意、雷（隕）乃降落之意、賊（賦）言賦斂金木鳥獸而用之也。據孫詒讓：《墨子閒詁》，臺北：華正書局，一九八七年，頁一八四。

【16】勞思光：《新編中國哲學史》㈠，臺北：三民書局，一九九一年，頁一九九。

【17】高樹藩編纂：《正中形音義綜合大字典》，臺北：正中書局，一九八四年，頁四八四。

【18】史華茲（Benjamin I. Schwartz，一九一六～一九九九）著，程鋼譯：《古代中國的思想世界》，南京：江蘇人民出版社，二〇〇四年，頁一四七。

【19】李甦平：《韓非》，臺北：東大圖書公司，一九九八年，頁八五～八八。

【20】原文作：「聖人有愛而無利，倪日之言也，乃客之言也」依孫詒讓解，「倪日之言」當為「儒者之言」。孫詒讓：《墨子閒詁》，（臺北：華正書局一九八七年，頁三七一。

【21】孫中原主編：《墨子與現代文化》，北京：中國廣播電視出版社，一九九八年，頁八四。

【22】http:www.loveredeemer.com/pages (Chinese)/Loveredeemer-full(Chinese).htm，以及維基百科，各國外債列表。

【23】孫詒讓：《墨子閒詁》，臺北華正書局出版，一九八七年，頁四〇六。

【24】同註一七，頁一〇五三。

【25】周云之著：《墨經校注》今譯．研究——墨經邏輯學》，甘肅人民出版社一九九三年，頁一二九。

【26】李賢中：《墨學——理論與方法》，臺北：揚智文化公司，二〇〇三年，頁五四～五七。

【27】同上註，頁七一～七二。

第十二章

【1】孫中原：《中國邏輯學》，臺北：水牛出版社，一九九三年，頁二一三。依照孫中原教授的註解，「說」是指推論，乃是以親知、聞知為基礎而推理的間接知識。

【2】如《呂氏春秋．審應覽》公孫龍說燕昭王以偃兵，《韓非子．存韓》韓非子上書秦王、《孟子．梁惠王》孟子說梁惠王、《墨子．公輸》墨子與楚王為「止楚攻宋」的談辯等等皆是。

【3】相同的判斷可以不同的命題表達，此與表達對象的身分、處境、與表達者的關係等因素有關。另表達思想之內容或與聽者一致、或與聽者原本想法衝突、或與其他進言者之同異，也會影響表達者對於表達方式之選擇。

【4】王引之云：「『身』字義不可通，『身』當為『耳』。」見孫詒讓：《墨子閒詁》，臺北：華正書局，一九八七年，頁四一二。

【5】《墨子．兼愛下》：別士之言曰：「吾豈能為吾友之身若為吾身，為吾友之親若為吾親。」是故退睹其友，飢即不食，寒即不衣，疾病不侍養，死喪不葬埋。別士之言若此，行若此。兼士之言不然，行亦不然，曰：「吾聞為高士於天下者，必為其友之身若為其身，為其友之親若為

其親，然後可以為高士於天下。」是故退睹其友，飢則食之，寒則衣之，疾病侍養之，死喪葬理之。兼士之言若此，行若此。」

【6】《墨子．兼愛下》子墨子曰：「姑嘗本原之孝子之為親度者。吾不識孝子之為親度者，亦欲人愛利其親與？意欲人之惡賊其親與？以說觀之，即欲人之愛利其親也。然即吾惡先從事即得此？若我先從事乎愛利人之親，然後人報我愛利吾親乎？意我先從事乎惡人之親，然後人報我以愛利吾親乎？即必吾先從事乎愛利人之親，然後人報我以愛利吾親也。」

【7】原文為「故有我有殺彼以我，無殺我以利。」依俞樾校改，見孫詒讓：《墨子閒詁》，臺北：華正書局，一九八七年，頁三九八。

【8】思想包含著思維情境中的各種內容，而理路則是隱含在思想中具有因果關聯性的道理路徑。所謂「思想單位」是指有一定理路的思維情境，也是有意義的思維情境。李賢中：〈從「辯者廿一事」論思想的單位結構及應用〉，《輔仁學誌－人文藝術之部》，第二八期，二〇〇一年，頁八二。

【9】《墨子．公輸》：公輸盤為楚造雲梯之械，成，將以攻宋。子墨子聞之，起於齊，行十日十夜而至於郢，見公輸盤。公輸盤曰：「夫子何命焉為？」子墨子曰：「北方有侮臣，願藉子殺之。」公輸盤不說。子墨子曰：「請獻十金。」公輸盤曰：「吾義固不殺人。」子墨子起，再拜曰：「請說之。吾從北方，聞子為梯，將以攻宋。宋何罪之有？荊國有餘於地，而不足於民，殺所不足，而爭所有餘，不可謂智。宋無罪而攻之，不可謂仁。知而不爭，不可謂忠。爭而不得，不可謂強。義不殺少而殺眾，不可謂知類。」公輸盤服。

【10】勞思光：《中國哲學史》第一卷，臺北：三民書局，一九九一年，序言，頁十五。其預設：

「一切個人或學派的思想理論，根本上必是對某一問題的答覆或解答。我們如果找到了這個問題，我們就可以掌握這一部分理論的總脈絡。」

【11】李賢中：《墨學——理論與方法》，臺北：揚智文化公司，二〇〇三年，頁七三。

【12】同上註，頁八三。

【13】如西方傳統邏輯中AEIO四種命題間的各種對當關係。

第十三章

【1】王讚源：《墨子》，臺北：東大圖書公司，一九九六年，頁一八九。

【2】同上註，頁二五一～二五四。

結論

【1】梁啟超：《論中國學術思想變遷之大勢》，《飲冰室合集》第一冊文集之七，北京：中華書局一九八九年，頁二。

【2】胡適：《先秦名學史》，上海：學林出版社一九八三年，頁二。

【3】賀麟：《哲學與哲學史論文集》，北京：商務印書館一九九〇年，頁二六九。

【4】西方學界普遍都將墨家倫理學定位於效益主義。如：Angus C. Graham、Benjamin I. Schwartz以及Stanford Encyclopedia of Philosophy，都視墨家思想為效益主義。

經典哲學名著導讀 008

1BZJ

墨翟與《墨子》

作者　孫中原、吳進安、李賢中
發行人　楊榮川
總經理　楊士清
總編輯　楊秀麗
責任編輯　陳姿穎
封面設計　童安安
出 版 者　五南圖書出版股份有限公司
地址　106台北市大安區和平東路二段339號4樓
電話　(02)2705-5066
傳真　(02)2706-6100
劃撥帳號　01068953
戶名　五南圖書出版股份有限公司
網址　http://www.wunan.com.tw
電子郵件　wunan@wunan.com.tw
法律顧問　林勝安律師事務所　林勝安律師
出版日期　2012年3月初版一刷
2019年9月初版二刷
定　　價　新臺幣400元

國家圖書館出版品預行編目資料

墨翟與《墨子》/孫中原，吳進安，李賢中著.— 初版. — 臺北市：五南，2012.03
面；　公分.--(經典哲學名著導讀系列)
ISBN 978-957-11-6570-7（平裝）

1.(周)墨翟　2.墨子　3.學術思想
4.研究考訂

121.417　　101000743